语言生活皮书

# 上海语言生活状况报告

## （2020）

张日培　赵蓉晖　主编

2020年·北京

# 编委会

# 编写说明

《上海语言生活状况报告》是反映上海语言生活状况的地方语言生活绿皮书。通过各种调查报告，介绍语言使用状况、透视重要语言事件、探讨热点语言问题、记述城市语言规划，旨在服务、引导上海语言生活健康发展，提升上海语言生活治理能力，助力上海打造全球卓越城市的发展愿景。

《上海语言生活状况报告》由教育部语言文字信息管理司指导，上海市教育科学研究院和上海外国语大学共同组编，国家语委科研机构国家语言文字政策研究中心和中国外语战略研究中心共同执行，依托上海多所高校语言学术力量共同编制。《上海语言生活状况报告》从 2020 年起每两年出版一次。

上海市语言文字工作委员会办公室为本报告的编撰出版提供了重要资助，有关专家为报告编撰提出了重要学术指导意见，各调研项目组为报告编撰做出了贡献，相关出版单位给予了支持与关心。本报告也是教育部哲学社会科学研究重大课题攻关项目“新时代国家语言文字事业的新使命与发展方略研究”（18JZD015）之子课题六“面向未来的语言文字规范化标准化研究”、国家语委“十三五”科研规划 2020 年度重点项目“智能时代的公共语言服务需求与资源建设研究”（ZDI135-108）和教育部语用司委托项目“城市公共场所语言文字使用调查”阶段性成果。在此特致谢忱！

编者

# 区域语言生活研究的新篇章

## ——序《上海语言生活状况报告（2020）》

李宇明

《上海语言生活状况报告（2020）》的出版，使中国语言生活皮书系列形成了“四加三”的新阵容。

“国家语委语言生活皮书”系列现有“绿、白、蓝、黄”四部。“绿皮书”即《中国语言生活状况报告》，自2006年开始出版，是国家语委最早组编的语言生活皮书，主要反映我国语言生活的热点问题和重大事件。“白皮书”即《中国语言文字事业发展报告》，自2017年开始出版，主要反映政府的语言规划和语言文字事业发展状况。“蓝皮书”即《中国语言政策研究报告》，自2015年开始出版，主要反映中国语言政策与语言规划的学术研究情况。“黄皮书”即《世界语言生活状况报告》，自2016年开始出版，主要介绍世界各国和国际组织的语言生活状况和语言文字重要事件。

2016年以来，“地方语言生活皮书”开始出版。地方语言生活皮书展示城市语言生活景观和地方语言文字工作的特点，是对“国家语委语言生活皮书”系列的重要补充。《北京语言生活状况报告》首先问世，北京是我国的首都，首善之区，一枝独秀；继之《广州语言生活状况报告》出版，广州是我国改革开放的前哨，南北两部皮书，双璧生辉；而今，《上海语言生活状况报告》也披挂登场，地方皮书形成三足鼎立之势。

语言生活及其管理分为宏观、中观和微观三个层次。国际语言生活和国家层面的语言生活是宏观语言生活。区域和领域的语言生活是中观语言生活。区域包括省域、县域和一些特别区域（如粤港澳大湾区、京津冀经济圈、长江三角洲城市群等），一般称之为“块块”；领域包括行政、军事、外交、教育、新闻出版、广播电视、医疗卫生、文化娱乐、交通通信、旅游、餐饮等，一般称之为“条条”。家庭、乡村、学校、医院、军营、工厂、矿山、公司等是社会的基层，其语言生活是微观语言生活。

每个省域，都有自己独特的语言和方言状况，且因历史文化传统的不同、经济发展状态的不同、所处地理位置的不同、社会文化需求的不同等，会有不同的语言生活、语言矛盾，故而会有各具特色的语言生活管理，会有各自不同的语言文字工作。各地语委不仅要完成国家语委下达的任务，还应当有自己区域特殊的工作，从而形成各地的特色，做出各地特殊的贡献。

上海是我国的东方明珠，也是我国语言文字工作的重要区域。早在切音字运动时期，沈学就在上海创制了《盛世元音》（又名《天下公字》），梁启超为其作序，以示赞许。其后，新文化运动兴起，陈望道、陈子展、胡愈之、叶圣陶等学者发起了“大众语”运动、“手头字”运动，有力推动了白话文运动和汉字的简化，开辟了我国语文现代化的半壁江山。20世纪50年代，上海继承当年的优秀传统，响应文字改革号召，成立了推广普通话工作委员会和文字改革协会筹备委员会，积极落实简化汉字、推广普通话、推行《汉语拼音方案》的三大任务。21世纪以来，上海在语言文字法治建设、外国语言文字使用管理立法等方面都进行了积极探索，很多措施在全国都具有领先性，是我国语言文字事业的大营重镇。

上海坐落在吴方言区，是长三角城市带的龙头城市，同时又在努力将自己打造成卓越的国际大都市。这样的城市需要具有什么样的语言能力，是上海语言规划首先要考虑的。她需要保持吴方言以延续自己的文化特色；她需要推广普通话以显示国家认同，以吸引全国资源并为全国做贡献；她需要有多种外语能力以与世界沟通。处理好方言与普通话的关系，处理好本土语言与外语的关系，获取“多语”红利，是需要科学决策的；而处理由此引发的语言矛盾，比如“姥姥”与“外婆”的问题，是需要管理智慧的，也需要社会和大众的支持与理解。当然，上海的语言规划也更需要学者的研究，更需要学术的支撑。

《上海语言生活状况报告（2020）》（以下简称《报告》）便是这样的学术研究成果，它主要反映了2017—2018年上海语言生活的热点问题、重要事件和城市语言生活状况。在语言文字工作方面，《报告》综述了改革开放40年来上海语言文字工作的发展历程和21世纪以来的公共场所外文使用立法与实施工作，介绍了语言文字助力首届中国国际进口博览会和虹桥火车站规范公共标志英文译写等 2018 年的重要工作；在领域语言生活方面，《报告》反映了外资企业、导医服务、政务微信、公共场所标牌等的语言文字使用状况，介绍了上海的手语服务状况，回顾了《语言文字周报》60 年发展历程；在语言文字教育教学方面，《报告》介绍了中小学生课外阅读状况、中小学书法教育状况和中学多语种外语教学状况，分析了高考综合改革试点对语文科考试的影响；在语言文字科研方面，《报告》梳理了社科类科研基金语言学课题上海立项情况、全市高校语言学学科和专业设置情况，以及上海的语言文字社会团体与科研机构情况；同时，《报告》还辑录了上海的语言文字法规规章、政策规划、语言类“非遗”名录等重要资料，以及 2017—2018 年的上海语言文字工作大事记。这些内容，可为决策者提供咨询，可为同行提供经验，也可为社会提供知情信息。

皮书撰写需要有稳定的学术机构。《报告》是由上海市教育科学研究院国家语言文字政策研究中心和上海外国语大学中国外语战略研究中心共同打造的。国家语言文字政策研究中心成立于 2013 年 3 月，是由教育部语言文字信息管理司和上海市教育科学研究院共建共管的国家语委科研机构，也是国家语委语言文字智库试点单位之一，重点开展语言文字事业发展方略研究、语言文字立法与依法管理研究、语言文字智库建设研究和语言政策理论研究，观测语言事业发展动态和语言政策学术动态。国家语言文字政策研究中心还执编“白皮书”《中国语言文字事业发展报告》和“蓝皮书”《中国语言政策研究报告》，并承担国家语委科研机构秘书处、公共服务领域外文译写规范秘书处工作。中国外语战略研究中心成立于 2007 年 12 月，是国家语委科研机构之一，也是首家国家语委科研基地。中国外语战略研究中心主要开展外语应用、外语需求、外语教育、外语舆情的调查与研究，开展外国语言文字应用管理的法规与标准研究，开展国外语言文字政策及语言生活的监测与研究，执编“黄皮书”《世界语言生活状况报告》。两家中心立足上海，关注和服务上海语言文字事业，同时也积极承担国家语委相关工作和科研项目，助力国家语言文字事业发展。

京穗沪三市的“语言生活状况报告”的出版，代表着我国语言生活研究的一大进展，它充实了我国的中观语言生活研究。其前的四大皮书主要关注的是宏观语言生活。如果我国有更多省域（乃至县域）的语言生活都能得到如此研究，我们对于语言生活的认识将有大幅度的提升；如果我国有更多省域（乃至县域）的语言生活都能得到如此管理，国家的语言能力和语言服务水平将得到大幅度的提升。

当然，我们也希望有人来关注领域的语言生活，关注微观语言生活，并撰写出相应的语言生活状况报告来。那真是"等闲识得东风面，万紫千红总是春"！

# 目　　录

# 第一部分

# 特　稿　篇

# 上海语言文字工作四十年（1978—2018）*

改革开放40年来，上海全面贯彻国家语言文字方针政策，根据国家语言文字事业规划部署，针对国际化特大型城市的语言生活特点，围绕打造全球卓越城市的语言需求，扎实推进语言文字工作，取得重要成绩，创出鲜明特色。40年来，上海的语言文字工作大致经历了4个发展阶段。

## 一 以“双推”为主题的恢复期（1978—1985）

20世纪50年代，上海就成立了推广普通话工作委员会和文字改革协会筹备委员会，积极落实简化汉字、推广普通话、推行《汉语拼音方案》的三大任务。20世纪70年代初，本市开始逐步恢复一度全面停顿的语言文字工作。改革开放以后的1979年，正式成立由分管教育副市长任主任、[①]29个政府相关部门共同组成的市文字改革委员会[②]，继续推进“三大任务”，特别在推广普通话和推行《汉语拼音方案》（以下简称“双推”）方面采取了一系列措施。

### （一）培养骨干队伍

市级层面先后举办了10多期中小学骨干教师普通话语音学习班和普通话社会骨干学习班，600多名学员接受培训。区级层面针对不同对象举办各类普通话培训班，共培训学员3000多名。同时，积极选派师范院校普通话教师、市区

---

* 本文为教育部哲学社会科学研究重大课题攻关项目“新时代国家语言文字事业的新使命与发展方略研究”（18JZD015）之子课题六“面向未来的语言文字规范化标准化研究”阶段性成果。

① 时任分管教育的副市长是杨恺。1986年市文字改革委员会更名为市语言文字工作委员会后，继续由分管教育的副市长任主任，历任主任包括谢丽娟、龚学平、周慕尧、严隽琪、杨定华、沈晓明、翁铁慧、宗明、陈群。

② 日常办事机构设在市教育局。

语委干部等参加国家语委举办的中央普通话进修班和中央推普干部训练班，培养了数十名专业人才。

### （二）夯实学校基础

努力提高小学汉语拼音教学质量。依托上海师范大学对全市小学一年级语文骨干教师进行汉语拼音教学专题培训。联合市区两级教研部门，对全市一年级小学生进行6周汉语拼音集中教学并统一考核和集中验收。在一师附小、华山路二小、高安路小学、杨浦四中心小学、安亭小学等开展“注音识字、提前读写”教学实验。

重点抓好中等师范学校的推普工作。推动全市13所中师形成了包括“现代汉语基础知识”“教师口语”“软笔、硬笔和粉笔字三笔书法”“小学语文教材教法”等较为完整的语言文字教学体系、各具特色的实操训练制度，并在教学用语讲普通话的基础上进一步推动普通话成为校园用语，使中师成为学校推普工作的标杆，为上海的小学语文教育输送了一大批语言文字基本功过硬的高质量师资。

积极推动中等职业学校加强普通话口语教学。制定下发《上海市职业技术学校口语课教学的意见》，成立全市职教语文中心组，编制教材，研讨教法，推动各职业学校加强普通话口语教学，提高学生的普通话水平和口语表达能力。

### （三）发挥媒体作用

在广播宣传和教学方面，上海人民广播电台从1978年起连续3年举办汉语拼音广播讲座，共20讲，每天播讲3次；1984年和1985年又连续举办了普通话语音广播讲座。在电视宣传和教学方面，1978年举办了文字改革专题电视讲座，1985年举办了“公交优质服务、文明礼貌用语”普通话电视评比活动。在报纸宣传和教学方面，除了综合性报纸的专题宣传，1959年创刊的《汉语拼音小报》在停刊7年后于1979年1月正式复刊。

上海还于1985年创办了面向全体市民的“我爱祖国语言美”普通话电视比赛，引起了广泛而强烈的社会反响。这项比赛活动后来连续举办了23年，通过比赛，发现、培养了一大批影视话剧、播音主持、普通话教学等专业人才，成为上海推普工作的重要品牌。

### （四）推动社会普及

早在1959年，上海就开始探讨将推普工作由学校推向社会，举办了系统干部推广普通话学习班。1964年3月12日《人民日报》曾报道上海中央百货商场职工勤学多用普通话的情况。改革开放以后，随着人员流动的逐步加剧，消除方言隔阂在上海日益迫切。1982年3月14日，市委宣传部、市财贸办、市建委、市教卫办、市文改委联合下发《关于在五讲四美活动中大力推广普通话的通知》。翌日，地处淮海路的10家商店联合发出倡议书，倡议商业服务工作人员在接待顾客时使用普通话。之后，行驶在南京路上的公交电车一场20路车队也向全系统发出“日常服务讲文明、树新风，坚持使用普通话”的倡议。1982年7月，市文改委协同市公交公司在电车一场召开公交各场推广普通话工作交流会。社会推普工作首先在财贸和公交系统打开局面，后来又逐步拓展至公安、司法、出版等系统。

同时，积极推动汉语拼音的社会使用。1979年8月，市文改委、市工商局、市城建局根据国家有关部门要求发出《关于在招牌、路牌上加注汉语拼音的通知》，推动全市的路牌都加注了汉语拼音。

## 二 以语言文字应用管理为主题的发展期（1986—1997）

1985年，中国文字改革委员会更名为国家语言文字工作委员会。1986年1月，国家召开全国语言文字工作会议，提出新时期语言文字工作方针和任务。从那时起到1997年，上海语言文字工作的主要任务就是全面贯彻落实此次会议精神。这一阶段，改革开放不断推向深入，国家提出建立社会主义市场经济体制，社会语言文字应用也发生了值得关注的变化：（1）公共场合推广使用普通话的需求日益迫切；（2）社会用字混乱现象突出，繁体字回潮、“二简”字并用、生造字流行。因此，这一阶段上海的语言文字工作针对这两大问题，以“管理社会语言文字应用，提升社会语言文字规范化水平”为核心，落实政府责任，探讨管理体制，加强社会宣传，扩大社会参与，狠抓学校工作，扎实推进测试，促进规范使用。

### （一）落实政府责任

行政力度明显增强是这一阶段上海语言文字工作的突出特征。1986年5月，市文字改革委员会改名为市语言文字工作委员会[①]，在前一阶段社会推普的基础上进一步推动各相关系统全面开展语言文字工作，加强社会语言文字应用管理，形成了多部门共同参与的工作格局。同时，逐步推动20个区县[②]政府参照市政府的模式建立语言文字工作联席会议制度，并于1994年前后普遍成立了区县语委，初步形成了"条""块"结合、覆盖全市的语言文字行政机构网络。

### （二）探讨管理体制

管理社会语言文字应用，推动公共场合讲普通话、写规范字，尤其是整治管理面广、量大且动态变化的繁体字店招广告，上海在管理模式上经历了一个重要变化。起初由各级语委直接与管理对象沟通协调，各级语委以"铜头、铁嘴、蛤蟆肚子、兔子腿"的精神，硬着头皮、磨破嘴皮、饿着肚皮、踏破脚皮，宣传国家语言文字方针政策，但费时低效。后来上海努力探讨通过制度建设实现常态化和长效性管理，20世纪90年代初在全国率先提出"各司其职、齐抓共管，条块结合、条抓块管"的管理体制建设思路，并积极推动各"条""块"落实责任部门，建立规章制度，加强监督检查。1992年，市语委、市政委、市财贸办下发《关于加强本市商店、牌匾、广告等用字管理的意见》，并集中对南京路、淮海路、四川北路、豫园商圈等主要商业街区的社会用字进行了联合整治。1994年，市语委进一步提出"目标管理、量化评估"的推进思路，根据社会语言文字应用管理工作的需要，分门别类制定语言文字工作指标体系，对20个区县和广电、出版、文化、体育、卫生、商业、旅游、邮电、工商等10多个系统的语言文字工作开展专项评估。这一思路为国家语委后来在全国开展"城市社会用字管理工作评估""城市语言文字工作评估"和"语言文字工作督导评估"积累了先行经验。

### （三）加强社会宣传

社会语言文字规范化水平的提高有赖于规范意识的确立，加强社会宣传是语言文字工作的重要抓手。上一阶段后期推出的"我爱祖国语言美"比赛在这

① 日常办事机构仍设在市教育局。

② 40年来，上海先后撤销上海县、南市区、卢湾区、闸北区，崇明撤县建区，目前共16个区。

一阶段继续广泛开展，并按照“一年一个系统、发动不同行业系统的一线从业人员积极参与”的思路推进，持续引发关注。为进一步加大宣传力度，自1987年起，市语委和市文明办联合组织开展了“语言文字规范化集中宣传月”活动，在全市范围每两年举行一次，通过媒体的新闻宣传、丰富多彩的群众性活动和咨询服务活动、设置公益广告等营造语言文字规范化社会环境和舆论氛围，为国家开展“全国推广普通话宣传周”活动积累了先行经验。

### （四）扩大社会参与

1986年，上海在成立语委、落实政府职能的同时，在时任市社联主席罗竹风的倡议下，成立了服务于语言文字工作的群众团体——上海市语言文字工作者协会，罗竹风为首任会长。市语协由热心于语言文字工作的各行业积极分子和志愿者组成（部分人员来自前期各类普通话培训班），定位为市语委的参谋和助手，在各行各业的不同岗位上宣传并推动实施国家语言文字方针政策。30多年来，市语协会员逐步扩增至500多人，成为市语委开展队伍建设的重要抓手，在语言文字规范化社会宣传与活动组织、上海与港澳台地区语言文化交流、城市语言文字使用管理政策研究等方面发挥了重要作用。

### （五）狠抓学校工作

改革开放以来，上海根据国家的系列文件要求，始终紧紧抓住学校这一语言文字工作的基础性重要环节，这一阶段在“目标管理、量化评估”工作思路指导下，措施更实，力度更大。（1）在全国率先对全市所有中小学的语言文字工作进行了一轮“合格级”检查验收。验收内容包括学校语言文字工作机构、宣传环境、校园用语用字情况，以及师生的语言文字规范意识和普通话、规范汉字、汉语拼音的使用能力。达到标准的认定为“合格”。（2）对全市13所中师的语言文字工作进行了一轮检查验收。同时依托中师语文教研室，每年都以抽查的方式对固定年级中师生的普通话水平、规范汉字书写、汉语拼音教学等基本功进行统一考核和集中验收。

### （六）扎实推进测试

1992年，国家确定了新时期推普方针，要求在“逐步普及”的基础上“逐步提高”，并于1994年在全国开展普通话水平测试。1994年，经市机构编制委员会批准，上海成立上海市普通话测试培训中心（1995年更名为上海市普通话培训测试中心），挂靠在上海师范高等专科学校，依托中师普通话教师、广电播音员主持人、高校相关专业教师等组建了测试员队伍，研制普通话水平测试管理系统和普通话水平测试制卷系统，全面启动测试工作。这一阶段的测试对象主要是教师、中师毕业生、播音员主持人等，到1997年底，测试人次已达3.9万余人。

### （七）促进规范使用

根据“促进语言文字规范化、标准化”的工作方针，这一阶段国家层面的语言文字规范标准建设全面展开，并逐步颁布了一系列规范标准。上海以新闻媒体为重点，积极推动这些规范标准的贯彻实施。1993年8月，市语委、市新闻出版局、市广电局联合开展了对全市86份报纸和电视台各频道字幕用字规范情况的检查活动。之后，又逐步建立了报纸期刊和广播电视用语用字规范监测制度，每两年对广播电视播音中的语音规范情况、报纸期刊编校质量及电视字幕的用字规范情况进行一次全面检查；不安排集中检查的一年，依靠一支固定的监督测评队伍，进行常态化地监听监看。除了语文规范、编校质量，广电和报纸媒体上商业广告中的不规范汉字也是重要的监测内容。集中检查，日常监听监看结果及时通过行政主管部门反馈相关单位落实整改，并推动相关单位进一步完善用语用字审核把关制度。这一制度后来一直坚持了16年，使上海的新闻媒体在语言文字规范化建设中充分发挥了示范榜样作用。

此外，《咬文嚼字》1995年1月正式创刊。该刊以“宣传语文规范，传播语文知识，引导语文生活，推动语文学习”为宗旨，以编辑、记者、校对、广告从业人员、文秘、节目主持人、教师和学生等为主要阅读对象，刊文内容主要是指出并分析探讨社会语言文字使用中的各类差错，逐步产生了重要社会影响。

## 三　以语言文字地方立法为主题的探索期（1998—2005）

1997年，国家召开第二次全国语言文字工作会议，就推广普通话、推行规范汉字、推行《汉语拼音方案》提出跨世纪的奋斗目标、重点任务和工作措施。根据会议精神，“建设语言文字法治体系、依法推进语言文字工作”成为这一阶段上海语言文字工作的头等大事。在这一阶段，面向社会语言文字应用管理的

体制机制建设更加深入并日臻完善，“目标管理、量化评估”全面铺开，工作领域由区县、系统进一步拓展至高校，工作内容由中文拓展至外文，以此为实践基础，国家通用语言文字地方立法取得重要成果。同时，为加大社会宣传力度，动员社会各界关注支持语言文字工作，上海尝试将语言文字工作与传承中华优秀传统文化结合起来，受到广泛好评。在这一阶段的后期，市语委举办“世博会语言环境建设”国际论坛，讨论普方关系处理、语言服务等议题，揭开了后一阶段创新发展的序幕。

### （一）语言文字工作行政管理体制建设进一步深化

**1. 完善语言文字工作机构**

1997 年，市政府下发文件，根据语言文字工作内涵外延不断拓展的需求，调整充实市语委构成，成员单位扩增至 45 个。[①]2003 年前后，又进一步推动全市 179 个街道、乡镇成立语委或语言文字工作领导小组，落实分管领导和责任部门，从而形成了市、区、街镇三级工作机构网络。

**2. 建立市语委全委会制度和成员单位述职制度**

1999 年，市语委制定下发《关于实行市语委委员单位年终述职制度的通知》，指出市语委每年召开一次全体委员会议，各成员单位应在全委会上就上一年度工作进行述职，在全体成员单位进行书面述职的基础上，每年遴选不同单位进行大会述职。

**3. 建立语言文字工作联络员培训交流制度**

从 1997 年起，市语委办每年召开区县语言文字工作会议、高校语言文字工作会议和市语委成员单位联络员会议，进行政策和业务培训，交流工作经验。

### （二）“目标管理、量化评估”全面铺开

**1. 加强学校语言文字工作评估**

在前一阶段“合格级”检查验收的基础上，这一阶段对全市各中小学又进行了一轮“优秀级”评估。同时，以评估为手段推动高校开展语言文字工作，从而将语言文字工作领域从区县、系统进一步拓展至高校。由于高校是新增长点，在正式评估之前，市语委从1996年开始先对全市所有高校进行了一轮初查，

① 1998 年，市教委还将其承担的市语委日常办事机构市语委办的职能从委办公室中独立出来，专设语言文字管理处，对外仍以市语委办名义开展工作。

推动各高校成立机构、建立制度、加强对校园语言文字应用环境的整治，开展对大学生语言文字应用能力的教学训练。1999 年发文正式启动高校语言文字工作评估，并依托上海教育评估院具体实施。

**2. 启动城市语言文字工作评估**

1998 年 12 月，国家语委在上海召开城市语言文字工作现场观摩会，总结推广上海“目标管理、量化评估”的实践经验，并决定在全国开展城市语言文字工作评估，2000 年下发《一类城市语言文字工作评估标准（试行）》。上海作为直辖市，一方面要接受国家语委组织的一类城市评估，另一方面要对区县开展二类城市评估。2004 年上海接受并通过了一类城市评估，被认定为“普通话初步普及，汉字的社会应用基本规范”；2000—2005 年，上海先后完成了对金山、浦东、静安、徐汇、长宁、闸北 6 个区县的二类城市评估。同时，以建设系统、文广系统为重点，开展了社会系统语言文字工作评估。

### （三）普通话水平测试深入推进

**1. 测试量快速增长，相关岗位人员持证上岗稳妥推进**

这一阶段全市共测试 31 万多人次。在此基础上，市语委、市教委、市人事局等部门先后下发教师、公务员持普通话水平等级证书上岗的专门文件，从实际出发，提出“加强培训，以训保测，老人老办法、新人新办法，先达‘市标’，逐步达‘国标’”的工作原则，规定了不同年龄阶段教师和公务员的等级要求。

**2. 测试机构工作力量不断增强**

1997年，因师专停办，上海市普通话培训测试中心挂靠上海师资培训中心。2002 年，经市编委批准，中心成为具有独立法人资格的市教委直属事业单位，并更名为上海市普通话测试中心，人员编制增加至 8 人。

**3. 测试管理日益规范**

市普通话测试中心在“把控测试质量，提高测试效率”方面开展了一系列开创性工作。与科大讯飞公司合作，依托其日臻成熟的语音识别技术，研制计算机辅助普通话水平测试系统，试点开展计算机辅助测试。研制普通话水平测试计算机制卷系统，后被国家语委普通话培训测试中心在全国的测试工作中采用。

### （四）国家通用语言文字推广宣传产生广泛影响

1998年起，上海停办“语言文字规范化集中宣传月”活动，转而根据国家的要求举办每年一次的“全国推广普通话宣传周”活动。上海在印发宣传资料、举行广场活动、举办培训讲座、制作播放电视公益广告、组织征文竞赛等方面不断推陈出新，很多都在全国首开先河，进而成为全国推普宣传周活动的常规举措。

除了全国推普宣传周活动，上海还积极探讨实践将推普宣传与中华语言文化传承结合起来，不断创新宣传形式，拓展宣传内容。1998年，市语协、市侨联联合港澳台地区有关机构在沪举办首届“上海、台北、香港、澳门青少年朗诵比赛”，后来每年在不同城市举办一次，促进了上海与港澳台地区的语言文化交流。1999年，市语委、东方电视台联合举办“中国人·中国话·中国魂”诗文朗诵会，首次将舞蹈、音乐、器乐、绘画、戏曲等艺术形式引入朗诵，通过电视播出后，引起强烈的社会反响。之后又举办了“诗意中国”“和谐之声”等诗文朗诵会，为国家后来开展“中华诵”活动积累了先行经验。

此外，上海还加强了宣传语言文字规范化的专业媒体建设。2001年，在全国率先开通省级语委门户网站上海语言文字网，利用现代媒体宣传国家语言文字方针政策，报道全市语言文字工作动态，普及语言文字规范知识，并于2002年11月承办了教育部语信司举办的地方语言文字网站管理人员、信息员培训班。《汉语拼音小报》在2001年更名为《语言文字周报》，进一步成为宣传党和国家语言文字方针政策、报道全国各地语文动态的专业报纸。

### （五）国家通用语言文字地方立法取得重要成果

2000年《中华人民共和国国家通用语言文字法》（以下简称《国家通用语言文字法》）颁布不久，制定上海的贯彻实施性地方法规随即提上了议事日程。在全国人大教科文卫委、教育部、国家语委的关心指导下，经过近5年的调研，2005年12月29日市十二届人大常委会第二十五次会议通过《上海市实施〈中华人民共和国国家通用语言文字法〉办法》（以下简称《实施办法》），在全国第12个完成了省级地方立法工作。

与之前颁布的11部地方法规规章相比，上海的地方法规主要有四大特色：（1）紧密结合上海的实际情况，对国家通用语言文字使用的具体要求做了细化规定，如规定繁体字店招、纯外文店招应当配放规范汉字副牌；（2）根据市语委构成情况，明确了20多个行业主管部门的语言文字工作责任，推动各部门主动履职、依法履职；（3）将实践中行之有效的工作措施上升为法律法规的规定，要求各级语委应当开展语言文字工作评估和语言文字使用情况日常监测；（4）注重能力提升，规定有关行业人员的普通话和汉字应用水平应当达到国家规定的等级，特别是规定高校和职校的应届毕业生应当接受普通话水平测试。

### （六）语言文字工作内容不断拓展

#### 1. 外语使用管理和外语能力建设全面启动

随着国际化进程不断加速、重大多边国际性活动不断增多，上海的外语需求日益凸显，外语使用日益增多，提升市民外语能力、管理外语使用中的不规范现象逐步成为上海语言文字工作的重要任务。2000年，市文明办、市语委等组织开展“迎APEC，市民学双语（普通话和英语）”活动，培训提高交通、旅游、商业等行业服务人员的普通话和英语会话能力。2002年前后，市语委在卢湾区（原）试点开展对纯外文店招的整治工作，推动新天地商圈、新锦江商圈、淮海路沿线等商家为纯外文店招配放规范汉字副牌，这为国家通用语言文字地方立法做出相关规定奠定了实践基础。2003年市政府印发《关于加强本市公共场所英文译名使用管理的若干意见》（以下简称《若干意见》）。2004年市语委成立主要由高校外语专家组成的公共场所英文译名专家委员会，为规范公共场所的英文翻译提供咨询审核等业务支持，并依托该委员会制定颁布了《上海市公共场所中文名称英译基本规则》。

#### 2. 普方关系处理问题提上工作日程

2000年国家开展“中国语言文字使用情况调查”时上海的普通话普及率约为79%。进入21世纪以后，上海的外来人口进一步大量涌入，城市语言环境较改革开放初期发生了重大变化，普通话普及率、使用率均不断提升，同时上海青少年方言能力下降的问题开始引发社会关注。面对新情况，如何处理好普方关系提上了市语委的工作日程。

### （七）“世博会语言环境建设”国际论坛研讨新阶段城市语言规划

2005年9月13—14日，上海举办了“世博会语言环境建设”国际论坛。这是上海语言文字行政部门举办的一次重要学术会议，是谋划以世博会为标志

性事件的城市未来发展愿景中的语言规划的思想盛会，对上海语言文字工作创新发展具有重要意义。来自大陆和港澳台地区，以及美、德、日、韩等国的110余名专家和官员出席，收到论文121篇。时任全国人大常委会副委员长许嘉璐为论坛发来贺信。该论坛发表了宣言，指出：上海作为一个现代化国际大都市，面对世博会的现实需求，在实现了“普通话初步普及、汉字的社会应用基本规范”的跨世纪奋斗目标以后，应当进一步谋求语言的和谐发展，建设一个规范、便利、开放、多元的语言文字环境。要以科学发展观为指导，加深对多语社会的认识，进一步做好语言规划；要面向世博会的现实需求，建设语言服务工程；要关注语言经济，努力培育相配套的语言服务市场；要进一步加强语言文字应用管理，不断提升语言文字规范化水平。方言保护和普方关系处理、语言服务、语言经济等在当时都是极具前瞻性的话题，在这些话题上行政与学界的深入对话更是领风气之先。

## 四　以语言生活治理为主题的拓展期（2006—2018）

2006年以来，从全国范围看，随着城市化、国际化、信息化进程的加快，社会语言生活日益活跃、纷繁和复杂，语言价值观日益多元。国家通用语言文字推广普及的需求更加迫切，而发展不平衡的情况逐渐凸显；同时，保护语言文化多样性，处理好国家通用语言文字与少数民族语言文字、汉语方言、繁体字、异体字、外国语言文字的关系，以及语言规范与语言发展的关系，促进语言文字及语言文字事业更好地服务国家战略和社会民生，等等，都被提上议事日程。国家提出树立科学的语言观，全面认识语言文字的社会功能，要求全面确立语言生活观、语言资源观、语言服务观、语言战略观，构建主体性与多样性辩证统一的和谐语言生活。国家语言文字事业发展进入“拓展期”[①]。上海为此积极探索，先行先试，先后颁布了语言文字工作的“十一五”规划、中长期规划[②]和“十三五”规划，以国家语言能力理论为指导提出了“提升城市语言能力，服务上海打造全球卓越城市”的工作理念，在进一步依法推广普及国家通用语言文字的同时，积极保护传承上海方言文化并深入探讨普方关系处理方略，

① 周庆生《中国语言政策研究七十年》，《新疆师范大学学报（哲学社会科学版）》2019年第6期。

② 指《上海市语言文字工作委员会关于贯彻落实〈国家中长期语言文字事业改革和发展规划纲要（2012—2020年）〉的实施意见》。

大力推进公共场所外文使用规范和外语服务能力提升，努力传承中华优秀传统文化，深入开展服务于应用的语言文字科学研究，深入探讨“政府多部门联动，社会积极参与，建设、管理、服务并重，法律、行政、宣传、教育多手段并用”的语言生活治理体系，全面推进语言文字事业创新发展。

### （一）进一步依法推广普及国家通用语言文字

#### 1. 依法开展语言文字工作督导评估

（1）有序推进区县语言文字工作评估，2010年在全国较早全面完成二类城市评估。（2）稳步推进高校语言文字工作评估，到2018年底先后完成对58所高校的评估，并成立了上海高校语文教育联盟，推动各高校加强对大学生的国家通用语言文字能力教学与训练。（3）按照国家语委的要求与部署，先后创建了语言文字规范化示范校324所，其中国家级35所。（4）其他。2007—2008年，市语委协同市政府教育督导室对金山、普陀、闵行、虹口、静安、徐汇6个区贯彻落实语言文字法律法规的情况进行了专项督政。2018年根据国务院教育督导办和国家语委办的部署，在各区全面自查的基础上，对普陀、宝山两区进行了语言文字工作督政；虹口、嘉定等区则依法将语言文字工作纳入了本区教育督导的指标体系。

#### 2. 依法开展国家通用语言文字使用监测

2007年1月，市语委、市城管执法局下发《上海市公共场所社会用字监测与行政执法实施细则（试行）》。2009年，市语委依托上海语言文字网建设了能接受市民投诉的上海市公共场所语言文字使用网络监测系统。2018年，市语委联合市文明办等成立语言文字“啄木鸟”志愿者服务队。同时，继续对报纸期刊和广电媒体用语用字进行监听监看，并支持《咬文嚼字》杂志从2006年起评选“年度十大语文差错”，连续10多年产生了重要社会影响。

#### 3. 依法开展国家通用语言文字水平测试

（1）继续以教师、公务员、应届大学生和中职校学生为重点人群全面推进普通话水平测试工作，这一阶段累计测试174万余人次；截至2018年底，上海共计测试人次近210万。（2）成功争取到市财政的支持，每年投入近千万元经费对大学生和中职校学生实施免费测试。（3）全面实施计算机辅助普通话水平测试，并根据机测标准，依托有关高校和区县设立了一批测试站，形成了覆盖全市、适应需求的测试工作机构网络。（4）积极试点汉字应用水平测试，2007

年该项测试首先在上海开考，之后上海始终积极试点，连续10多年坚持开展测试，共计测试9.1万余人次。2007年，上海市普通话培训测试中心更名为上海市语言文字水平测试中心。

**4. 召开全国语言文字依法管理现场会**

上海的语言文字法治工作受到全国瞩目，2007年国家语委在上海召开语言文字依法管理现场会，宣传推广上海的工作经验。

经过40年的努力，目前上海已经高位普及国家通用语言文字。2013年上海市语委组织实施的调查中，有98%的受访者自述掌握普通话。[①]当年市统计局一项涉及1000多人的书面问卷调查，被调查人自述“会普通话”的比例也达97%。[②]除了政府公务、新闻宣传、教育教学和公共服务，随着城市规模的扩大、人员流动的加剧，很多市场服务从业人员在工作场合也自觉使用普通话，改革开放初期仍较严重的方言隔阂、外地人在上海有语言障碍的情况，已经一去不复返了。

### （二）保护传承上海方言文化，妥善处理普方关系

2006年，民盟上海市委在市政协十届四次会议上提交第0090号提案《关于弘扬海派文化、传承沪语特色的若干建议》。这是一份党派提案，进一步反映了本市社会对保护上海话问题的关注。之后，上海各界，特别是曲艺界和语言学界保护上海话的呼声越来越强烈，市语委每年都收到相关议题的“两会”议案提案和大量群众来信。同时，市语委也经常收到反对保护上海话、将保护上海话视为狭隘的地方主义的社会意见。语言矛盾时隐时现，城市快速发展过程中的一些社会矛盾以语言问题为爆发点的风险也在增加。为此，市语委协同相关部门、联合市语协等机构采取多项措施，予以积极回应。

**1. 全面宣传贯彻“推广普通话但不消灭方言”的方针政策**

（1）通过媒体、会议、政策宣讲等方式广泛宣传，国家推广普通话是为了消除方言隔阂、以利社会交际，是要求会说方言的公民还要会说普通话，在必要的场合，如执行公务、新闻宣传、教育教学、公共服务等使用普通话，并不是一律不许说方言。（2）解释普通话和方言的不同功能和主体多样的关系，提

① 林元彪、张日培、孙晓先《上海市语言文字应用能力及使用状况调查报告》，《语言政策与语言教育》2015年第1期。

② 参见 http://shzw.eastday.com/shzw/G/20140208/u1ai123555.html。

出“推广普通话，传承上海话”。(3)积极探讨通过语言文字工作评估指标的规定进一步明确方言区的普通话使用要求，如提出“各行业在接待和服务工作中，首问使用普通话，然后可以根据服务对象的需求使用方言”“有不懂上海话人士在场的场合自觉使用普通话”等，并加强对评估工作的研究及对评估人员的政策培训，妥善处理好普方关系。

**2. 加强对上海方言的保护性调查研究**

(1)资助复旦大学团队开展上海方言保护性调查工程。(2)在全国第二个试点建设语言资源有声数据库，依托复旦大学、华东师大、上海大学、上海师大语言学团队，根据国家统一要求调查采录了包括中心城区和各远郊区共15个调查点上的方言数据。2011年正式启动，2015年通过国家组织的专家验收。2015年以来，上海进一步实施中国语言资源保护工程，在有声数据库的基础上补充采录了上海口传文化的声像数据。目前正依托项目成果编制《中国语言资源集·上海》。

**3. 探讨实践促进少年儿童上海话能力的方法与途径**

(1)2006年组织复旦大学方言专家对本市青少年说上海话的能力、态度等进行了全面调查。结果显示，随着年龄的增长，学生说上海话的能力逐步提高，态度上也更为接受。(2)从2007年起在幼儿园和小学开展包含有上海话相关内容的上海乡土文化教育。(3)资助有关机构出版上海话童谣类读物。(4)支持有关机构开展儿童学说上海话的比赛展示等活动。(5)从2014年起在全市选择20多所幼儿园试点开展上海话体验活动，指导试点幼儿园在教学中使用普通话，而在生活、游戏、保育等场合中结合真实语境为学龄前儿童创设听说上海话的机会。(6)开展上海地方戏曲曲艺进校园活动，通过校本课程、学生社团等传承地方口传文化。

**4. 探讨传承上海话的有效方略**

支持社会各界在“法律规定的公共场合坚持使用普通话”的前提下，结合各自实际探讨传承上海话的有效方略。如：静安区南京西路街道积极探讨社区语言服务，成立嘎三胡俱乐部，定期组织社区内新上海人、青少年等开展上海话传习活动；上海广播电视台经市文广局批准开办了若干主要以老年居民为受众对象的民生类上海话栏目和节目；民航、地铁、公交等公共交通在首先使用普通话的前提下在个别线路上试点推出上海话服务。

## （三）推进外文使用规范与服务

### 1. 制定英文译写规范

2009 年颁布了《公共场所英文译写规范》，2010 年颁布了《上海市对外交流用组织机构名称和职务职称英文译写规范》。前者是上海的地方标准，规定了交通、旅游、文化、体育、教育、金融、卫生、邮政、电信、商贸、餐饮和宾馆服务 12 个服务领域的实体名称、设施名称及功能信息、警示和提示信息的英文翻译方法和书写要求，列举了 2700 余条推荐使用的英语译文；后者是上海的地方规范性文件，规定了本市各级各类党政机关和群众团体机关名称、各类职务职称的英文译写规范。

### 2. 立法管理公共场所外文使用

2014 年 9 月，市政府颁布《上海市公共场所外国文字使用规定》（以下简称《规定》）。这是全国第一部专门针对外文使用管理的省级政府规章。《规定》要求公共场所招牌设施等中的外文必须与中文同时使用，不得单独使用；同时，译写应当规范，符合国家和上海的相关标准。《规定》将公共场所的外文使用定位于服务功能，在强调要充分发挥外文的服务功能的同时，就外文使用中语言主权与语言服务的关系处理进行了政策性探讨。

### 3. 集中整治外文译写不规范现象

2008—2010 年，实施《迎世博 600 天行动计划》，开展公共场所外文规范专项整治行动，全市集中整改了 1 万多处英文翻译或拼写不规范情况。2011 年，成立公共场所外文译写规范监测青年志愿者服务队。2018 年，开展了迎首届中国国际进口博览会外文规范专项检查整改活动。

### 4. 加强外语服务

依托上海外国语大学开展上海外语需求、外语使用和市民外语能力调查，为世博会、进博会等多边国际活动提供多语种外语志愿服务。2007 年，启动“市民迎世博、学双语”活动，推出《世博普通话 1000 句》和《世博英语 1000 句》。2017 年，建成上海市公共信息多语言服务系统，为来沪观光旅游、文化交流、商务贸易或在沪工作、学习、居留的外籍人士，提供英文、日文、朝 / 韩文、法文和西班牙文共 5 种语言文字的关于上海旅游购物、公共服务等的信息服务；同时，出版了《上海市公共信息多语种服务手册》的中英文版、中法文版、中西文版、中日文版和中朝 / 韩文版。

## （四）传承中华优秀传统文化

**1. 推进中华经典诵读工程**

（1）开展丰富多彩的经典诵写讲活动。如：陈伯吹国际儿童文学经典作品诵读、市民诵读节、上海市民文化节“中华诗词文赋大赛”、“中国诗词大会”上海地区选手选拔、留学生中国诗文诵读大会，以及“书法名家进校园”、上海市大学生纪念长征胜利80周年书法展示、“我爱汉字美”小学生汉字听写大赛，等等。（2）加强基础建设。将“中华经典诵写讲”行动项目列入上海校园文化建设传承创新发展行动计划，支持各区建设中华经典诵读区级课程和校本课程，指导各区和高校建设中华经典诵读学生社团。（3）开展专题研究。探讨推进经典诵读活动深入持续开展的长效机制。

**2. 实施阅读推广行动**

依托市文教结合平台开展“书香校园”建设，引导学校积极推进教师阅读、学生阅读，2017年首批命名了29所“上海市书香校园基地学校”。创建上海学生阅读联盟，整合教育系统、新闻出版系统、作家协会的名家名师和优质阅读资源，开展阅读指导培训。创立“青衿书苑”读书会，面向青少年定期举办主题讲座并进行阅读互动。同时，积极打造阅读活动品牌，先后开展了“阅读小达人”网络互动阅读、“悦读阅美·书香伴成长”青少年阅读推广指导展示、“七天七堂课”名家系列国学讲座等活动。

## （五）加强语言文字科研工作

加强语言文字政策与战略研究，是上海语言文字事业科学发展、创新发展的基石。2006年以来，市语委先后发布“十一五”“十二五”语言文字科研课题指南，资助高校、区县和有关机构立项开展课题研究；[①] 同时，市语测中心连续发布科研规划，积极开展相关课题研究。此外，2007年和2013年先后支持上海外国语大学和市教科院与教育部语信司共建中国外语战略研究中心和国家语言文字政策研究中心。十几年来，两中心承担了国家和上海市语委多项研究性工作任务，产出了一系列重要成果，各自形成了鲜明特色。中国外语战略研究中心依托上外外国语言文学学科平台，主持建设二级学科语言战略与语言政策学，整合全校的多语种、多学科资源，重点开展国际语言生活监测与比较、

① “十三五”起语言文字类科研课题统一纳入市教育科研规划。

国内外语生活调查与研究，在基础学科建设、国际化人才培养平台建设、服务语言学术国际交流、推进智库外交等方面形成了鲜明特色。国家语言文字政策研究中心依托上海市教科院教育决策咨询研究的经验优势，重点开展语言文字事业发展方略、语言文字立法与依法管理、语言文字智库建设研究，观测事业发展动态和学术发展动态，承担国家语委科研机构秘书处工作，形成了对标事业布局开展决策咨询研究、根据行政需求参与语言生活治理、组织科研机构共同发挥智库功能的特色。

## 五 结语

40 年来，上海市语言文字工作形成了全面贯彻国家语言文字方针政策、紧密结合上海语言生活实际、针对语言问题探讨管理政策、围绕语言需求推进事业创新、坚持科学辩证、坚持实事求是、坚持与时俱进的鲜明特色，经历了从“推广普及”到“依法管理”再到“现代治理”的嬗变。不忘初心，坚持特色，上海的语言文字工作将为城市发展、能级提升发挥更大作用，同时为国家语言文字事业发展贡献更多先行经验。

（张日培、孙晓先、栾印华、马晓华）

# 公共场所外文使用立法与实施*

2014年9月15日，上海市人民政府第61次常务会议审议通过《上海市公共场所外国文字使用规定》，自2015年1月1日起施行。这是本市语言文字管理和服务领域的创制性立法项目，是国内首部规范外文使用的省级政府规章，标志着本市语言文字事业在贯彻落实依法治国方略、全面加强依法管理方面取得了新的重要进展。4年多来，本市有关部门积极采取措施，努力推动《规定》的贯彻实施，取得了明显成效。

## 一 立法目的与依据

本市制定《规定》的主要目的是规范公共场所外文的使用，促进对外交流，展示城市文明形象，为上海建设卓越的全球城市、具有世界影响力的社会主义现代化国际大都市营造良好的语言文字环境。

### （一）本市公共场所外文使用存在的主要问题

改革开放以来，随着国际化进程的不断加快，来沪观光旅游、商务接洽、留学深造、工作居留的外籍人士越来越多。据《上海统计年鉴（2018）》，2017年上海的国际旅游入境人数达873.01万人次，居留许可外国人达15.79万人。[①] 为在沪的外籍人士提供便利与服务，本市公共场所的外文使用日益增多，并呈现出范围广、数量多、形式多样的特点。调研显示，外文使用领域覆盖交通、旅游、文化、体育、金融、邮政、医疗卫生、商业等服务领域，大量宾馆、饭店、商场等公共场所都使用外文标示名称，或者在各类设施上使用外文进行告示和说明。公共场所外文使用中存在的问题引起社会关注，21世纪以来，市语

---

* 本文为教育部哲学社会科学研究重大课题攻关项目“新时代国家语言文字事业的新使命与发展方略研究”（18JZD015）之子课题六“面向未来的语言文字规范化标准化研究”阶段性成果。

① 参见 http://tjj.sh.gov.cn/tjnj/nj18.htm?d1=2018tjnj/C0211.htm。

委每年都收到上海“两会”的代表书面意见和委员提案，以及大量的群众来信反映相关情况。主要包括两大问题：

**1. 单独使用外文问题**

如：市政协十届四次会议（2006）第0223号委员提案、市政协十届五次会议（2007）第0252号致公党市委提案等都指出，纯外文店招广告等不符合《国家通用语言文字法》的基本原则，也给不懂外语的本国公民造成识别障碍，建议加强管理。

**2. 外文译写不规范问题**

有的译写存在拼写或者语法错误，有的译文语义不明甚至与原文含义相悖。“中式英语”的现象较为普遍，由于信息标志不符合外文规范或使用习惯，不仅未达到方便服务的目的，还损害了城市的文明形象。大量群众来信反映相关情况，市政协十一届二次会议（2009）第0178号、0249号、0870号提案，市人大十三届二次会议（2009）第0244号书面意见等更是集中对相关问题提出了批评建议。

### （二）立法依据

针对上述两大问题，国家和上海已有法律法规及国家标准的相关规定，为《规定》确定立法宗旨提供了基本依据。

《国家通用语言文字法》第十三条第一款规定：公共服务行业以规范汉字为基本的服务用字。因公共服务需要，招牌、广告、告示、标志牌等使用外国语言文字并同时使用中文的，应当使用规范汉字。全国人大教科文卫委在《关于〈中华人民共和国国家通用语言文字法（草案）〉的说明》中特别指出：有了这些原则性规定，根据实际需要，可以制定配套的外文使用管理的法规或规章。教育部、国家语委多次要求各地语委对社会外文使用予以关注、加强管理，并希望上海能率先开展地方立法试点工作。

《上海市实施〈中华人民共和国国家通用语言文字法〉办法》（2005）第十五条第二款规定：公共服务行业以规范汉字为基本的服务用字。招牌、告示、标志牌等需要使用外国文字的，应当用规范汉字标注。

《广告语言文字管理暂行规定》（1998）第八条规定：广告中不得单独使用外国语言文字。广告中如因特殊需要配合使用外国语言文字时，应当采用以普通话和规范汉字为主、外国语言文字为辅的形式，不得在同一广告语句中夹杂使用外国语言文字。广告中的外国语言文字所表达的意思，与中文意思不一致的，以中文意思为准。

《公共服务领域英文译写规范》（2013，以下简称《英译规范》）的《第1部分：通则》规定：公共服务领域英文译写应符合我国语言文字法律法规的规定，在首先使用我国语言文字的前提下进行；应符合英文使用规范以及英文公示语的文体要求；应准确表达我国语言文字原文的含义；应根据对外服务的实际需要进行；应通俗易懂，便于理解，避免使用生僻的词语和表达方法；应用语文明，不得出现有损我国和他国形象或有伤民族感情的词语，也不得使用带有歧视色彩或损害社会公共利益的译法。

关于单独使用外文的问题，《国家通用语言文字法》《实施办法》《广告语言文字管理暂行规定》《英译规范》都提供了明确的立法依据；关于外文译写规范的问题，主要是作为国家标准的《英译规范》提供了立法依据。法律法规对译写规范相关规定的暂缺，对制定《规定》提出了迫切要求，也是《规定》的主要立法空间。

#### （三）立法宗旨

针对存在的问题，以国家和上海已有法律法规及国家标准的相关规定为依据，《规定》确立了两大立法宗旨：

第一，通过立法及加强依法管理，全面贯彻落实国家语言文字方针政策。坚持国家通用语言文字在公共场所语言文字使用中的主体地位，使上海在国际化进程中保持独特的文化品位，树立在语言文字使用问题上的文化自觉与文化自信，处理好外文使用与中文使用之间的关系。

第二，通过立法及加强依法管理，提升公共场所外文译写的规范水平，充分发挥外文的信息服务功能，展示社会主义现代化国际大都市应有的文明形象。

### 二 前期实践与基础

2000年以来，本市在贯彻实施《国家通用语言文字法》《实施办法》的过程中，就公共场所语言文字使用管理，特别是在纯外文店招广告等整治方面开展了大量工作，积累了丰富经验，确立了“部门联动，区县评估，日常监测”的制度基础，使上海在2004年以良好的成绩通过了国家语委组织的一类城市语言

文字工作评估，实现了“普通话初步普及，汉字的社会使用基本规范”的阶段目标。除此以外，2003 年以来本市在公共场所英文译写规范方面也进行了一系列富有成效的探索与实践。

### （一）颁行《关于加强本市公共场所英文译名使用管理的若干意见》

2003 年 6 月 10 日，市政府颁布《关于加强本市公共场所英文译名使用管理的若干意见》，提出了“以公共场所英文译名使用的准确、规范和协调为目标，加快制定统一的英文译名使用的规范，加强英文译名使用的监督管理，逐步推进英文译名使用的规范化工作，努力营造国际化的城市环境，促进上海对外经济和文化交流”的总体要求，并从实施范围、英文译名使用规范的确定、实施要求、实施步骤、其他外文的配置等方面提出了明确的意见。

### （二）颁行一系列公共场所英文译写规范

2004 年 9 月，市语委根据《若干意见》的要求组织专家研制的《上海市公共场所中文名称英译基本规则》颁布施行。该规则是市语委规范性文件，规定了公共场所中文名称英译的基本原则和方法。

2009 年 9 月，市质量技术监督局颁布由市语委组织专家研制的上海市地方标准《公共场所英文译写规范》。该规范规定了交通、旅游、文化、体育、教育、金融、卫生、邮政、电信、商贸、餐饮和宾馆服务 12 个服务领域的实体名称、设施名称及功能信息、警示和提示信息的英文翻译方法和书写要求，列举了 2700 余条推荐使用的英语译文。在国家标准《英译规范》2013—2017 年先后颁布后，上海地方标准现已废止，本市目前全面执行国家标准。不过，国家标准是由上海牵头组织北京、江苏等地专家共同研制的，上海地方标准的相关规定以及所列推荐使用的英语译文绝大部分进入了国家标准。

2010 年 1 月，市语委、市教委、市政府外事办和市人保局联合制定下发《上海市对外交流用组织机构名称和职务职称英文译写规范》。该规范是部门联合规范性文件，规定了本市各级各类党政机关和群众团体机关名称、各类职务职称的英文译写规范。目前，教育部、国家语委正在委托市教科院国家语言文字政策研究中心在此基础上研制相关国家标准。

### （三）组织专家委员会提供咨询服务

与针对“单独使用外文”现象的整改工作相比，提升外文译写规范水平工作业务性强，专业要求高，涉及翻译专业内容的争议也多。为此《若干意见》规定：“英文译名使用规范的内容，主要包括英文单词（含专用名称）的选用、拼写（含缩写）、字母大小写、字母体式等，由市语委组织译文专家委员会，会同相关管理部门予以确定”，“对英文译名使用产生争议的，由市语委组织译文专家委员会协调处理”。

根据《若干意见》的要求，市语委 2004 年 7 月成立了由语言学、翻译学、法学、社会学等各界专家共 26 人组成的上海市公共场所中文名称英译专家委员会，负责制定统一的英文译名使用规范，协调处理本市公共场所中文名称英译法方面的学术争议和分歧，为社会规范使用英文译名提供咨询服务。

专家委成立后，主要开展了 3 个方面工作：（1）确立基本规范。先后研制了《上海市公共场所中文名称英译基本规则》《公共场所英文译写规范》和《上海市对外交流用组织机构名称和职务职称英文译写规范》。（2）开展英译审核。10 多年来先后应市区两级交通、旅游、体育、商业、绿化园林、公安等部门的要求，对轨道交通站点、重要旅游景区景点及设施、大型体育活动、商品价目牌、社会公共安全管理通告等的英文翻译提供审核意见和咨询服务。其中，轨道交通站点名英译审核已成常态，本市每新开一条轨交线路、市政府每批准一批站点名，均通过专家委审核其英文译名后方投入使用。（3）为市语委等部门组织的全市性英文译写规范集中检查整治活动提供专业指导与支持。专家委专家们分组轮流亲临现场，对相关翻译问题释疑解惑。

### （四）开展集中检查整治

2003 年以来，市语委充分利用每一次在沪举行大型国际活动的契机，如 2007 年特奥会、2008 年奥运会（上海主要承办部分足球比赛）、2010 年世博会、2014 年亚信峰会等，牵头组织开展公共场所英文译写规范集中检查整治活动。活动主要依托具有一定英语能力的在校学生，在专家委专家的指导下，对本市海陆空交通枢纽、A 级旅游景点、四星及以上星级宾馆、大型商业中心等主要公共场所，以及主会场周边设施等的英文使用进行检查。通常由特定公共场所所在区县语委承办，市区两级交通、旅游、商业、工商、城管、公安等相关部

门共同参与，发现问题即知即改。集中检查整治活动能够取得立竿见影的效果，如在迎世博期间，据各部门、各区县向市语委申报统计，全市共整改英译不规范现象达 1 万多处。

## 三 立法内容与特色

尽管 21 世纪以来，本市在规范公共场所外文使用方面开展了大量工作，也取得了明显成效，但仍面临不少困难和问题：第一，社会各界，尤其是商业机构、市场主体等的中文母语意识、外文规范意识普遍还不强，使用外文之前查询规范标准的习惯尚未建立，导致不规范现象时有发生，对拒绝改正等行为也还未形成有效措施。第二，公共场所外文使用面广、量大且动态变化，已有管理实践还有一定的突击性，常态化、长效性的规范管理工作格局和机制尚未完全形成。市语委在组织贯彻《国家通用语言文字法》《实施办法》过程中的制度设计虽然提供了一定基础，但在管理译写规范方面，各相关部门尚未得到法律法规的授权，尽管英译规范国家标准提出了要求，但仅靠标准化部门一家，执法队伍等管理资源远不能适应需求。

针对这些问题，市十三届人大三次会议（2010）上，有代表提出书面意见（第 0676 号），建议本市制定外文使用管理方面的地方性法规规章。经过近 5 年的立法调研，《规定》作为市政府规章颁布施行。《规定》主要对本市公共场所外文的使用要求和译写规范做出了具体规定，明确了政府相关各部门的管理职责和为外文使用提供指导与咨询的服务责任，同时鼓励社会公众参与公共场所外文使用的监督，并对违反《规定》的行为设定了相应的法律责任。《规定》篇幅不长，共 19 条，但内容全面，特色鲜明。

### （一）主要内容

#### 1. 明确适用范围

《规定》第二条从适用对象、适用场合、适用形式等方面做了明确规定：（1）适用对象是本市行政区域内的公共场所，包括国家机关对外服务窗口、机场、火车站、轨道交通站点、医院、饭店、商场，以及影剧院、图书馆、体育馆，等等。鉴于公共场所的覆盖面广、种类繁多，且已形成约定俗成的概念，《规定》参照其他类似立法项目，未对“公共场所”做列举式界定。（2）适用场合限定为“公共场所的标牌、设施上”使用外国文字。其中，标牌包括机关、企事业单位的名称牌，商业服务单位的店招店牌，以及公共场所的告示牌、标志牌等；设施是指公共场所附属的服务设施，如公园内的公共卫生设施等。（3）适用形式是使用外国文字“标示名称、提供信息”的活动，不涉及国家机关公文、教育教学，以及报纸、期刊等出版物和广播、电视等媒体中的外国文字使用。

**2. 明确应当和鼓励使用外文的场所**

《规定》第六条根据场所性质做了不同规定：（1）对于国家机关提供公共服务的办事场所、机场、火车站、客运码头、长途汽车站、轨道交通站点、民防工程、应急避难场所、公共环卫设施、公共停车场（库）等公共场所，其标牌、设施上使用规范汉字标示名称或者提供警示警告、提示说明等信息的，应当同时使用外国文字标注。（2）对于旅游景点、公共文化体育场所、商业服务场所、医疗卫生机构的服务场所，以及金融、邮政、电信机构的营业场所等公共场所，可以根据服务需要在标牌、设施上同时使用规范汉字和外国文字。上述公共场所具有公共服务或者紧急救助性质，也是在本市长期居住或者短期旅游的外国人可能活动较多的场所，要求或者倡导其使用外国文字标注服务信息，有利于外国人更方便地了解相关信息和接受服务。

**3. 明确关于外文使用的禁止性要求**

《规定》第七条规定了两类禁止情形：（1）国家机关的名称牌禁止使用外国文字，国家另有规定的除外；（2）公共场所的招牌、告示牌、标志牌等禁止单独使用外国文字，根据国家和本市标准使用公共信息图形标志的除外。第一类是从维护国家机关严肃性和国家通用语言文字权威性的角度，对国家机关提出的强制性要求；同时，公安、边检、海关等部门，因国际惯例或者对外交往需要，根据国家相关规定可以同时使用外国文字，《规定》对此做了例外规定。第二类是针对部分公共场所单独使用外文的情况，落实《国家通用语言文字法》和《实施办法》的相关规定，强化通用语言文字的主体地位，避免给不懂外国文字的市民造成认读障碍。

**4. 细化使用和译写要求**

依据《国家通用语言文字法》和《实施办法》的原则要求，《规定》第三条确立了公共场所外国文字使用的基本原则，即“与规范汉字同时使用、意思一致，符合译写规范，尊重公序良俗”。在此基础上，《规定》第八条、第九条对

具体的使用要求和译写要求做了细化，主要包括：（1）企业事业单位和其他组织的名称牌中同时使用规范汉字和外国文字的，规范汉字应当显示清晰，位置适当。（2）有广告内容且同时使用规范汉字和外国文字的，应当依照国家广告管理的相关规定，以规范汉字为主、外国文字为辅，不得在同一广告语句中夹杂使用外国文字；商标管理等国家其他方面法律、法规、规章另有规定的除外。（3）外国文字应当与同时使用的规范汉字表达相同含义和内容，符合国家和本市颁布的外国文字译写规范；没有相关译写规范的，应当符合外国文字的使用习惯和国际惯例。上述要求均是针对前期整治工作中发现的突出问题所做的规定，目的是进一步明晰规范要求，便于后续执法监督。

**5. 强化服务和指导**

在对公共场所外文使用的范围和要求进行规范的同时，《规定》第十条从加强指导、提供服务的角度，明确由市语委负责组织拟订本市公共场所外国文字译写规范，由市标准化行政管理部门依法立项、审定和发布。此外，为了提高企业名称和社会组织名称中外国文字使用的规范化水平，《规定》第十一条要求：市语委组织市工商局、市民政局等部门，编制企业、社会组织等单位名称的外国文字使用指南；工商行政管理、民政等部门在办理企业和社会组织注册登记时，应当主动告知外国文字使用的规范要求。上述措施将政府服务端口前移，使企业和社会组织能够更加方便、有效地遵行相关规范标准，预防和减少外国文字名称不规范现象的发生。对于旅游、交通、医疗卫生、文化、体育等外文使用需求量较大的行业，《规定》第十二条还规定由市语委设立的外文译写专家委员会，为相关单位提供外文译写方面的专家意见。

**6. 完善监督和执法机制**

筹备和举办世博会的经验表明，语言文字管理领域的监督和执法重在宣传教育，引导社会公众和志愿者共同参与，通过曝光、公示和舆论监督达到良好的执法效果。为此，《规定》鼓励公众和志愿者对公共场所外国文字使用情况进行监督，对违反《规定》的情况，公众可以通过 12345 市民服务热线、市语委设立的网络信息服务平台投诉、举报或者提出意见、建议。对查证属实的违法情形，市语委可以通过新闻媒体、网络信息服务平台予以通报。此外，《规定》还要求区县语委组织对本行政区域内的公共场所外国文字使用情况进行日常监测，将监测意见通报相关执法部门。城市管理行政执法部门根据区县语委的监测意见，对公共场所的标牌、设施上使用外国文字违反规定的单位责令改正；

拒不改正的，予以警告，并督促其限期改正。其中涉及广告中使用外国文字违反规定的，由工商行政管理部门依据广告管理相关规定进行处理。

### （二）主要特色

**1. 坚持科学的语言政策理念**

《规定》以语言功能规划理论为指导，将公共场所外文使用定位于服务功能。既规定了应当和倡导使用外文的情形及外文译写应当规范的要求，又规定了国家机关招牌禁止使用外国文字、公共场所禁止单独使用外国文字（应当同时使用规范汉字，规范汉字应当显示清晰、位置适当）的禁止性情形；既体现了公共场所外文的服务功能，又坚持了国家通用语言文字的主体地位；既主动对接改革开放不断深化的实际需求，又坚决维护语言文字领域的国家主权，坚持文化自信。就此而言，《规定》努力践行了“开明睿智、大气谦和”的城市精神。

**2. 积极落实现代治理的要求**

公共场所外文使用管理是城市管理、社会治理的重要方面。现代治理强调多部门联动、多主体参与，管理者服务为先、被管理者认同配合。《规定》关于将公共场所外文使用纳入城市管理和精神文明建设的明确规定，关于工商、民政、交通、旅游、商业、金融、绿化市容、卫生计生等多部门联动的体制设计，关于发动包括志愿者、新闻媒体等社会各界共同参与监督管理的体系建构，充分体现了现代治理的思维与理念。值得一提的是，《国家通用语言文字法》颁行以来，多地语委开展了以“维护国家通用语言文字主体地位”为主导价值的公共场所外文使用管理工作。2006 年以来，北京、青岛、南宁、广州等地的外事部门以迎奥运、迎亚运、迎东盟峰会等为契机开展了以“促进英文译写规范”为主导价值的公共场所外文使用管理工作。上海是首个由语委牵头将两方面价值整合起来一起推进的省市，后来在地方标准研制阶段，江苏、浙江语委也积极加入，使三地地方标准的《通则》保持统一并联合发布。自此开启了外文使用管理的新局面，并为后来国家语委组织起草英文、俄文、日文译写规范的国家标准，在政策理念、专家资源、制标技术、组织机制等各个方面提供了实践基础并做好了充分准备。就此而言，《规定》的出台，是多年来市语委始终积极主动作为的生动写照，也是“海纳百川、追求卓越”城市精神的生动诠释。

## 四 实施举措与成效

《规定》颁布以后，市语委组织协调各相关部门大力推进《规定》的贯彻实施，在已有基础上重点就依法管理体系构建、志愿服务平台建设等进行了探讨，并继续以迎首届进博会为契机开展集中检查整治，取得了新发展。

### （一）建立“条块结合，部门协同”的依法管理体系

根据《规定》，进一步探讨和细化有针对性的公共场所外文使用管理模式。对公共服务性质较强和实施行业垂直管理的领域，如交通、旅游、卫生、金融、邮政、电信等，以“条”为主，行业主管部门作为监管责任主体，力争实现该行业全市范围的全覆盖管理；同时，市语委依行业主管部门申请，提供专家咨询服务，加强事前审核把关。对面广、量大的市场服务领域，主要是商业服务、餐饮住宿等领域，以“块”为主属地管理，各区政府及其语言文字部门、城管执法部门等为监管责任主体，以重要公共场所、繁华商业街区、主要人口集散地等为重点进行管理，以日常监测、及时整改为主要工作方式，努力形成“条”“块”结合、齐抓共管的管理体制。同时，通过语委全委会、语委成员单位述职等制度，协调推动各行业主管部门依法履行职责；通过区域语言文字工作督导评估，指导推动各区政府及其相关部门依法履行职责。

《规定》颁布以来，虹桥交通枢纽、浦江游览等以“条”为主落实管理的单位，以及普陀、宝山、长宁、浦东等扎实推进语言文字工作督导评估的区，在公共场所外文使用管理方面取得明显成效，初步显示了上述管理思路的有效性。

### （二）建设“日常监测，及时纠错”的志愿服务平台

2015 年进一步优化上海市公共场所语言文字使用网络监测系统，并先后推出网页端和手机端应用。2017 年正式投入使用，为社会各界随时发现不规范现象，随时上传系统、向主管部门投诉反映相关情况奠定了技术基础。

在 2011 年组建的以本市 18 所高校外语专业大学生为骨干力量的上海市公共场所外文译写规范监测青年志愿者服务队基础上，市语委、市文明办 2018 年进一步成立吸纳高中生和市民志愿者参与的“啄木鸟”志愿者服务队，为各区的日常监测提供人力资源支持。其中，高中生志愿者社会用字监测“啄木鸟行

动”，自2016年起列入高中生“校外社会实践”项目，参与活动情况计入作为高考高招参考依据的高中生综合素质评价信息系统，进一步为志愿者日常监测活动提供了组织机制保障。

依托网络平台和志愿者队伍设计了公共场所外文使用不规范现象“日常监测，及时纠错”的常态化工作机制和规范流程。志愿者或社会群众发现不规范现象，拍照并注明具体地点后，上传网络平台；网络平台收到后自动分发给专家委相关成员进行审核，确认需要整改的由系统自动转发相关区语委；相关区语委收到系统转来的信息后，通过区级志愿者等赴现场核实，并联合城管部门发出整改通知；规定时限后，区语委进行复查，并将整改情况回传系统。目前，该流程中的各环节正在逐步落实与完善中。

### （三）《规定》实施后的主要成效

2017年，市语委委托上海外国语大学中国外语战略研究中心开展了《规定》实施情况调研，对该规定的实施情况开展评估。该中心经过半年调研后形成的结论报告认为，《规定》实施后的近两年时间内，本市公共场所外文使用情况整体良好，在外国人相对密集的公共场所问题较少，但是外文使用不规范问题尚未完全杜绝，有待继续改进。整体而言，该规定的实施对构建上海良好的国际形象起到了促进作用。

## 五 存在不足与建议

本市在依据《规定》加强公共场所外文使用管理方面取得了重要进展，同时也还存在一些不足：

第一，《国家通用语言文字法》《实施办法》《规定》的社会知晓率不高，社会的外文使用规范意识还不强。

第二，不同行业、不同区域之间对管理工作的重视程度不一，发展还不平衡，“条”管领域事前审核、“块”管领域事后监测尚需全面落实。

第三，除英文以外，其他本市公共场所使用较多的文种，如日文、朝/韩文等的规范工作尚未启动。

为此建议：

第一，进一步运用融媒体手段加大法律法规及规范标准的宣传力度，开发

多终端的规范标准查询检索系统，方便社会使用，引导社会树立并不断强化外文使用规范意识。

第二，进一步完善语委工作制度，落实检查推进措施，推动各行业主管部门和各区政府依法履职。

第三，进一步完善“日常监测，及时纠错”的工作机制，推动“啄木鸟”志愿者行动常态化、制度化，增强治理效能。

第四，国家已经颁布了英文、俄文、日文 3 个文种的译写规范国家标准，针对本市日文、朝 / 韩文使用较多的实际情况，适时启动日文译写规范管理工作，并尽快将朝 / 韩文译写规范研制及管理工作提上议事日程。

（朱　晔、张日培、刘思静）

# 第二部分

# 工　作　篇

# 语言文字助力首届进博会 *

2018年11月5—10日，首届中国国际进口博览会在上海国家会展中心隆重举行，共有172个国家、地区与国际组织的3600多家企业参展，超过40万名境内外采购商到会洽谈。[①] 展会主办部门巧用语言元素宣传进博会，多措并举推进多语种语言服务，上海有关部门积极落实展会期间城市管理中的外语服务，努力优化社会语言文字环境，在语言文字方面做好服务保障工作，为首届进博会的成功举办做出了重要贡献。

## 一 进博会形象宣传中的语言策略

为宣传首届进博会，展会主办部门在标志、口号和吉祥物中巧用语言元素，增强了宣传效果。展会期间，上海的大街小巷、机场、地铁、公交站牌等公共场所都张贴了进博会的海报、宣传标语与口号。

### （一）标志设计寓意中国向世界敞开大门

进博会标志由中间的地球、外侧的浅蓝色圆环、进博会中英文名称和英文缩写组成。图标正中为进博会英文名称的首字母缩写“CIIE”，两个字母“II”形似一扇打开的大门，寓意这是一扇世界连通中国之门、国际经贸合作之门、世界人民友谊之门；字体颜色选取中国红，寓意中国热情好客，欢迎世界宾朋。[②]

图 2-1 首届进博会标志

---

* 本文是国家语委“十三五”科研规划2020年度重点项目“智能时代的公共语言服务需求与资源建设研究”（ZDI135-108）阶段性成果。

① 参见 https://www.ciie.org/zbh/zhddt/20181130/8302.html。

② 参见 http://finance.people.com.cn/GB/n1/2018/0728/c1004-30175182.html。

### （二）口号凝练彰显中国的全球理念

进博会的口号为“新时代，共享未来”（New Era, Shared Future），体现出“一带一路”建设中“共商、共建、共享”的原则和精神，寓意进博会将打造全球包容、开放合作、互惠发展的新型国际公共平台，让世界共享“新时代”中国发展成果，推动经济全球化朝着更加开放、包容、普惠、平衡、共赢的方向发展。[①]

### （三）吉祥物取名蕴含中国文化特色

进博会吉祥物的主体形象为中国的国宝大熊猫，取名为“进宝”，是进博的谐音，也有进口博览之宝之义，蕴含招财进宝的吉祥寓意。“进宝”围着一条黄蓝色围巾，上面绣着进博会的标识。其中，黄色代表丝绸之路经济带，蓝色代表21世纪海上丝绸之路，黄蓝色调体现了进口博览会与“一带一路”倡议紧密联系。“进宝”手中所持的四叶草，既代表了进博会的举办地国家会展中心主体建筑的造型，又具有幸福幸运的象征意义。[②]

图 2-2　首届进博会吉祥物“进宝”

## 二　城市运行保障中的语言工作

进博会期间，出入境、交通出行、酒店餐饮、商业服务等各方面的需求都达到高峰，为应对随之激增的语言服务需求，本市各相关部门采取了多项措施。

### （一）决战进博会200天行动

2018年4月16日，市政府印发《上海市决战中国国际进口博览会200天行动计划》，对包括语言服务在内的展会服务工作做出全面部署。其中，第十五条“争先创优提升服务品质，确保窗口服务质量和水平”，强调在各窗口服务行业开展服务规范、服务技能、礼仪常识、双语、手语、接待用语、言行禁忌及进口博览会知识系列培训；第十六条“加强规范管理，确保志愿者服务热情周到有序”，提出要选拔出一批靠得住、拉得出的志愿者，组建服务技能

①② 参见 http://finance.people.com.cn/GB/n1/2018/0728/c1004-30175182.html。

过硬、社会责任感强的服务队伍，为进博会的观众提供优质服务。[①]

### （二）公共场所语言文字应用规范“啄木鸟”行动

4月21日，市语委办、市志愿者协会委托上海外国语大学中国外语战略研究中心承办全市语言文字“啄木鸟”志愿者服务队成立暨监测培训活动，对“啄木鸟”志愿者进行国家通用语言文字规范和公共场所英文译写规范的专题知识培训，着力推进语言文字监测全覆盖和长效机制建设。[②]

之后，各区语委积极响应，组织成立区级志愿者队伍，对本区内的公共场所进行检查整改。黄浦区语委还开发了手机版“啄木鸟”软件，使志愿者一机在手，实时监测，随看随拍，及时上传至上海市公共场所语言文字使用网络监测系统。[③]

8月29—30日，市旅游局、市语委办组织中英文专家，对本市重要交通枢纽、旅游景点、星级饭店等的中英文规范使用情况进行“地毯式排查”，并根据检查结果整改了多处英文翻译错误。

### （三）城市管理与公共服务领域的外语服务工作

在出入境方面，市公安局组建了一支语言服务团队，提供英语、俄罗斯语、法语、德语、西班牙语、越南语、阿拉伯语等各语种的翻译。[④]在交通出行方面，轨交警方在进博会重点车站成立巾帼外语服务岗，从各单位遴选出“六朵金花”（6名女性外语人才）进行驻站巡逻和服务，涵盖了英语、日语、法语、德语、朝/韩语5个语种。[⑤]在商业服务方面，各区分别进行了相应的准备工作。如：黄浦区编写了《学外语迎进博会——黄浦区商业服务窗口实用外语手册》，包含了英语、日语、德语、法语4个语种的常用商业用语；[⑥]闵行区编写了《闵行区服务中国国际进口博览会“文明用语100句”（中英文版）》供工作人员参照。[⑦]

此外，进博会期间，本市还设立了315个城市志愿服务站，招募了一批具

① 参见 http://www.shanghai.gov.cn/nw2/nw2314/nw2319/nw12344/u26aw55632.html。

② 参见 http://wmcj.shisu.edu.cn/a4/20/c990a107552/page.htm。

③ 参见 http://www.huangpuqu.sh.cn/xw/001009/20180704/2b38fcb6-da84-45db-8991-985003e6f812.html。

④ 参见 https://www.jfdaily.com/news/detail?id=115128。

⑤ 参见 http://dy.163.com/v2/article/detail/DVC68OE30512DU6N.html。

⑥ 参见 https://www.sohu.com/a/272416705_391448。

⑦ 参见 http://m.sohu.com/a/257155657_678535。

有英语基础会话能力的城市文明志愿者，遍布在国家会展中心周边区域、机场、火车站、地铁站、商圈和旅游景点等地，保障了进博会的顺利进行。

## 三 展会现场的语言服务

在展会现场，展会组织部门努力构建了由志愿者、翻译服务商和翻译设备共同构成的高效率、高水准的多语种语言服务体系。志愿者、翻译设备提供必要的语言服务，翻译服务商提供选择性语言服务。

### （一）志愿者

进博会志愿者招募工作从2018年4月开始启动，主要招募3类志愿者：长期管理岗位志愿者、会期管理岗位志愿者和城市文明志愿者。按照“一次招募、分批上岗”的原则开展。[①]此外，还计划招募一批储备志愿者，为进博会的志愿服务提供保障，并向苏浙皖三省发出邀约，招募一批长三角志愿者，最终约有30名长三角志愿者参与服务。[②]

长期管理岗位志愿者深入进博会的筹备工作中，并脱产为其进行服务。2018年4月26日开始招募，有笔试、复试、心理测试、无领导小组面试等多项流程，采用结构化面试和全英文应答的方式，优中选优。首批25名长期管理岗位志愿者6月底开始正式上岗。第二批长期管理岗位志愿者7月底开始招募。[③]最终共招募了152人，主要是高校、机关企事业单位的在职人员。[④]

会期管理岗位志愿者是进博会展馆的主要服务人员。要招募一批“政治素质过硬、业务能力过硬、外语水平过硬、精神风貌过硬的优秀大学生”[⑤]，重点招募小语种志愿者。[⑥]经过层层选拔，最终遴选出由本科生、研究生、留学生和高校教师等组成的志愿者团队，为参会的中外展商提供语言服务，其中教师团队还担任重要外宾活动的口笔译工作。最终，会期管理岗位志愿者实际上岗人数超过5200人，覆盖了20多个语种，[⑦]为保障进博会顺利进行做出了重要贡献。

① 参见 http://baijiahao.baidu.com/s?id=1598810112852344921&wfr=spider&for=pc。
② 参见 https://mp.weixin.qq.com/s/a8rssrXdZQr7HEl4oCq5GQ。
③ 参见 https://www.sohu.com/a/243740554_391459。
④ 参见 https://mp.weixin.qq.com/s/sutrtBV8d2tc9Nsyf-VI_Q。
⑤ 参见 https://www.sohu.com/a/239728438_772296。
⑥ 参见 http://sh.eastday.com/m/20180607/u1ai11504047.html。
⑦ 参见 https://mp.weixin.qq.com/s/3bOwu-RDHiaHqyGFIITrKQ。

### （二）翻译服务商

为满足特殊语言需求，通过公开竞投，展会主办方通过进博会官网推荐了6个翻译服务商。分别为：中译语通信息科技（上海）有限公司、语言桥翻译集团、北京策马翻译有限公司、传神联合（北京）信息技术有限公司、上海唐能翻译咨询有限公司、上海外服（集团）有限公司。这些翻译服务商为进博会提供国际往来公函、进博会官方网站、各类商业文件的翻译，以及国际组织会见、高端系列论坛、各国展商洽谈的陪同口译、交替传译、同声传译等服务，[①]满足了中外展商的个性化需求。

### （三）翻译设备

在展会现场，组织部门还准备了两款多台智能翻译设备供展商使用。两款设备都由传神语联网提供，分别为TransnBox和T1翻译机。TransnBox翻译机支持汉语、英语、日语、朝/韩语、俄语、法语、阿拉伯语、西班牙语、德语、葡萄牙语、意大利语、泰语共12种语言，T1翻译机支持28种以上语言。两款设备操作简单，携带方便，展馆内的每个咨询处都准备了多部。传神语联网还对现场的志愿者进行培训，以便随时帮助展商、采购商正确使用设备。

## 四 互联网上的语言资源

进博会主办方以多平台综合服务（包括网页端、电话端、手机端、社交平台等）为切入点，紧密结合“互联网+”的时代趋势，为中外展商提供质量可靠、高速便捷的一流信息服务，努力打造数字展会。[②]

### （一）进博会官方网站

在网页端，进博会官方唯一指定网站[③]提供中文、英文两种语言文字，在页面左上方可以一键切换，中文页面还提供无障碍浏览模式，许多内容还配有智能语音播报。页面右上方为“问题答疑”与“搜索栏”，其中“问题答疑”部分支持中文、英文、日文、朝/韩文、葡萄牙文、西班牙文、法文、俄文8

① 参见http://www.grouphorse.com/Index/show/catid/49/id/1017.html。

② 参见https://www.ciie.org/zbh/zhddt/20181130/8887.html。

③ 参见https://www.ciie.org。

种语言文字，“搜索栏”则支持中文、英文两种语言文字。在网站首页即可浏览展会要闻与动态、展会亮点、展会影像图片、展馆展区、在线服务等内容。网站共设有“新闻中心”“国家展”“经贸论坛”“配套活动”“展会服务”“城市保障”“关于我们”7个板块。“展会服务”下有交通、商旅、翻译、航空、一站式综合服务等内容，“城市保障”则提供与保障及旅游相关的信息。

### （二）968888呼叫中心

在电话端，进博会968888呼叫中心上线，面向全球提供6种语言（汉语、英语、俄语、法语、西班牙语、阿拉伯语），以及7×24小时的全天候语音与在线咨询服务，确保全球客户能及时获得帮助。[①]

### （三）进博会官方App

在移动端，进博会官方推出了多款App，以满足中外展商的不同需求。“进博会交通”App由原“上海交通”App升级而来，设有“地图”“展区导引”“快讯”3个板块，提供了详细的展馆地图与市内市外、国内国际多种交通信息，以方便展商迅速找到最优交通方式。[②]此外，“e会上海”也是官方指定App，设有“e会上海”“会展服务”“客服中心”3个板块。“e会上海”主要满足宾客出行、游玩、交通、美食等方面需求，“会展服务”提供展会、展馆以及政策法规信息，“客服中心”设有在线客服与7×24小时全天候电话客服。

### （四）社交平台资讯发布

进博会官方积极在社交平台上发布最新资讯和信息。官方公众号与官方微博均名为中国国际进口博览会，每日及时推送进博会相关信息。公众号内提供了展馆的360度全景地图，并与小程序相关联，打造了“逛展会”和“逛上海”两个板块，不仅提供展会信息，还满足宾客们在上海的衣、食、行、娱等多方面的需求。小程序可一键切换中英文界面，并与“腾讯翻译君”合作，提供英语、日语、朝/韩语、西班牙语、俄语、法语、德语、泰语、越南语、葡萄牙语、印度尼西亚语、马来语、土耳其语13种语言的语音翻译。[③]此外，为方便

① 参见 https://www.ciie.org/zbh/xwbd/20180117/618.html。

② 参见 https://www.ciie.org/zbh/xwbd/20181025/7430.html。

③ 参见 http://news.cyol.com/yuanchuang/2018-11/01/content_17743070.htm。

外方宾客，进博会官方还在推特和脸书上开通了账号，用英语实时推送进博会的相关新闻报道及参会指南。

### （五）10086 服务热线

中国移动作为进博会的通信保障单位，不仅在场馆内安装了无线扩容设备，保障网络的正常使用，同时还在 10086 服务热线开设了多语服务，包括英语、日语、朝/韩语、德语、法语、西班牙语 6 个语种，其中英语服务时间为每天 24 小时，其他语种的服务时间则为每天 8 小时。[①]

## 五　思考与建议

首届进博会在语言文字方面的服务保障工作卓有成效，但面对今后将每年一届长期举办带来的语言需求，上海的语言服务工作水平仍需不断提升。

### （一）增加服务语种数量

本次进博会参展国家共 172 个，但只提供了 20 多个语种的语言服务，相较于北京奥运会提供的 55 个语种的语言服务，[②] 仍有不小的差距。应抓紧规划，尽早布局，通过加强高校学科建设、培育社会翻译机构等措施培养、吸引、储备多语种语言人才，逐步增加语言服务的语种数量，展示出中国的大国形象与大国实力。

### （二）建立长效服务机制

进博会今后将长期在上海举办，每年一届。应在总结首届进博会语言服务工作成绩与不足的基础上，建立长效服务机制，确保每年的语言服务工作能高效、高质量地完成。同时，也可以此为契机，与上海市内的其他大型活动建立联动机制，实现人力与财力的高效流动，进一步提高上海的语言服务水平，建立起一支国际领先的语言服务团队，让优质语言服务成为上海的名片。

---

① 参见 https://www.shhuangpu.gov.cn/xw/001006/20181018/bf509ddc-e46b-4a80-b087-8ebbc3504ebc.html。

② 何瑞《北京奥运会多种语言使用》，《中国语言生活状况报告（2008）》（上编），商务印书馆 2009 年版。

### （三）进一步规范公共场所语言文字使用

社会语言文字应用面广、量大且流动性强，中文用字、外文翻译不规范现象可能随时发生。应不断加大规范用语的宣传力度，全面落实公共场所语言文字应用监督监测，常态化推进“啄木鸟”行动，多元开发语言文字规范类App，充分用好科技手段和互联网资源，进一步增强全社会的语言文字规范意识，努力提升各行业人员的语言文字应用能力。

（张勇晨、李美玲）

# 虹桥火车站规范公共标志英文译写*

上海虹桥火车站是隶属于中国铁路上海局集团有限公司的特等站，华东地区最重要、规模最大的铁路客运枢纽；是虹桥综合交通枢纽的主要组成部分，上海重要的陆上大门。虹桥火车站以其优质服务在全国广大乘客中具有良好口碑，2018 年车站又实施了一系列服务能级提升工程，特别是在长宁区语委的帮助支持下，全面规范公共标志中的英文译写，进一步提升了英文翻译质量，改善了车站的语言服务环境。

## 一 背景与概况

虹桥火车站此次全面规范公共标志中的英文译写，既是本市语言文字部门开展“迎进博会规范文字用语”活动的要求，也是车站自身提升服务能级的系列工程之一。

### （一）全市开展“迎进博会规范文字用语”活动

为了以良好的语言文字环境迎接 2018 年 11 月在上海举办的首届中国国际进口博览会，市语委 2018 年 4 月启动了“迎进博会规范文字用语”活动。成立全市语言文字“啄木鸟”志愿者服务队，对全市重要公共场所的语言文字应用进行检查整改。检查整改的内容包括中文使用规范和英文译写规范。

各区语委积极响应，组织成立区级志愿者队伍，对区内公共场所进行检查整改。虹桥综合交通枢纽地处长宁、闵行、青浦三区交界。枢纽投入使用前的虹桥机场位于长宁区，其语言文字应用接受长宁区语委的属地管理；枢纽建成后，长宁区语委将整个枢纽纳入了管理和服务对象。“迎进博会规范文字用语”活动启动后，长宁区语委组织中英文专家和区“啄木鸟”志愿者服务队先后 4

* 本文为教育部哲学社会科学研究重大课题攻关项目“新时代国家语言文字事业的新使命与发展方略研究”（18JZD015）之子课题六“面向未来的语言文字规范化标准化研究”阶段性成果。

次对虹桥火车站公共标志的中英文使用进行了实地察看。结果发现：中文使用全部规范；英文译写总体规范，误译现象极为个别，但有一部分译文的质量需进一步提升。针对这部分译文，长宁区语委进一步组织上海外国语大学、华东师范大学等高校的英文专家，在深入研究、集体讨论的基础上，参照英文译写相关国家标准，逐一提出了修改建议。

### （二）车站全面提升服务能级

为做好进博会服务保障工作，展示开放、热情、文明的东道主形象，2018年虹桥火车站实施了一系列服务能级提升工程。包括：新增综合服务区，可为旅客提供铁路服务、银行服务、旅游咨询、中铁快运4类延伸服务；新增临时身份证明自助打印机；启用人脸识别实名验证系统；智能e站改造升级，集自助查询、上网、充电、值机于一体；静态引导标志系统全新改版。

其中，静态引导标志就是区别于商业标牌的公共标志。改版工程是为了解决车站之前存在的站区引导标志标准不一、破损缺失、不醒目、不连续等问题。工程按照色彩引导规划原则，分别设置空中、半空、地面等不同高度相结合的中英文对照指示标牌，通过实施精准引导，构建醒目、清晰、简洁、便于快速理解和准确定位的立体导向系统。整个工程2018年5月启动，10月竣工，前后历时近半年，共改造静态引导标志4363块，总面积为3570平方米。其中2楼出发层1516块，1355平方米；3楼商业层72块，67平方米；1楼站台层1521块，1455平方米；地下1层1254块，693平方米。同时对虹桥站区地标更新改造共达162块，其中地下1层71块，站台层10块，出发层65块，商业层16块。

铁路客运车站的静态引导标志上包括中文、英文和超语言的公共信息图形。中英文使用规范对贯彻落实国家语言文字方针政策、准确标示导向信息、展示文明形象具有重要意义。鉴于老系统的英文翻译质量需进一步提升与优化，车站以改版工程为契机，根据区语委和英文专家的建议，对其中的英文译写进行了全面梳理和更新。

# 二 依据与标准

此次虹桥火车站公共标志英文译写规范工作的法律依据是市政府规章《上海市公共场所外国文字使用规定》，执行的标准是国家标准《公共服务领域英文译写规范》和铁路行业规范《铁路客运车站标识系统暂行技术条件》（以下简称《技术条件》）。

## （一）市政府规章《规定》

上海市政府 2014 年颁布的《规定》是我国第一部关于公共场所外文使用的省级政府规章。该《规定》第三条提出了本市行政区域内公共场所的标牌、设施上使用外国文字标示名称、提供信息的活动应当遵循的基本原则：公共场所使用外国文字应当与规范汉字同时使用、意思一致，符合译写规范，尊重公序良俗。第九条进一步规定：公共场所的标牌、设施上使用外国文字的，应当与同时使用的规范汉字表达相同含义和内容。公共场所的标牌、设施上使用外国文字的，应当符合国家和本市颁布的外国文字译写规范；没有相关译写规范的，应当符合外国文字的使用习惯和国际惯例。

## （二）国家标准《英译规范》

由教育部、国家语委组织制定，由国家标准委在 2013—2017 年陆续颁布实施的《英译规范》，是关于公共服务领域各类服务信息用语（也称公示语）英文翻译和书写的国家标准，是保障公共服务领域英文翻译和书写质量的基础性标准，规定了公共服务领域英文译写的原则、方法和要求，并为各领域常用的公示语提供了规范译文 3500 余条。

此次虹桥火车站公共标志英文译写规范工作，全面贯彻执行《英译规范》关于公共服务领域英文译写的基本原则、方法和要求，主要以《第 1 部分：通则》和《第 2 部分：交通》的规定为依据。附录中列有相关公示语条目的直接使用其英文译法，附录中未列的由专家们依据基本原则给出建议译文。

## （三）行业规范《技术条件》

中国铁路总公司 2017 年发布的《技术条件》，是关于铁路客运车站标志系统的技术标准，大致相当于行业规范。《技术条件》提出了铁路客运车站标志系统的五大设计原则：标志本体的醒目性、标志信息的易辨性、标志布局的合理性、标志系统的整体性、传递信息的连续性。《技术条件》还详细规定了包括色彩、字体、方向符号、图形符号等标志元素的技术要求，以及编号与命名原则、制作工艺要求、布点及信息技术要求，等等。《技术条件》也通过图例、附录给出了一部分铁路客运枢纽公示语的英语译文，约20多条，其中附录18条，图例若干条，如“自动售票处”“便捷换乘”“小心站台间隙”等。

此次虹桥火车站公共标志英文译写规范工作，如遇《技术条件》与《英译规范》所列英语译文不一致的，以国家标准《英译规范》为准。

## 三 内容与成效

此次共对虹桥火车站公共标志系统中40余条公示语的英文翻译进行了优化处理。系统改版后，虹桥火车站公共标志的英文译写质量大幅提升。

### （一）统一“地铁”的英文译名

《英译规范》指出，同一事物的英文译名有多种通行译法的，都可采用，但同一场所中的词语选用和拼写方法应保持一致。就“地铁”而言，《技术条件》译为“Subway”，《英译规范》则给出了“Metro”或“Subway”两种译法。考虑到上海的地铁轨交系统使用“Metro”，且2号线、10号线的车站就设在站区内，17号线的车站也毗邻站区，为实施“同一场所保持一致”的原则，车站选用了“Metro”。这也很好地贯彻了《技术条件》关于标志系统整体性、传递信息连续性的要求。

### （二）使译文更加符合中文原义与客观实际

根据《英译规范》关于公共服务领域英文译写应准确表达我国语言文字原文的含义的要求，此次改造将“公安值班室”的译文由“Security”改为“Police”，准确表达了“警方”的中文原义；将“禁止携带手推车、大件行李及重物”的译文由“Trolley or Heavy Luggage Prohibited”改为“No trolley. No oversize luggage.”，不仅语体更为得体，而且用“Oversize”（超大尺寸的）来指称“大件”比“Heavy”（重的）更符合中文原义。

此外，将“军人候车室”的译文由“Soldier Waiting Area”改为“PLA

Waiting Lounge”，进一步明确，此处供我国解放军官兵候车专用（PLA 为中国人民解放军的缩写），而不包括外国军人。将“餐饮”的译文由“Restaurants”改为“Catering”，因为“Restaurants”仅指餐馆，而“Catering”可以泛指餐饮业，站区内的餐饮除了餐馆之外还设有饮品店、熟食店等，修改后更加符合客观实际。

### （三）使译文更加符合英文使用习惯

《英译规范》规定：公共服务信息应根据信息的内容和意图等意译，并尽量使用英语国家同类信息的习惯用语，一般不按原文字面直译。为此，此次改造将“长途汽车”的译文由按字面直译的“Long Distance Bus”改为“Coaches”，后者是英语国家对“长途汽车”的通行用法；将“心尚雷锋室”的译文由按字面直译的“XinShang LeiFeng Service Counter”改为“Xinshang Volunteers”，使读者一目了然此处提供志愿者服务。

类似的译例还包括：“小心衣物夹人”由“Be Careful Clothes Sandwich”改为“No Loose Clothing”（将衣物扎紧），“小孩必须拉住”由“Please Hold the Child’s Hand”改为“Attend Children”（注意照看好孩子），“小心夹脚”由“Beware your Shoes”改为“Keep Your Feet off Edge”（保持双脚与扶梯边缘的距离）。

此外，在英文公示语中，表示“照顾”，“Attend”比“Take care of”更加常用，前者可以更加具体地指明要“留意照看”，所以将“照顾（好）老人”由“Take care of the elderly”改为“Attend the Elderly”。

### （四）使译文更加精准地传递信息内容的内涵要求

如：“儿童标高线”由“Child Ticket Elevation”改为“Height Limits for Children’s Tickets”。前一译文的含义是“儿童票高度”，不易理解，且容易误解成票面的尺寸；后一译文的含义是“儿童票限高”，可以有效避免误解。

电梯附近的“禁止倚靠”由“No Leaning”根据使用场景的不同分别改译为“Keep Clear off the Door”（远离门，用于直梯）与“No Leaning on the Handrail”（禁止倚靠扶手，用于扶梯），所提示的信息内容更加明确。

“禁止跳下站台”由“No jumping down”改为“Do Not Jump off the Platform”，明确告知旅客“不要跳下站台”。

"禁止使用肌体或物品挡门"由"Do Not Block The Door"改为"Do not stop a closing door with anything including hands, feet, canes, etc."。原译文虽较为简洁，但信息传递不完整，旅客可能误以为指的仅仅是禁止用身体挡门，而没有明确说明也不可以用其他物品挡门。修改后的译文传递的信息更加完整、明确、具体。

### （五）使译文更加简洁、通俗与规范

《英译规范》规定：公共服务领域英文译写应符合英文使用规范以及英文公示语的文体要求。简洁明了是英文公示语重要的文体特点，此次改造修改了一系列原来较为烦琐冗长的译文。如：将"禁止将物品放在扶手上"由较为冗长的陈述句"It is forbidden to items on the armrest."改为简洁明了的祈使句"Keep Articles off the Handrail."。此外，有些标志的中文语义重复啰唆，在核心信息传递到位的情况下，英文不必全文译出。如：将"请紧握扶手注意乘梯安全"由"Please Hold the Handrail Note the Riding Safety"改为"Please Hold the Handrail"。

《英译规范》规定：公共服务领域英文译写应通俗易懂，便于理解，避免使用生僻的词语和表达方法。因此，此次改造中还修改了一批生僻词。如：将"出站旅客请止步"由"No Thoroughfare"改为"No Entry"，将"禁止逆行"由"Prohibited of Retrograde"改为"Do Not Travel in the Opposite Direction"，将"禁止嬉戏、打闹、攀爬"由"Do not Play, Slapstick, Climb"改为"No Running, Pushing or Climbing"，有效回避了"Thoroughfare""Retrograde""Slapstick"等生僻词。

《英译规范》对公共服务领域英文译写的语法、格式、标点、空格、字母大小写等都做出了明确具体的规定，此次改造也修改了一些单复数、连字符等细节问题，使英文使用更加规范。如：根据"可数名词指向一个以上对象或对象不明确时应使用复数"的规定，将"公共汽车"由单数"Bus"改为复数"Buses"；将"检票口"由"Check in"改为"Check-in"，添加连字符表示名词"登记处""报到处"的意思，不添加连字符表示动词"登记""签到"的意思，此处应为名词。

## 四 思考与建议

虹桥火车站公共标志英文译写规范工作取得的成效为上海做好首届进博会的服务保障工作发挥了积极作用，积累了“抓住重大国际活动契机，语委主动介入，有关单位积极配合，专家大力支持，事前严格把关”的重要经验，值得在全市复制推广。工作过程中也发现：涉及英文译写的不同上位标准之间需要协调统一；除公共标志外，商业标牌的中外文使用规范管理需要进一步加强。

### （一）“提前介入，主动服务，事前把关”是成功的关键

标志系统的改造更换，工程浩大。在工程上马前加强语言文字规范的审核把关，至关重要；等上马以后发现问题再来整改，不良影响难以挽回，资源浪费不可避免。对语言文字部门而言，只有“抓住契机，提前介入，主动服务”，才能赢得管理对象的支持与配合；对虹桥火车站而言，只有借助专业力量实施严格的“事前把关”，才能事半功倍。此次虹桥火车站在静态引导标志系统升级改造过程中，恰逢长宁区语委根据市语委“迎进博会语言文字规范检查整改”工作的要求和部署，对整个虹桥枢纽的语言文字应用进行集中检查。区语委及时组织语言文字专家提前介入，主动提供专业服务与支持，使车站的英文使用随着标志系统改造得到了全面升级，译写质量大幅提升。建议语言文字部门及时总结推广虹桥火车站的经验，深入探讨面向旅游、交通、商贸、金融等各领域的英文使用事前审核把关机制，有效提升全社会的英文译写规范水平。目前，市语委已经按照《规定》的要求，建立了包括开展“啄木鸟”志愿者活动、通过上海市公共场所语言文字使用网络监测系统及时接受社会各界情况反映等事后监测机制；但相对于“截流”,“堵源”更加重要和迫切，只有从源头上把好关，才能有效避免资源浪费，并彻底解决问题。

### （二）不同标准之间尚需协调统一

虹桥火车站公共标志英文译写规范工作所依据的译写标准主要是《英译规范》，也包括《技术条件》。从静态引导标志的技术角度看，铁路客运站首先要执行《技术条件》，但就英文译写规范而言，执行过程中遇到了个别译文不够准确的问题。如：将“儿童标高线”译作“Child Ticket Elevation”，将“公安值班室”译作“Security”，将“检票口”译作“Check in”，等等。此次改造，

语言文字部门及其组织的英文专家按照在语言文字方面更加专业、标准层级也更高的《英译规范》的规定予以处理，确保了英文译写的质量。但从长远发展和全国范围看，建议国家有关部门之间加强协调，促进不同标准之间的协调统一。

### （三）车站商业标牌语言文字使用规范管理应尽快提上议事日程

除了公共标志，火车站的语言文字应用还包括商铺招牌等商业标牌。根据国家和上海的语言文字法律法规，商业标牌上的中文应当使用规范汉字，若使用繁体字、异体字应符合相关规定；外文应当与规范汉字同时使用，意思一致，符合译写规范，尊重公序良俗。据统计，虹桥火车站内有142个商家，涉及餐饮、零售等行业，分布在候车区和到达层，店铺招牌琳琅满目。其中，有约17%的招牌单独使用外文，包括英文招牌21块、意大利文招牌2块、法文招牌1块；同时还有10多块招牌未按法律法规的规定使用繁体字、异体字。为此，建议虹桥火车站总结巩固在公共标志语言文字规范管理工作中的经验，面向全体商家加强语言文字法律法规和规范标准的宣传推广，推动招牌用字不合规定的商家配放规范汉字副牌，并在新的商家入驻时主动告知语言文字规范要求。同时，建议市语委、区语委积极介入，努力建立与车站各相关部门的常态化合作机制，为车站开展相关工作主动提供政策服务与业务支持。

（郁　洁、周　俭、林元彪、殳月根、杜宜阳、肖馨予）

第三部分

# 专　题　篇

# 外企语言使用状况调查*

“改革开放再出发”，上海正将优化营商环境作为进一步提升上海对外开放水平的一项突破性任务。2017 年，市委、市政府发布《上海市着力优化营商环境 加快构建开放型经济新体制行动方案》，目标是把上海打造成卓越的全球城市。卓越的全球城市离不开国际化的语言环境，离不开掌握外语技能、能用外语与外国投资者交流和一起工作的人才。那么目前上海的外语人才储备怎样呢？为此，我们联合上海市外商投资协会，对外资企业的外语能力现状及需求进行了调查。

为提高调查的针对性，我们先走访了 5 家外资企业的人力资源部门负责人，对企业的外语实践的主要情境、员工的外语能力需求情况等进行了调查；同时在招聘网站上搜索了上海外企招聘岗位的职务说明书，了解招聘岗位中有无英语和第二外语能力的要求。在此基础上，编制了问卷，发给外资企业的人力资源经理和其他高管填写，共收回问卷 145 份，其中有效问卷 140 份。

## 一 样本构成

本次调查样本有外商独资企业、中外合资企业，以及地区总部、研发中心，等等。在行业方面有制造业 82 家、服务业 58 家。本次调查的企业样本基本涵盖了本市各类外商投资企业。为调查不同母语国家来沪投资企业对员工外语能力的不同要求，本次调查尽可能涵盖投资国语言不同的企业。外方投资者来源国具体情况见表 3-1。

表 3-1 样本企业投资国分布 单位：家

| 美国 | 德国 | 法国 | 英国 | 日本 | 其他国家 | 合计 |
|---|---|---|---|---|---|---|
| 44 | 18 | 13 | 9 | 31 | 25 | 140 |

* 本文是国家语委“十三五”科研规划 2020 年度重点项目“智能时代的公共语言服务需求与资源建设研究”（ZDI135-108）阶段性成果。

表 3-1 显示，样本企业的分布情况与上海市外商投资白皮书等文献中载明的外商投资来源国家比例基本一致。样本企业中来自美洲、欧洲、亚洲的企业分别为 45、58、34 家，分别占 32.14%、41.43%、24.29%，另有来自其他地区企业 3 家。美洲国家中来自美国的有 44 家，另外 1 家来自加拿大。欧洲国家中来自德国的有 18 家，占 31.03%；来自法国的有 13 家，占 22.41%；来自英国的有 9 家，占 15.52%；来自意大利、荷兰、瑞典、瑞士、比利时、芬兰、丹麦等国家的企业合计约占 30%。亚洲国家中来自日本的有 31 家，另外 3 家分别来自韩国、印度和新加坡。此外，样本中还有来自沙特阿拉伯、澳大利亚、新西兰等国家的企业。其中投资国为英语国家的有 55 家，占 39.29%；为非英语国家的有 85 家，占 60.71%。投资国母语为非英语的有日语、朝 / 韩语、德语、意大利语、西班牙语等多个语种，这从另一角度反映了来沪投资的外国企业的多样性，也表明上海外企的语言生活的多样性。

跨国企业在境外投资时，一般会派遣所在国人员参与海外投资企业的经营管理，有的还会派遣或雇用在其总部工作的其他国家人员到海外工作。这些其他国家人员的母语与该境外企业所在国母语不同，这就造成了在华投资企业境外派遣人员操不同母语的情况。表 3-2 是样本企业外籍员工国籍分布情况。

**表 3-2 样本企业外籍员工国籍分布情况**

| 国籍 | 具有该国籍员工的企业数量 / 家 | 占调查企业比例 / % |
|---|---|---|
| 美国 | 57 | 40.71 |
| 日本 | 52 | 37.14 |
| 德国 | 45 | 32.14 |
| 法国 | 40 | 28.57 |
| 新加坡 | 32 | 22.86 |
| 英国 | 34 | 24.29 |
| 韩国 | 31 | 22.14 |
| 其他 | 50 | 35.71 |

表 3-2 显示，样本中 1/3 以上企业有来自美国、日本和德国的员工。其中 40.71% 的企业有来自美国的员工，37.14% 的企业有来自日本的员工，32.14% 的企业有来自德国的员工，有来自法国、新加坡、英国和韩国员工的企业都超过样本企业的 22%，还有来自印度、沙特阿拉伯、澳大利亚、巴

西、意大利等其他国家的员工，表明本市外企员工的语言背景呈现出多元化特点。

## 二 统计分析

本项目主要调查了外资企业有无关于工作语言的明文规定、工作场合中英语和其他外语使用、中方员工的外语能力、外籍员工的汉语能力、企业是否开展语言能力培训等情况。

### （一）工作语言使用规定

公司的工作语言是公司内部管理和跨文化沟通的基础。[①] 为在整体上了解本市外企管理实践中外语的使用情况，我们就外企工作语言的情况进行了调查，包括有没有工作语言的规定和规定采取何种语言为工作语言两个方面。调查结果见表 3-3。

**表 3-3 外资企业关于工作语言的规定** 单位：家

| 无明文规定工作语言的 | 明文规定工作语言的 | | | | | 合计 |
|---|---|---|---|---|---|---|
| | 英语 | 日语 | 英汉双语 | 英日双语 | 英德双语 | |
| 77 | 52 | 2 | 6 | 2 | 1 | 140 |

表 3-3 显示有 63 家跨国企业通过员工手册或公司章程等方式明文规定工作语言。没有明文规定工作语言的企业有 77 家，其中非英语国家有 52 家，非英语国家中日本企业有 28 家。在工作语言的语种方面，绝大多数为英语，极少数为其他外语或“英语 + 其他语言”的双语。20 家有工作语言规定的美国企业中，除 1 家使用英日双语以外，均以英语为工作语言；14 家有工作语言规定的德国企业中，除 1 家使用英德双语以外，均以英语作为工作语言；日本企业以日语作为工作语言的有 2 家，英日双语有 1 家。

### （二）英语使用情况

为了解外企对不同职业、不同层次人员英语能力要求的差异，我们分别就使用英语书面语和英语口语的情况进行了调查。具体情况见表 3-4 和表 3-5。

① Janssens, Maddy, José Lambert, and Chris Steyaert. 2004. Developing language strategies for international companies: The contribution of translation studies, *Journal of World Business*39(4), 414-430.

表 3-4　外资企业使用英语书面语情况

| 场合 | 企业数量 / 家 | 比例 / % |
|---|---|---|
| 电子邮件 | 125 | 89.29 |
| 企业官网 | 100 | 71.43 |
| 企业内网 | 96 | 68.57 |
| 商务合同 | 92 | 65.71 |
| 应聘简历 | 88 | 62.86 |
| 技术文件 | 81 | 57.86 |
| 劳动合同 | 60 | 42.86 |
| 员工手册 | 60 | 42.86 |

表 3-4 显示，在书面语交流方面，近 90% 的样本企业在电子邮件交流中使用英语，而电子邮件是企业日常书面语交流中最重要、使用频率最高的一种交流形式，也就是说，具备基本的书面语交流能力是外企对员工的普遍要求。而在劳动合同、商务合同、员工手册、技术文件、应聘简历等情形中使用英语的大概在 50%，表明在这些交流中，外企员工需要掌握基本的书面语英语能力。

表 3-5　外资企业使用英语口语情况

| 场合 | 企业数量 / 家 | 比例 / % |
|---|---|---|
| 高层会议 | 116 | 82.86 |
| 向母公司汇报 | 113 | 80.71 |
| 与客户交流 | 70 | 50.00 |
| 部门会议 | 51 | 36.43 |
| 内部工作讨论 | 44 | 31.43 |
| 与供应商交流 | 33 | 23.57 |

表 3-5 显示，在口语交流方面，高层会议和向母公司汇报时使用英语的样本企业占 80% 以上，表明外企对高管的英语口语交流能力要求较高。在部门会议和内部工作讨论中使用英语的样本企业大概在 1/3，这表明这些企业内部交流主要是中方员工之间进行。与此形成对照的是，在与客户交流时，使用英语的样本企业在一半左右，这表明企业对关键部门关键岗位员工的英语能力要求较高。

### （三）其他外语使用情况

鉴于本调查样本企业外方国家和样本企业外籍员工母语语种的多元化特点，我们就非英语国家企业工作语言（书面语）使用情况进行了调查。具体情况见

表 3-6 和表 3-7。

表 3-6　非英语国家企业工作语言（书面语）使用情况　　单位：家

| 工作语言（书面语） | 企业官网 | 电子邮件 | 商务合同 | 技术文件 | 应聘简历 | 企业内网 | 员工手册 | 劳动合同 |
|---|---|---|---|---|---|---|---|---|
| 英语 | 84 | 69 | 46 | 47 | 47 | 45 | 40 | 39 |
| 投资国语言 | 51 | 40 | 48 | 42 | 36 | 38 | 33 | 30 |

表 3-6 显示，85 家投资方为非英语国家的企业中，企业官网和电子邮件使用英语的分别有 84 家和 69 家，分别占非英语国家企业的 98.82% 和 81.18%，表明英语在非英语国家企业日常交际中使用较普遍。电子邮件只使用英语的有 39 家，只使用投资国语言的有 10 家（均为日本企业）；兼用英语和投资国语言的有 30 家，其中欧洲国家 18 家，占 60%。样本企业中商务合同使用英语和投资国语言的比例差异不明显，为 55% 左右；技术文件、企业内网使用英语的企业比例略高于使用投资国语言的企业比例。员工手册和劳动合同使用英语的企业比例均在 50% 以下，使用投资国语言的比例均在 40% 以下。应聘简历要求使用英语的企业比例与要求使用投资国语言的企业比例差距较大，说明上海外企中汉语和英语目前仍是应聘简历的主要语言。

为具体了解投资国为非英语国家的企业员工招聘外语要求，我们具体考察了相应企业招聘广告中关于语言的要求。50 家非英语国家企业的招聘广告中，有 35 家对企业投资国语言能力提出要求，主要集中在投资国为日本、德国的跨国企业。其中投资国为日本的企业对销售人员及中层管理人员的日语能力要求基本为 N1[①] 以上，同时标注“会英语更佳”；而对技术人员的要求以英语为主，日语其次；对一般职员也有日语二级或英语流利的要求。投资国为德国的企业招聘广告中多数要求“英语听说读写能力良好”，或者要求全国大学英语六级和德语中级二者居一，而对某些需要和投资国技术团队合作的岗位则提出“懂德语更佳”“会德语优先”。

表 3-7　非英语国家企业工作语言（口语）使用情况　　单位：家

| 工作语言（口语） | 高层会议 | 向母公司汇报 | 与客户交流 | 部门会议 | 内部工作讨论 | 与供应商交流 |
|---|---|---|---|---|---|---|
| 英语 | 59 | 58 | 43 | 32 | 26 | 18 |
| 投资国语言 | 47 | 41 | 16 | 26 | 23 | 21 |

① 指面向母语为非日语的日语学习者的日语能力测试中的最高等级，等级标准为“能够理解各种场合的日语”。

根据表 3-7，非英语国家企业中 59 家在高层会议中会使用到英语，占非英语国家企业的 70.59%。其中，32 家只使用英语，包括 9 家德国企业、8 家法国企业、2 家北欧企业和 13 家其他国家企业；27 家兼用英语和投资国语言；20 家只使用投资国语言（其中 19 家为日本企业）；另有 6 家未提及。投资国语言在非英语国家企业高层会议和向母公司汇报这两个场合使用程度较高，占 50% 左右。在一些高层会议场合，投资国语言的使用彰显重要的象征意义。如：某大型德国企业高层会议必须使用德语，即使会议中有德语无法胜任的人员，也会以提供翻译的方式使用德语。非英语国家企业部门会议中英语和投资国语言的使用比例分别为 37.65% 和 30.59%，这是由于部门会议以中方员工为主，只有当部门会议中有来自投资国的人员时，才使用到企业投资国语言，如日本企业会采用日语为会议语言。值得注意的是，在向母公司汇报场合中英语使用程度高于投资国语言的使用程度，因为中方员工的第二外语能力还不够高。此外，英语在与客户交流场合中的使用占所调查企业的 50.59%，远高于投资国语言的 18.82%，说明英语在国际商务中的通用语地位较为稳固。

### （四）中方员工外语能力情况

语言是企业管理必不可少的手段。对于境外投资企业来说，如果投资国语言与东道国语言不同，当地国员工的外语能力不仅关系到跨国企业的管理效率，而且关系到跨文化沟通的成败。因此，境外投资者选择海外投资国时，不仅要考虑投资国的市场环境、投资环境，也会考虑包括外语能力在内的当地员工的技能。为此，我们就“贵企业国外总部选择海外投资国时是否会考虑当地的外语人才储备情况”进行了调查。表 3-8 是问卷的汇总。

**表 3-8　国外总部选择海外投资国时对当地外语人才储备情况的考虑**

| 企业评价 | 企业数量 / 家 | 百分比 / % |
|---|---|---|
| 非常关键 | 31 | 22.14 |
| 重要因素 | 58 | 41.43 |
| 适当考虑 | 35 | 25.00 |
| 偶尔考虑 | 7 | 5.00 |
| 基本不考虑 | 5 | 3.57 |
| 未回答 | 4 | 2.86 |

表 3-8 显示，2/3 以上的样本企业认为其海外总部在选择海外投资国时会考虑当地外语人才的储备情况，其中 22.14% 的企业认为当地外语人才的储备对选择海外投资国来说非常关键，41.43% 的企业认为当地外语人才的储备对选择海外投资国来说是一个重要因素。

同时，我们请人力资源部门负责人对各层级各部门员工的外语能力进行了评价。结果见表 3-9。

**表 3-9　外企员工外语能力评价**　　单位：%

| 外语能力 | 部门经理及以上 | 销售人员 | 技术人员 | 一般文员 |
|---|---|---|---|---|
| 能写能读，能够与外籍同事直接交流 | 81.36 | 42.88 | 44.42 | 38.39 |
| 可以流畅地进行商务谈判和交流 | 51.04 | 42.82 | 34.32 | 35.40 |
| 语言流利，但缺乏一定的跨文化沟通能力 | 21.82 | 27.21 | 40.70 | 37.78 |
| 有基本的读写能力，但口语交流障碍较大 | 7.79 | 30.93 | 24.99 | 32.85 |
| 未回答 | 0.00 | 0.00 | 8.65 | 0.00 |

表 3-9 显示，样本企业各层级各部门员工的外语综合能力存在差异。81.36% 的部门经理及以上管理人员“能写能读，能够与外籍同事直接交流”，而达到这一交际水平的销售人员、技术人员和一般文员分别只有 42.88%、44.42% 和 38.39%，差距显著。这一调查结果与《中国语言生活状况报告（2008）》（上编）中上海外企职场语言生活状况调查结果基本一致。但在“可以流畅地进行商务谈判和交流”方面部门经理及以上人员与其他人员之间的差距并不大，说明上海外企各层级各部门员工基本英语交流能力差距不大。

### （五）外籍员工汉语能力情况

上海外企中还有相当数量的外籍员工，他们有的来自投资国的外派员工，有的来自其他非英语国家，主要在管理层和技术部门工作，他们掌握汉语的情况见表 3-10。

**表 3-10　外籍员工掌握汉语的情况**

| 语言能力 | 企业数量 / 家 | 比例 / % |
|---|---|---|
| 能够用汉语交流日常生活 | 11 | 7.86 |
| 能够用汉语讨论工作问题 | 13 | 9.29 |
| 只会简单的日常用语 | 78 | 55.71 |
| 一点也不会 | 38 | 27.14 |

表3-10显示，受调查的上海外企的外籍员工汉语能力总体较弱，多数只会简单的日常用语，基本不具备用汉语交流日常生活和讨论工作的能力。其中，能够用汉语交流日常生活和讨论工作的外企中有12家为日本企业，而一些韩国、美国，以及欧洲国家企业中能够用汉语进行日常交流的外籍员工多数为华侨或者有到中国留学的背景。

### （六）企业开展语言培训情况

提升员工外语能力的一个重要途径是为员工提供语言培训，样本企业进行外语培训的情况见表3-11。

表3-11 外企进行外语培训的情况

| 项目 | 企业数量 / 家 | 比例 / % |
| --- | --- | --- |
| 有需求员工英语培训 | 74 | 52.86 |
| 关键岗位员工英语培训 | 65 | 46.43 |
| 外籍员工汉语培训 | 57 | 40.71 |
| 英语外其他外语培训 | 25 | 17.86 |
| 公司提供翻译 | 13 | 9.29 |
| 没有语言培训 | 22 | 15.71 |

表3-11显示，英语培训仍然是上海外企语言培训的主要语种，为有需求的员工和关键岗位员工提供英语培训的企业分别达到52.86%和46.43%。也有一定比例企业提供二外培训。如：某德国汽车企业每年为有需求的员工提供为期3个月的脱产德语培训，为关键岗位的中方员工提供半年的赴德语言培训。外籍员工的汉语能力也得到外企管理部门的重视，提供培训的企业达到40.71%。公司提供翻译的不到10%，且多为日本企业。

## 三 结论与讨论

企业的外语需求与企业发展战略、整体的经济环境、经营状况密不可分，如德国企业对英语的需求，中日合资企业经营转向后对新的语言的需求，同时企业通过招聘、内部培训等方式应对企业的语言问题和需求，呈现出动态平衡的特点。对于我国的外语教育而言，需要密切关注并积极调研跨国企业的外语

能力状况，使人才培养和市场更加紧密地接轨。

本调查获得以下初步结论：

第一，上海外企员工母语种类以及语言生活呈现出多样性。调查中发现，外企实际语言使用以英语和汉语为主，两种语言并存混合使用的情景较为普遍。英语使用范围比汉语更广。非英语国家企业在积极适应全球化过程中也多采用英语为工作语言，英语的使用场景更多存在于说话人均非英语母语者情境下。

第二，上海外企书面语交流中普遍使用英语。无论来自英语国家还是来自非英语国家的外资企业，他们在电子邮件和企业官网中大部分使用英语。而在口语交流方面，企业母国语言的使用主要出现在高层会议和向母公司汇报工作的情境下。

第三，上海外企员工各层级各部门员工基本英语交流能力差距不大，但高层管理者的英语交际能力比一般员工高得多，他们普遍能与外籍同事直接交流。企业管理者往往更注重员工跨文化沟通的能力。

第四，大部分外企的管理者认为，海外总部在选择海外投资国时会考虑当地外语人才的储备情况，并将语言培训作为企业管理中的一个必要部分。但实际上企业提供的语言培训往往受到经营状况影响，呈现不稳定性。英语培训仍然是上海外企语言培训的主要语种，但主要是为有需求的员工和关键岗位员工提供。此外，上海外企外籍员工的汉语能力总体较弱，多数只会简单的日常用语。

卓越的全球城市需要国际化的语言环境。上面的初步结论表明：一方面，上海外企已经形成了以英语为主兼有多语特征的语言生活，中方员工具备基本的英语交流能力；另一方面，上海外企外籍员工虽然在汉语环境下工作和生活，但他们的汉语能力却普遍非常低，如何针对这部分人群做好汉语传播工作，进一步提升汉语的国际影响力，上海的语言文字部门及相关机构大有可为。

（杭亚静、殷志平、高曙进）

# 导医语言使用状况调查*

导医服务具有5个职能，即迎宾、礼仪、咨询、导诊、分诊。导医台是医院的文明窗口，导医是患者对医院的第一印象。导医专业的诊前咨询和指导，可以让患者少走弯路，改善门诊就诊秩序，提高就诊质量，减少患者就诊盲目性，缩短就诊时间。热情礼貌的导医语言及良好的导医服务让患者产生亲切感。本文重点关注导医的语言服务问题，以上海市闵行区内所有医疗机构导医为样本，对导医的语言使用状况进行调查。

## 一 调查设计与过程

### （一）调查目的与内容

行业语言使用状况是伴随、渗透在各个行业活动过程中的语言使用，包括口头表达、书面表达、环境标志和综合体现4种表达形式。本次调查采用问卷、半结构访谈和实地田野观察等方式。调查内容包括：（1）导医的语言能力；（2）导医的语言使用现状；（3）导医语言景观和语言培训现状。

### （二）调查对象与方法

截至2018年底，闵行区共有区属公立医院8家，①社区卫生服务中心13个，14个社会办医疗机构。②

问卷调查对象主要是上述医疗机构的导医服务台工作人员。前期调查人员随机抽样选取了3个医疗机构导医服务台进行实地观察和走访调研，在此基础

---

* 本文是国家语委“十三五”科研规划2018年度重点项目“汉语声誉规划战略研究与文化自信”（ZDI135-60）阶段性成果。

① 1家三级甲等综合性医院，1家三级乙等综合性医院，1家三级专科医院，1家二级甲等医院，1家二级乙等医院，3家二级专科医院。

② 参见 http://www.shmh.gov.cn/shmh/shsy/20190604/435414.html。

上设计了导医语言使用状况调查问卷。问卷以客观题为主，问卷设计完成之后，咨询了相关语言文字工作专家和医疗机构工作人员，同时对笔者以前教过的护士专业毕业生试测和访谈，对问卷做了进一步修改和完善。

公立医院和社区卫生服务中心的调查问卷通过闵行区卫健委办公室直接发放至下属各医院院办，院办通知医院导医填写；社会办医疗机构则通过闵行区卫协办公室联系各社会办诊疗机构填写问卷。问卷以线上方式进行，通过问卷星平台发放和填写，导医通过个人微信账号手机登录参与调查答题。随后对闵行区所有医院的导医管理人员进行了深度半结构式访谈。最后对各医疗机构的语言景观和语言使用进行实地现场观察，对医院导医语言使用中存在的问题进行进一步了解。

### （三）调查样本与构成

调查问卷通过问卷星发布和回收，回收问卷 261 份，有效问卷 261 份。其中公立医院和社区卫生服务中心的导医答卷 196 份，占 75.10%；社会办医疗机构的导医答卷 65 份，占 24.90%。调查基本上实现了对上海市闵行区所有医疗机构和所有导医全覆盖。

261 名导医中，女性 254 人，占 97.32%；男性 7 人，占 2.68%。其中，7 名男性导医来源为：公办 2 级医院（2 人）、社会办综合性医院（1 人）和社会办门诊部（4 人）。导医平均年龄 31 岁。其中在年龄人数前五位的是：40 岁（18 人）、25 岁（16 人）、23 岁、35 岁和 24 岁（分别有 14 人）。大部分被调查者从事导医服务在两年之内。在导医台工作不满 1 个月有 37 人，1 个月以上、1 年以下的有 21 人，1—2 年的有 91 人，3—5 年的有 48 人，6—10 年的有 39 人，10 年以上的有 25 人。

导医以护士为主体，护士有 225 人。18 人来自公办三级医院，公办二级医院和一级医院各有 115 人和 63 人。社会办综合性医院导医有 14 人，社会办专科医院 21 人，社会办门诊部 30 人。医生、医技人员、药剂人员和行政人员分别为 2 人、8 人、1 人和 25 人。在 25 名行政人员中，近 88% 来自社会办门诊医疗机构，说明社会办门诊部行政人员身兼多职，常担任门诊导医工作。少数医院的导诊工作人员由其他人员兼职，如退休人员和志愿者。①

导医的教育背景构成情况：本科和专科分别占 40.23%，中专占 14.56%，

① 参见 http://www.5thhospital.com/Read_News.aspx?id=20180424133458420965705751496218。

中专以下占4.21%，硕士占0.77%。

## 二 调查结果与分析

在我们现场观察的某公立医院导医台墙壁上公示了导医服务主要职责，我们简单摘录如下：（1）解答提问及咨询；（2）分诊导诊；（3）电话联系与其他部门相关的工作；（4）审批盖章；（5）现场预约；（6）测量体温；（7）借用轮椅或平床；（8）维持秩序；（9）维持环境卫生；（10）协助就诊；（11）安排优先就诊；等等。从中可以看出，与语言服务相关的主要是第一条，提供咨询服务。

### （一）语言服务对象

我们首先调查了导医的服务对象。数据显示，寻求导医服务的患者中，女性患者占77.39%，老年患者占77.39%，外地患者占77.78%。访谈各个医院相关负责人，他们认为寻求导医的人群主要有4类：（1）初次到医院就诊的病人，对医院整体情况较陌生；（2）缺乏医学常识的病人，身体不适不知到什么科室就诊；（3）对医院科室布局、就诊流程不熟悉的病人；（4）老年反应慢、记忆力较差的病人。基本上和导医人员的反馈一致。

### （二）语言服务内容

首先我们统计了在导医工作中的高频咨询问题。总体而言，“挂什么科”“科室在哪里”“看病流程”居前三位。“接听电话”也是导医人员的一项重要工作。见表3-12。

表3-12 咨询内容

| 咨询内容 | 人数/人 | 比例/% |
| --- | --- | --- |
| 挂什么科 | 223 | 85.44 |
| 科室在哪里 | 219 | 83.91 |
| 看病流程 | 173 | 66.28 |
| 接听电话 | 156 | 59.77 |
| 哪个医生比较好 | 138 | 52.87 |
| 个性化健康指导 | 102 | 39.08 |
| 其他 | 97 | 37.16 |

我们分别统计了公办医院和社会办医院的患者问题。从咨询内容来看，公立医院的问题中，“在哪里”“挂什么科”“怎么走”是最高频的问题，这表示公立医院里导医的作用往往主要是为患者“指路”。这是因为公立医院比较大，科室较多，分科较细，医生和专家较多，患者难以准确选择就诊科室，加上初诊患者不了解自己的病情属于哪科范围，挂号时不知挂哪个科的号，同时公立医院，各种检查较多，需要患者跑不同的地方。所以“分诊”“预检”等词语只在公立医院问题中出现。另外一个词“健康证”也只在公立医院的咨询问题中出现，因为只有公立医院开具健康证明。

在社会办医院的咨询问题中，最高频的是“医生”“医院”“费用”等词语。社会办门诊科室较为单一，患者关心的是医院和医生声望和水平、医疗费用、能不能用医保等问题。

“收费”一词同时出现在公办和社会办医院咨询问题中，但是搭配不一样。在公立医院的问题中，患者的问题都是“收费在哪里”；而在社会办医院，患者的问题主要是“怎么收费”“费用高不高”。

因此，不同的医疗机构中，导医提供的语言服务内容有较大的差异。公立医院的语言服务话题更多样化。

我们对导医实地观察时发现，多数公立医疗机构导医在回答完患者问题后会主动介绍名为“闵行捷医”的App或支付宝小程序，介绍其预约、挂号、支付、查看就诊队列、查看医技报告等功能。这一部分导医内容没有在社会办医疗机构导医中出现。

### （三）语言服务能力

截至2018年末，闵行区常住人口为254.35万人，其中外来常住人口为125万人。[①] 市健康委员会2018年提出鼓励支持非沪籍医护人员学习上海话，减少与本埠患者的语言沟通障碍。对导医的调查显示，能听懂并且会说上海话的导医比例为57.47%，能听懂上海话但不会说的占37.16%。

在导医工作中，导医在与患者沟通中较多地使用普通话。36.40%的被调查者全部使用普通话，58.24%的被调查者使用普通话多于方言。94.64%的被调查者使用普通话或以普通话为主与患者交谈。对语言使用和学历、机构进行相关性分析，我们发现学历较高的导医比学历较低的导医更多地使用普通话，社

① 参见 http://www.shmh.gov.cn/shmh/rkqk/20190531/433142.html。

会办机构导医较公办医疗机构导医更多地使用普通话。其中公立一级医院方言使用比例高于其他公立或社会办医疗机构，这可能与一级医疗机构大多属于社区医院或者社区服务中心，病患中讲上海话的比例较高。在调查问卷中，被调查者在回答“根据您的工作经验，寻求导医服务的人群一般说什么话？”这个问题时，被调查者认为 75.86% 的患者使用普通话，22.22% 的患者使用方言。访谈各医疗机构负责人，他们反馈大多数医院就诊的患者群体分两类：一类以 60 岁以上老年人为主，文化层次为初高中、大学，使用语言以普通话及上海方言为主；另一类是外来务工人员，年龄以 20—40 岁为主，文化层次一般，使用语言以普通话为主。访谈佐证了对导医语言使用的调查数据。见表 3-13。

**表 3-13 导医语言使用情况**

| 导医语言使用 | 人数 / 人 | 比例 / % |
|---|---|---|
| 全是普通话 | 95 | 36.40 |
| 普通话多于方言 | 152 | 58.24 |
| 方言多于普通话 | 13 | 4.98 |
| 全是方言 | 1 | 0.38 |

关于导医是否有外语和手语等服务需求，调查发现，导医选择偶尔遇到或者经常遇到听力及言语障碍人士（以下简称听障人士）或者外国人的比例均超过 75%，尤其是 18.77% 的被调查者经常在导医时遇到外国人，这说明导医工作对外语和手语等语言服务需求明显。

上海市卫生局 2009 年下发的《关于本市医院做好外语咨询服务工作的通知》中明确提出：上海市各三级综合医院，应当逐步在医院门诊的便民服务中心安排能较熟练运用英语进行相应咨询和翻译的服务人员，有条件的还可以再增设其他主要语种的服务人员，以上人员应在 2009 年底前全部到位并上岗服务；上海市各三级专科医院和二级甲等综合医院，以及其他已主动在门诊开设便民服务中心的医院，应当结合本医院外籍就诊人士的实际数量，鼓励这些医院逐步创造条件，积极考虑增设英语咨询服务人员开展英语咨询服务。①

调查和采访结果显示，大部分医院导医岗位没有语言要求。访谈院方管理人员结果显示，多数医院对医生、护士、医技人员的招聘一般不考虑语言因素。如果有外语能力等级资格证的可以考虑优先录用，部分岗位要求懂上海话。见

① 参见 http://news.sina.com.cn/c/2009-06-18/124615811054s.shtml。

表 3-14。

表 3-14 导医岗位有无语言要求

| 导医岗位语言要求 | 人数 / 人 | 比例 / % |
| --- | --- | --- |
| 有要求 | 83 | 31.80 |
| 没有要求 | 106 | 40.61 |
| 不知道 | 72 | 27.59 |

调查发现，59.39% 的被调查者不能用英语和外国人沟通，90.04% 的被调查者不能为患者提供手语服务。同时大多数导医表示所在医院不能提供手语翻译服务。见表 3-15 和表 3-16。相比较而言，公办医院的英语服务情况稍微好一些。访谈各医院负责人，部分医院接诊过外籍人士和听障人士，但大多数外籍人士都有会说中文的陪同人员，医院会安排有一定英语会话能力的护士预检，再安排指定医生接待外籍人士就诊。对于听障人士，导医一般用书面语言沟通或者肢体语言沟通。

表 3-15 导医能否提供手语或外语服务

| 语言服务 | 手语服务人数 / 人 | 比例 / % | 英语服务人数 / 人 | 比例 / % |
| --- | --- | --- | --- | --- |
| 可以 | 26 | 9.96 | 106 | 40.61 |
| 不可以 | 235 | 90.04 | 155 | 59.39 |

表 3-16 医院能否提供手语或外语翻译服务

| 翻译服务 | 手语翻译人数 / 人 | 比例 / % | 英语翻译人数 / 人 | 比例 / % |
| --- | --- | --- | --- | --- |
| 能够 | 10 | 3.83 | 110 | 42.15 |
| 不能 | 143 | 54.79 | 75 | 28.74 |
| 不清楚 | 108 | 41.38 | 76 | 29.12 |

### （四）语言服务意识

作为语言服务的提供方，医务人员的主动服务意识将直接影响到其语言服务的最终效果。上海市健康委员会倡导开展“三首”（首句使用礼貌用语、首句使用普通话、实行首诊负责制）、“四轻”（走路轻、说话轻、操作轻、动作轻）、“五个一”（多一点目光交流、多倾听一点、多沟通一点、说得通俗一点、多一点安慰性用语）活动。①

我们调查发现，34.10% 的导医是在患者或者陪同人员发起对话后才参与服务。

结合我们在医疗现场的观察发现，大部分公立医院的导医是坐在导医台后面，社会办医疗机构的导医站立在导医台后或者站在门口。在公立医疗机构，导医使用礼貌用语的情况多是“被动为之”，患者走向或咨询导医；在社会办医院，导医使用礼貌用语的情况多是“主动为之”，多为导医主动走向或者问询患者。站立服务是形体语言中最重要的内容，直接关系到导医的外在形象，它改变了以往缺乏热情等待病人上前询问的状况，提高了导医服务的主动性。上述情况在一定程度上体现出医患双方在权势上的不对称：公立医院导医在患者面前处于强势，而社会办医疗机构导医在患者面前处于弱势。例如：在我们访谈的某社会办机构导医台上标有“嘴勤、手勤、腿勤”的口号，对导医提出主动服务要求。

表 3-17　导医的礼貌用语使用情况

| 导医的礼貌用语使用 | 人数 / 人 | 比例 / % |
|---|---|---|
| 每次都使用 | 202 | 77.39 |
| 基本上不使用 | 52 | 19.92 |
| 用不上 | 7 | 2.68 |

袁继红指出医务人员在交际中使用礼貌用语的程度较低，多为命令或强制性话语。②我们设计了“根据您的工作经验，和患者交谈时您会使用‘您好’‘再见’等用语吗？”这个问题，结果显示，导医使用礼貌用语的程度较高，77.39% 的被调查者每次都使用或经常使用礼貌用语，19.92% 的被调查者很少使用或基本上不使用礼貌用语，2.68% 的被调查者表示礼貌用语用不上。见表 3-17。对医务人员的调查结果进一步分析表明：不同工作年限的导医在礼貌用语的使用上存在显著性差异。身份为护士和初级护师的被调查者每次都使用礼貌用语的比例为 73.40%，而主管护师及其他工作人员选择“基本上使用礼貌用语”的比例为 69.10%。可见，年龄越大和工作时间越长的导医使用礼貌用语的比例逐渐下降。同时我们的调查进一步发现社会办医院使用礼貌用语的比

① 参见 http://wsjkw.sh.gov.cn/ygwj/20180525/0012-44350.html。

② 袁继红《医患门诊会话中礼貌的语用研究》，西南大学 2011 年硕士学位论文。

例高于公立医院。这或许是因为公立和社会办医疗机构人流量不一样，公立医院导医工作繁重，易倦怠疲惫，礼貌程度下降，调查发现超过半数（60.53%）的导医认为导医工作繁重或者非常繁重。

其他方面，如服务时和患者交谈的语速、语调、声音大小等，调查结果与前人的结果基本一致。说话语调过硬、过强或过高、过低都会不同程度地影响医患之间的语言沟通。语速上，大部分被调查者认为语速要慢一点，特别对于老年患者和有语言障碍的患者，更要耐心倾听，交流语速尽量缓慢。

### （五）导医台语言景观

《关于本市医院做好外语咨询服务工作的通知》中明确提出：医院服务标识对没有同时标注英语的应补注英语，对标识英语不规范的应予以规范。[①] 为方便患者就医，多数医院有导医台的标识，以中文为主，英文为辅，少量医疗机构使用了汉语朝 / 韩语双语对照标识。在导医台的墙壁上均悬挂导医相关制度规章，如《窗口服务规范》《文明服务规范》《导医工作制度》《首诊负责制度》《护理人员素质要求》等。这些制度要求医务人员使用文明、规范用语，同时均公布了患者投诉渠道。

各医疗机构的导医台均有标识，但少数医院的外语标识出现了拼写错误。见图 3-1。

图 3-1　导医台标识样例

调查还发现导医台存在缺乏统一中英文名称的问题。如：导医台在不同医院对应“导诊”“导医”“预检”“便民服务中心”“预约中心”“咨询”等多个中文名称。由于医院的英文标识是基于中文表述进行翻译，中文名称的不统一也使对应的英文名称更为混乱。如：“导医台”一词在不同医院分别对

① 参见 http://news.sina.com.cn/c/2009-06-18/124615811054s.shtml。

应“INFORMATION”“Question DESK”“INQUIRY DESK”等；“导诊”则对应“INFORMATION”或“HOSPITAL HELPDESK”；“预检”对应“Preflight Desk”“TRIAGE STATION”“PreCheck-in/Triage”等；“便民服务中心”“预约中心”分别被直译为“Convenience Service Center”“Registration”。这些纷繁复杂的中英文表述指称的都是“导医台”这同一个事物，但用语的混乱难免在意义传递上产生偏差，引起人们的困惑与误解。

### （六）语言服务培训

调查结果显示，78.93% 导医所在医院没有外语培训。访谈各医疗机构的管理人员了解到：大部分医院普通话培训以诗歌诵读、读书沙龙形式进行，英语培训以自学为主；部分医院曾经组织职工参加医患沟通交流方面的培训；各医院对新进职工有文明用语及医患沟通培训环节。

通过对导医“心目中的好导医”答案进行词云分析，导医认为“微笑服务”“主动”“耐心”“热情”等是最重要的，语言问题没有进入导医的视域。见图 3-2。

图 3-2 “心目中的好导医”答案词云

访谈发现，在医疗服务中，语言只是被视为礼仪的一小部分。只有少数医院邀请专家来医院开展相关礼仪培训时，会开展医患沟通技巧培训，讲解语言交流或沟通的重要性。例如：第五医院开展的“扬五院精神风貌，促医护服务形象”互访交流暨礼仪培训活动，其中提到怎么说话让人欣然接受（敬语使用技巧）；闵行区卫生计生系统举行了迎进博会窗口服务文明礼仪专题培训会，其中包含了语言部分。[①]

① 参见 http://www.shmh.gov.cn/shmh/zwdt-wjw/20181022/394747.html。

## 三 结论与建议

导医作为医院的形象岗位，具有窗口作用，导医直接和患者面对面打交道，是医院和患者的桥梁。导医的语言服务水平问题不容小觑。本调查发现，闵行区医疗机构对语言服务的需求，特别是手语、外语服务需求日益凸显，但导医的语言问题没有得到应有的重视。具体表现为：

第一，导医岗位招聘没有语言要求，导医实际语言能力偏低，服务语言种类单一。

第二，导医缺乏语言服务意识，医院对导医语言培训和与语言有关的规章制度的重视度不够。

第三，不同医疗机构导医提供的语言服务内容和礼貌用语等使用有较大差异。

第四，导医台中外文标识有待统一和规范。

针对这些问题，具体建议如下：

第一，通过宣传教育，增强导医的语言服务意识，使其了解语言服务的重要性，不断提高导医岗位需要的语言沟通能力和语言服务水平。这方面可借鉴其他城市的经验。如：北京市语委与北京市卫生计生委联合主办医疗机构语言服务规范培训班，加强导医的语言服务意识和服务水平。

第二，摸底调研导医窗口外语培训需求，按需制订外语学习培训计划，为导医提供专业的外语服务培训，提升导医的外语服务能力。医疗机构也可在导医台等配置相应的外语版本，确保外语标识的准确性，以方便外籍人士就医。

第三，关注特殊人群的导诊就医需求，增强手语、外语服务能力。对于手语、外语等特殊语言服务，可以通过购买相关语言翻译服务或依托闵行区相关高校的语言服务人员，充分利用高校、社会机构等资源，提升特殊人群的导医体验。

第四，改善导医的工作环境。不断优化就医环境和流程，门诊增加醒目的流程图示、指示牌，不断创新语言服务的方式和载体，利用多媒体触摸屏、智能语音导航服务机器人为患者提供导医服务，减少导医机械重复性的语言服务项目，减轻导医的工作量。

（郑洪波、黄丽萍）

# 古北地区日文标牌调查*

本文的“古北地区”是指上海市古北新区及其周边。古北新区是上海最早的国际社区，是上海第一个涉外商务区虹桥经济开发区的配套生活居住区，生活着众多来沪工作、居留的外籍人士和中国港澳台地区同胞，其中有大量来自日本的居民。[①]在古北新区周边，有日本领事馆和很多日资企业办公楼，还有大量以在沪日本居留者为目标消费人群的商业服务设施。

本文的“日文标牌”是指设置在公共场所的包含有日文的标牌，这是古北地区标牌的鲜明特色。考察古北地区的日文标牌，旨在为上海的城市管理者做好现代化国际大都市的语言规划，针对特定区域和特定语言人群开展语言管理和语言服务，提供决策参考。

## 一 调查概况

调查时间为2017年3—5月。调查人是复旦大学日语语言文学系的老师和学生。调查以古北地区为取样点，采用“判断抽样”方法，对古北地区出现的日文标牌进行拍照搜集。对搜集到的照片逐一进行判断，根据标牌的性质、内容是否成句、使用文字构成、主导语言、日文是否错误、所涉行业等内容进行编码，使用SPSS软件进行数据分析。

调查首先需要甄别是否为日文标牌，而日文中的汉字极易与中文汉字混淆。本次调查对日文汉字的判断依据是:（1）按照日文汉字规则书写。例如:“营业中”的简体汉字写成“营业中”，繁体汉字写成“營業中”，两者均为中文汉字。当写成“営業中”时我们判断为日文汉字。（2）汉字周围出现注音假名或

* 本文是国家语委“十三五”科研规划2016年度一般项目“上海市语言景观中的日文使用状况实证研究”（YB135-38）阶段性成果。

① 《上海统计年鉴（2018）》显示，2017年上海市居留许可外国人共计157 924人，其中来自日本的人数位居第一，为28 870人。参见http://tjj.sh.gov.cn/tjnj/nj18.htm?d1=2018tjnj/C0211.htm。常住外国人口中的日本人很大一部分居住在古北地区，同时古北地区还有大量在沪短期居住的日本人。

注音罗马字。例如：汉字“五月錦”周围出现用日文罗马字标注的“SATSUKI NISHIKI”，即“五月錦”的日文读音时，我们认定为日文汉字。此外与假名在同一行文中的汉字也认定为日文汉字。（3）日造汉字，即日本的“国字”。例如：“辻、峠、畑”等。（4）汉字在日语中表音，可拼读出日语单词的含义。例如：汉字“胜博殿”，利用日语汉字的音读，可拼读出“saboten”，即“さぼてん”，其含义是仙人掌。

调查共获得145块日文标牌，其中包括上海高岛屋百货的50块标牌。[①]在对标牌进行统计时参考了日本学者矶野英治关于语言景观的分类方法[②]：将机构和企业唯一名称、建筑物名称、商品名、公司名及店铺名等归为经营场所主要标牌；将商店橱窗上的广告、摆放在门口的菜单等归为经营场所次要标牌，并且在出现多块次要标牌的情况下只选定1块次要标牌。根据该方法，理论上1家店铺可能有2个样本，1个是主要标牌，另1个则是次要标牌，两者分别统计。此外还有少量公共空间的广告牌、海报、传单、小册子和商家提供的服务信息标牌。

## 二 调查结果

对145块日文标牌的分析显示：古北地区的日文标牌大多为商业标牌，其中又以餐饮业为主；中日英三语标牌所占的比例高于日文单语标牌；日文标牌大多以不成句的形式出现，这影响了文字种类（日文汉字、片假名、平假名及罗马字）的选择；部分标牌存在书写及译写不规范现象，应予以重视。

### （一）绝大多数是商业标牌，所涉行业以餐饮业为主

一般而言，标牌主要分为官方标牌和私人标牌两大类：（1）官方标牌指政府设立的具有官方性质的标牌，如路名牌、交通指示牌、方位导向牌、市政公用设施指示牌等。这类标牌的设立者一般是执行当地或中央政策的机构，代表的是政府的立场和行为。（2）私人标牌则主要是私人或企业设立的用作商业推广或信息介绍的标牌，如店牌、广告牌、海报等。

① 高岛屋百货的餐饮及地下一层的超市商品以日式为主，商场内进驻的教育培训、医疗保健、画廊展出等商户主要面向周边居民提供社区服务。

② 矶野英治《大阪日本橋の多言語化と地域的特徴—電気とサブカルチャーの街の言語景観—》（《大阪日本桥的多语化和地方特征——电器·亚文化街的语言景观》），《日本研究》2016年第41期。

在位于地铁站出口的地下通道内，我们发现一块中英文对照的方位导向牌，在指示“上海高岛屋”时拼写为“Shanghai Takashimaya”。见图 3-3。其中“Takashimaya”是“高岛屋”的日文罗马字，如果将其界定为日文，则可以认为，古北地区有且仅有 1 块官方日文标牌；反之，古北地区则没有官方日文标牌。该标牌为英文语境，故未将其作为日文标牌予以考察。

图 3-3　地铁站出口的高岛屋方位导向牌

而纳入考察范围的 145 块标牌都不具有中国官方性质，按理都应当归入私人标牌。但日本驻沪总领事馆设置的 2 块公共告示，很难界定为私人标牌；高岛屋百货设置的关于垃圾分类的公益广告“和高岛屋一起保护地球”具有明显的公共性质和非商业性质。见图 3-4。

图 3-4　高岛屋设置的公益广告

有鉴于此，我们从商业标牌和非商业标牌的角度对收集到的 145 块标牌进行了分类。将上述日本领事馆设置的 2 块告示牌、高岛屋百货设置的公益广告牌归为非商业标牌，其他 142 块则都是商业标牌。可见，古北地区日文标牌的

主体是商业标牌。具体见表 3-18。

表 3-18　古北地区日文标牌的性质

| 标牌性质 | 数量 / 块 | 占比 / % |
|---|---|---|
| 商业标牌 | 142 | 97.93 |
| 非商业标牌 | 3 | 2.07 |
| 总计 | 145 | 100.00 |

145 块日文标牌主要包括经营场所主要标牌和经营场所次要标牌，两者占总数的 78.62%，是日文标牌的主体。此外还有少量公共空间的广告牌、海报、传单、小册子和商家提供的服务信息标牌。2017 年国家颁布的《公共服务领域日文译写规范》将公共服务信息分为 5 小类：功能设施、警示警告、限令禁止、指示指令和说明提示。根据这个分类方法，145 块日文标牌可进一步细分。除了功能设施牌外，其他类型的标牌数量较少，均归入“其他”一栏。具体见表 3-19。

表 3-19　古北地区日文标牌的类别

| 标牌类别 | 数量 / 块 | 占比 / % |
|---|---|---|
| 经营场所主要标牌 | 61 | 42.07 |
| 经营场所次要标牌 | 53 | 36.55 |
| 广告牌、海报、传单、小册子 | 9 | 6.21 |
| 功能设施牌 | 8 | 5.52 |
| 其他 | 14 | 9.65 |
| 总计 | 145 | 100.00 |

从 142 块商业标牌所涉行业来看，主要涉及餐饮、休闲娱乐、百货零售等行业。其中，餐饮业标牌共计 76 块，占比 53.52%，与全市日文标牌的餐饮业比例（52%）大致相同。[①] 从业态上看，这一地区内的休闲娱乐（卡拉 OK/ 游乐厅 / 洗浴中心等）、美容美体、洗衣店等行业使用了日文标牌，而在上海的其他区域，上述行业基本上不会出现日文标牌。这说明，古北地区是日本族裔经济 [②]

① 黄小丽《上海市日文语言景观的立体化建设现状与思考》,《外语电化教学》2018 年第 5 期。该调查于 2017 年实施，下文引用的上海市数据均源于此次调查。

② 族裔经济指的是族裔经营者提供的经济活动（不强调服务对象的族裔属性），以及所有为族裔群体服务、具族裔特色的经济活动（不强调经营者的族裔属性）。当族裔经济活动在族裔聚居区内空间集聚并具相当规模，则形成聚居区族裔经济。参见周雯婷、刘云刚《上海古北地区日本人聚居区族裔经济的形成特征》,《地理研究》2015 年第 11 期。

活动的主要空间，主要用以满足居住、商业及社会网络的各类需求。具体见表3-20。

表 3-20　古北地区商业标牌所涉行业

| 行业 | 数量 / 块 | 占比 / % |
|---|---|---|
| 餐饮 | 76 | 53.52 |
| 百货零售（生活用品 / 文具 / 饰品礼品玩具 / 服装 / 电子产品等） | 29 | 20.42 |
| 休闲娱乐（卡拉 OK / 游乐厅 / 洗浴中心等） | 15 | 10.56 |
| 美容美体 | 8 | 5.64 |
| 医疗 | 7 | 4.93 |
| 其他 | 7 | 4.93 |
| 总计 | 142 | 100.00 |

### （二）日文单语标牌近三成，另七成多是包含日文的双语或多语标牌

古北地区 145 块日文标牌中，日文单语标牌 42 块（28.97%），与全市平均水平（26.90%）大体持平；其余 103 块（71.03%）都是包含有日文的双语或多语标牌。

双语或多语标牌中，中日英文、中日文标牌数量较多，日英文标牌数量较少，此外还有 2 块中日英朝 / 韩文标牌和 1 块中日英法文标牌。标牌中的多语使用状况反映了不同语言的权势地位及语言活力，此次调查显示，中文和英文地位显著，日文在古北地区具有独特活力。多语共存的标牌展现了古北地区多元化的语言生态，是不同语言之间竞争与融合的生动写照。具体见表 3-21。

表 3-21　古北地区日文标牌中不同文种的使用状况

| 单语 / 多语 | 文种类型 | 数量 / 块 | 占比 / % |
|---|---|---|---|
| 单语标牌 | 日文 | 42 | 28.97 |
| 多语标牌 | 中日英文 | 45 | 31.03 |
| | 中日文 | 41 | 28.28 |
| | 日英文 | 14 | 9.65 |
| | 其他 | 3 | 2.07 |
| 总计 | | 145 | 100.00 |

日文单语标牌如图 3-5，店标牌为“うまい鮨勘”，店门口木牌显示“営業中”，使用日文平假名和日文汉字。

图 3-5　日文单语标牌

中英日文三语标牌如图 3-6，纵向文字是中文“洗衣”，横向文字上方是英文“LAUNDRY”，下方是日文片假名“クリーニング”，即“干洗店”。

图 3-6　中英日文三语标牌

中日文双语标牌如图 3-7，左侧用日文汉字书写“和泉”，其下用罗马字标注日文发音“IZUMI”，右侧的“专业发型设计中心”则为中文。

图 3-7　中日文双语标牌

### （三）双语或多语标牌中，主导语言文字为日文的占一半

本次调查对主导语言文字的认定标准为“字体最大者”，字体大小相同的则将“位于标牌最上方者”认定为主导语言文字，文字大小一致且在同一行时则认定为“共同主导”。结果显示，古北地区含有日文的103块双语或多语标牌中，日文处于主导地位的为50.49%，其他分别为中文主导（34.95%）、英文主导（6.79%）和多文种共同主导（7.77%）。具体见表3-22。

表3-22 古北地区日文标牌中双语或多语标牌上的主导语言文字

| 主导语言文字 | 数量/块 | 占比/% |
| --- | --- | --- |
| 日文 | 52 | 50.49 |
| 中文 | 36 | 34.95 |
| 英文 | 7 | 6.79 |
| 共同主导 | 8 | 7.77 |
| 总计 | 103 | 100.00 |

### （四）标牌里的日文书写体系复杂，成句与否影响文字的选择

日文的文字书写体系比较复杂，汉字、平假名、片假名和罗马字的功能和象征意义各不相同。有日本学者指出：日文汉字的象征功能体现为“男性化、艰深晦涩、复杂、成熟、陈旧”，主要用于官方机构及各类事务所等标牌；平假名的象征意义是“女性化、简明易懂、柔和、幼稚”，主要用于传统的日式料理店、拉面店、日式小酒店等标牌；片假名的象征意义是“新潮、外国（欧美）风情、敏锐”，不过随着时代的发展，罗马字已经取代片假名成为最新潮的表达方式。[①]

文字本身的象征意义影响了标牌用字的选择，此外，标牌成句与否也对文字的选择产生巨大的影响。例如：某商家门口贴出一张中日双语提示标牌，其中的日文为“お願いします 飲食の持込はご遠慮願います。”，中文则显示“拜托 本店謝絶自帯酒水”。见图3-8。日文中完整的句子一般同时使用汉字、平假名或片假名，但是不使用罗马字；店名和商品名则大多选择汉字、平假名、片假名或罗马字中的一种或多种文字体系，不组成完整的句子。图3-8下方的店

① 秋月高太郎《ありえない日本語》（《不可能的日语》），筑摩书房2005年版。

名除了使用日文汉字“虎丸”外，还使用罗马字“TORAMARU”标注汉字的读音。

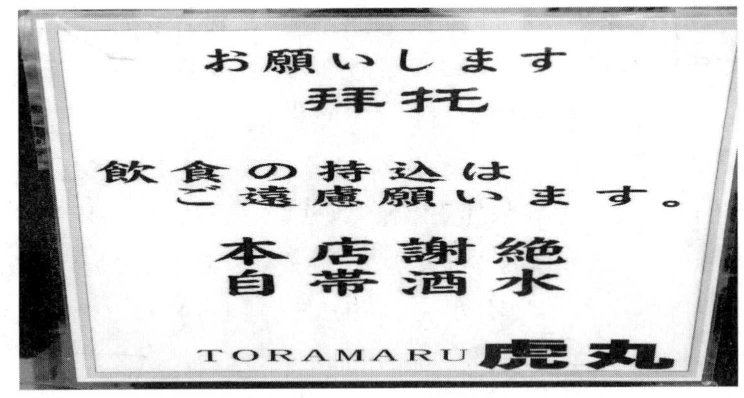


图 3-8　中日双语提示标牌

古北地区日文标牌中，近八成是不成句的标牌，主要用于店名和商品名；成句的只占 21.38%，一般出现在海报、传单、小册子及说明指示标牌等说明性文字中。具体见表 3-23。

**表 3-23　古北地区日文标牌中的文字书写状况**

| 文字书写状况 | 数量 / 块 | 占比 / % | 文字信息是否成句 | | | |
|---|---|---|---|---|---|---|
| | | | 标牌不成句 / 块 | 占比 / % | 标牌成句 / 块 | 占比 / % |
| 汉字 + 平假名 + 片假名 | 30 | 20.69 | 13 | 11.40 | 17 | 54.83 |
| 汉字 + 平假名 | 29 | 20.00 | 21 | 18.42 | 8 | 25.81 |
| 汉字 + 罗马字 | 19 | 13.10 | 19 | 16.66 | — | — |
| 片假名 | 12 | 8.28 | 10 | 8.77 | 2 | 6.45 |
| 汉字 + 片假名 | 10 | 6.90 | 10 | 8.77 | — | — |
| 汉字 + 平假名 + 罗马字 | 10 | 6.90 | 8 | 7.02 | 2 | 6.45 |
| 罗马字 | 8 | 5.52 | 7 | 6.14 | 1 | 3.23 |
| 汉字 | 7 | 4.83 | 7 | 6.14 | — | — |
| 汉字 + 平假名 + 片假名 + 罗马字 | 6 | 4.14 | 5 | 4.39 | 1 | 3.23 |
| 片假名 + 罗马字 | 5 | 3.44 | 5 | 4.39 | — | — |
| 平假名 | 5 | 3.44 | 5 | 4.39 | — | — |
| 其他 | 4 | 2.76 | 4 | 3.51 | — | — |
| 总计 | 145 | 100.00 | 114 | 100.00 | 31 | 100.00 |

注：表中的汉字指的是日文汉字，罗马字指的是日文罗马字。

表 3-23 显示：(1) 在成句标牌中，文字构成以“汉字 + 平假名 + 片假名”和“汉字 + 平假名”为主。这是因为，在一个完整的句子中，通常只出现汉字和假名；罗马字主要起标注读音的作用，一般不出现在句子里。(2) 在不成句标牌中，“汉字 + 平假名”的使用率最高（18.42%），“汉字 + 罗马字”的使用率紧随其后（16.66%）。这是因为，日文汉字经常出现一字多音或者一音多字的情况，假名标注在汉字旁边（或上面），起注音功能。在汉字旁边使用罗马字或假名标注其日语读音，是在华日文标牌常见的标注方法。(3) 罗马字在成句标牌和不成句标牌中的使用状况有巨大差异。在成句标牌中，罗马字仅出现 4 例，而在不成句标牌中，罗马字累计出现 44 例，远高于国内同类调查中汉语拼音所出现的频率。[①]

### （五）日文译写总体规范，不规范现象主要表现为书写错误

古北地区标牌中的日文译写总体规范，规范率达到 91.03%，略高于全市平均水平（89.00%）。这主要是由于该地区族裔经济的经营者主要由日本人或拥有日本生活经历的中国人构成，能有效减少日文标牌的错误率。

有译写错误的标牌共 13 块（8.97%），错误类型包括书写错误、语法错误、翻译错误、表达习惯错误等，其中“书写错误”数量居首。见表 3-24。

**表 3-24　古北地区标牌中的日文译写错误类型**

| 译写错误类型 | 数量 / 块 | 占比 / % |
|---|---|---|
| 书写错误（假名或汉字） | 5 | 38.46 |
| “の”（“的”）使用错误 | 3 | 23.08 |
| 单词翻译错误 | 2 | 15.38 |
| 其他 | 3 | 23.08 |
| 总计 | 13 | 100.00 |

日文标牌常见的错误是假名或汉字的书写错误，其中假名的错误主要表现在清浊音的标识、长短音的标识、促音的标识上。例如：表示“按摩”含义的日文“マッサージ”，在古北地区的标牌中书写为“マッサヘジ”，促音和长音的书写有误。汉字的错误则主要表现为使用繁体汉字代替日文汉字。例

① 调查显示，豫园商城的汉语拼音使用率为 16%，上海老街则没有出现汉语拼音标牌。参见邓骁菲《豫园商城和上海老街语言景观对比分析》，《现代语文（语言研究版）》2015 年第 10 期。

如：表示“烤肉”含义的日文汉字应该书写为“焼肉”，但是有些标牌使用了中文繁体字“燒肉”，这或许是由于标牌制作人员不懂日语，导致这些似是而非的错误出现。此外，还有一个典型的错误是将日文的“の”等同于汉语的“的”，在中文的标牌中经常出现这个假名符号，这一现象在上海的其他地区更为显著。

## 三 思考与建议

### （一）推动日文单语标牌标注规范的汉语译称

根据《上海市实施〈中华人民共和国国家通用语言文字法〉办法》和《上海市公共场所外国文字使用规定》的有关规定，属于境外品牌的外语类标牌，在允许保留原貌的基础上，应该标注规范的汉语译称。此次调查发现，近三成（共42块）的日文单语标牌不符合上述规定。此外，调查还发现一些店铺标牌或商品名在中文的基础上夹杂使用日文假名“の”，这也违反了国家工商总局《广告语言文字管理暂行规定》和上海市政府《上海市公共场所外国文字使用规定》中关于“不得在同一广告语句中夹杂使用外国文字”的相关规定。上海有关部门应针对这些现象加强日文标牌制作设置方面的引导与管理。

### （二）规范公共场所标牌中的日文译写

为规范公共场所外文译写，扭转“神翻译”现象，提升外语服务能力，国家先后颁布了公共场所英文、俄文、日文译写规范。此次调查发现，即使在日本族裔经济活跃的古北地区，仍有少量日文译写不规范现象，包括书写错误、单词翻译错误，以及中文简体字、中文繁体字和日文汉字混淆，等等，有些问题显然与标牌制作者的语言能力有关。语言文字部门应当与标志行业协会开展良好的沟通互动，宣传国家语言文字的法律法规及外文译写标准，减少标牌制作环节的错误，把好最后一道质量关。

此外，从“Shanghai Takashimaya”的个案看，国家语言文字部门应对外国专有名词（包括人名、地名、机构名等）在官方标牌的使用状况加强调研，就“直接使用罗马字原文，还是使用汉译后的汉语拼音”进一步做出明确规定。

### （三）完善国际化城市的日语服务

上海正致力于建设卓越的全球城市，据《上海市城市总体规划（2017—2035年）》预测，到2035年在沪外籍人士将达到80万人，外语服务的需求巨大而迫切。上海公共场所标牌中的外语服务目前主要集中在英语，这是在英语已经事实上取得世界通用语地位的情况下，要面向全体外籍人士供给基本语言服务的明智之举。而如何完善包括日语在内的非英语外语语种的语言服务，值得深入探讨。

此次调查显示，作为日本居留者集聚的区域，古北地区的日文标牌数量（145块）在该地区整个标牌系统中的占比远低于调查者的预估值。这其中还包含了高岛屋百货的50块标牌，城市空间里的日文标牌数量占比更低。相对数万之众的语言需求，固定标牌的语言服务功能并未凸显。

而我们另一项相关调研显示，族裔报纸、电视传媒、网络传媒等则较好地承担了语言服务功能。如：上海的免费日文报纸，主要为在沪日本居留者提供餐饮、美容、房地产、教育、旅游等方面的资讯，同时提供少量上海本地新闻及日本的新闻；近年来，随着新媒体的发展，这些日文报纸开始在网络空间上提供资讯服务，呈现出线上线下同步进行的态势。此外，一些公司或机构利用网络空间的社交媒体，直接使用日语为在沪日本居留者服务。上海本土提供的日语资讯包括东方网日语版及上海电视台外语频道的日语节目《中日新视界》等。这些经验应该可以复制到其他非英语外语语种的语言服务之中。如在公共交通、医疗、银行、政府服务窗口等领域，可以尝试建设多模态标牌，以电子显示屏、易拉宝、小册子等方式，提供相关的多语服务信息。

《上海市城市总体规划（2017—2035年）》指出，要推动长三角城市群成为最具经济活力的资源配置中心、具有全球影响力的科技创新高地、全球重要的现代服务业和先进制造业中心、亚太地区重要国际门户和美丽中国建设示范区。如何在规范管理的基础上，完善国际化城市的多语种外语服务、提高城市竞争力，是上海面临的迫切课题。

（黄小丽）

# 政务微信文章标题观察

政务新媒体集新闻发布、政策解读、讯息通知、知识普及、经验分享于一身，是一个门类齐全的综合性媒体。政务新媒体文章标题的语言使用，既要准确、规范、文明，凸显政务信息的权威性；又要活泼、风趣、接地气，凸显新媒体特点，能够广泛吸引读者关注，以增强政务信息传播的有效性。上海市政务微信文章标题的语言使用状况如何？是否达到了上述要求？有哪些特色与亮点？存在哪些问题？我们就此进行了专项调查。

## 一　样本选择

据《2017年上海政务新媒体发展报告》[①]，上海共有政务微信账号73个，年内发布信息20 206次、66 457篇，总阅读数超过2亿，点赞总量165万余次。我们选择了“上海发布”“浦东发布”“上海税务”“青春上海”4家微信公众号在2018年10月发布的全部微信文章的标题进行研究。

在政务新媒体中选择微信，是因为相比于微博，微信的订阅用户更加纯净，营销推广手段比较少见，阅读量基本出于个人兴趣，数据更加可靠。选择这4家，是因为“上海发布”是上海市政府的微信公号，而“浦东发布”“上海税务”“青春上海”3家微信公号在2017年的年阅读总数都达到了千万量级。而且，这4家微信分别属于市级政府账号（“上海发布”）、区级政府账号（浦东新区——“浦东发布”）、委办局账号（上海市税务局——“上海税务”）和重要机构账号（上海市团委——“青春上海”），非常具有代表性。选择10月的微信文章，是因为10月不仅有国庆节，而且是上海进博会筹办的冲刺期，新闻事件较多。

“上海发布”“浦东发布”“上海税务”“青春上海”4家微信公众号在2018

① 由“上海发布”办公室、上海市网信办网络新闻信息传播处、新榜组成课题组，联合对2017年上海政务微信、微博进行系统研究后发布。

年10月发布信息共计694条。具体情况见表3-25。[①]

表3-25 样本微信账号2018年10月发文情况

| 政务微信 | 发文总数/篇 | 总阅读量/次 | 篇均阅读量/次 | 总点赞数/次 | 篇均点赞数/次 |
|---|---|---|---|---|---|
| 上海发布 | 402 | 24 894 460 | 61 927 | 206 133 | 513 |
| 浦东发布 | 151 | 1 521 783 | 10 078 | 11 440 | 76 |
| 上海税务 | 75 | 1 021 379 | 13 618 | 10 365 | 138 |
| 青春上海 | 66 | 2 215 988 | 33 576 | 14 312 | 217 |

需要说明的是，在微信的统计方法中，阅读量超过10万的文章不再显示具体的阅读数据，而是直接标注为10万+，所以我们统计数据时，阅读量10万+的文章都统一算为10万，而实际阅读量和平均阅读量都要高于目前的数据。这4个公众号2018年10月10万+文章的发布情况："上海发布"每天都有10万+发布，全月共计111篇，平均每天3.58篇，这是一个非常惊人的数据。"青春上海"2篇，"上海税务"1篇，"浦东发布"当月没有10万+文章。

## 二 特色与亮点

此次所调查的政务微信文章标题的语言使用总体上情况良好。在表达内容上时效性和准确性并重，既不失权威光环，又富有时代气息；在语言技巧上则根据表达需求精心选择变化，该严肃就严肃，该活泼就活泼，主题和表达相互匹配，恰如其分。

### （一）语体把握准确

语体的选择是和传播意图有关的，4家政务微信的交际意图还是略有差异的，由此也决定了标题语言的不同语体风格。

"上海税务"是针对特定行政管理事务的机关公号，主要发布税收通知，宣传税收政策，以及时、准确传递信息为首要职责，因此绝大多数微信文章属于比较正式的公务语体，语言风格也比较严肃规范。如：《海关特殊监管区一般纳税人试点2年，沪企退免税超7800万》《关于增值税发票管理新系统升级维护

① 阅读量、点赞量等数据统计时间为2018年12月25日，以后可能会继续增加，但数量级一般不会发生变化了。

停机公告》分别属于新闻和公告，标题语言也是明确规范的。还有一些文章直接转自纸媒，标题也保持了原来的严肃性，如《个税起征点调至5000元9月迟发工资也按新标准计税》，这个标题和《人民日报》的原文标题完全一致。

"上海发布"和"浦东发布"分别是市政府和新区政府的公号，栏目众多，内容丰富，因此语言风格也比较多样。涉及信息发布、政策宣传的文章标题就比较庄重严肃，如《今起至月底，60至69周岁老人去科技馆门票半价》《中美专家在哈佛共论"中国经济发展与中美关系"》《市政府发布三项通告，加强进博会期间安全检查和安全管理》等；但在文化宣传、知识普及时也不乏活泼风趣之处，如《魔都的夜景有多迷人？90秒视频告诉你！》《"偷小菜吃"的经历，侬有过伐？》《Q弹不粘牙！自制一份重阳糕表心意》等。总体来看这两个门户型微信号中，庄重严肃的标题要占到八成以上。

"青春上海"是面向青年受众的团市委公号，主要内容也是分享社会新闻，所以语言风格就比较时尚创新。与"上海发布"相反，"青春上海"中网络语言特点鲜明的新闻标题要占到八成以上，如《进门985，出来专科生！大学还在"醉生梦死"？醒醒吧！》《米奇看了要流泪！网友晒出自己拍的迪士尼烟花现场，哈哈哈笑喷》《"种个鬼田！"老教授魔性解读古诗爆红，网友：突然想上课了！》等。

不同性质的公号恪守不同身份，这些风格差异正是表达得体、追求最佳传播效果的一种语用策略。

### （二）语言技巧多样

在风格活泼的标题中，为有效吸引读者关注，所调查的各政务微信公号采用了多样化的语言技巧。

**1. 直接采用疑问句式引发读者关注**

这类标题有《专业照护 / 文化娱乐 / 健康保健 / 法律援助，还能理发 / 缝纫 / 修鞋，这是哪？》《浦东行政区划变化史：百年来，浦东换了几个名字？》等。有些疑问句标题还采用后续语言形式引导读者点击浏览，如《意外的秋日小长假，如何才能不辜负它？走起→》，这里的"走起→"并没有像通常设问句那样回答问题，而是需要进一步浏览新闻才能获得具体信息。

**2. 通过指示代词设置悬念吸引读者阅读**

这类标题有《今天的市政府常务会议，研究了这些重要工作！》《进博会里的全球进口好货，在这里能买到！》《换季啦！衣服这样收，来年还能洁净如新》等。“这些”“这里”“这样”等不同于指示代词通常的回指功能，它们实现的是“下指”功能，具体的语义内容必须阅读下文才能找到。

**3. 通过互动性的语言表达拉近与读者的距离**

这类标题有《最新最全！上海16条地铁线首末班车时间+运行间隔一览表，你一定用得到！》《上海税务微信4周年中奖名单来了，看看有没有你》等。采取对话的方式，仿佛在和读者进行日常聊天。还有一些标题索性直接邀请读者来提意见，如《重磅！个税专项附加扣除政策来啦！这些费用可扣除！有意见请提》《城市维护建设税法征求您的意见！》《个税6个专项附加扣除政策来啦！请您提意见》等。

**4. 采用多种修辞手段增添标题的文采**

据不完全统计，至少出现了7种修辞手法。如：（1）《大雾黄色预警来了！能见度小于500米，“雾”必注意→》（谐音双关）；（2）《进博会里怕迷路？这群志愿者“跑断了腿”，为你亲测导航神器！》（夸张）；（3）《冷空气今晚驾到！明天略有小雨、逐渐降温》（拟人）；（4）《应勇坐地铁赴国家会展中心，检查进博会筹备工作“临门一脚”！》（比喻）；（5）《沪交警严查“慢速车”！这些司机开车打电话看手机被查处》（仿词）；（6）《沪上23所高校“有故事”的小路，每一步都是青春的气息！》（移就）；（7）《这不是养生，而是养病！这些养生法，千万别再做了》（拈连）。

## （三）时代气息浓厚

在风格活泼的标题中，使用了很多流行语，富有时代气息。除了“大咖、刷脸、魔性、逆天、怼、凉凉、秒懂”等近年来始终流行的，2018年终才上榜的“锦鲤、官宣”等也有使用。如：《应勇市长今天会见这8位跨国企业“大咖”！》《旅客自助“刷脸”实名核验更快捷！》《失重餐厅到底有多魔性，看了就知道》《用了这么多年微信才知道，扫一扫还有这几个功能，简直逆天了！》《他依旧倒骑小毛驴，嘻嘻哈哈怼着巴依老爷》《网红“莉哥”，你这样拿国歌开玩笑，注定要凉凉！》《ABMCD是啥暗号？快来看动漫秒懂“纳税信用”》《这个社区有“锦鲤”吧，将新建2所幼儿园！设计方案正在公示》《官宣！上实浦东教育集团成立啦》等。

### （四）语言规范意识较强

被调查的所有标题均严格执行国家语言文字方针政策，坚持使用规范汉字。全部 694 个标题中没有发现错别字，也没有发现明显的词语误用和语法错误现象。与其他微信公号相比，政务微信的信息编发内嵌于党政机关的文案处理流程，有较为严格的编审制度和语言规范素养较高的编校人员。

尤其值得肯定的是，在谐音双关、夸张、仿词等修辞手法应用以及流行语使用中，针对特定词语，大多加上了引号，明确标示这是一种为了增强表达效果的特殊用法，让人明显感到政务微信“操盘手”们在语言规范与创新活用之间的平衡心态和尺度把握意识。

## 三 问题与讨论

### （一）字母词不加中文注释

字母词问题是近期我国语言规划领域较为关注的问题，《现代汉语词典》收录字母词就曾引发争议。应该看到，字母词的出现和使用有其客观必然性和语用合理性，也有规范其使用的必要性。国家语委也已经采取了相关措施，如先后发布了 7 批《推荐使用的外语词中文译名》。《上海市实施〈中华人民共和国国家通用语言文字法〉办法》则在第十五条明确规定：汉语文出版物、国家机关公文中需要使用外国语言文字的，应当用国家通用语言文字做必要的注释。这一规定既体现了“维护国家通用语言文字主体性”的政策价值，也从交际有效性的角度照顾了读者的理解需求。然而，此次所调查的 4 个微信公号对此规定的实施还很欠缺。

调查显示，694 个标题中，共有 28 个含有字母词，如《这位自带 BGM 的童年男神回来啦！》《手把手教你 ARM 机自助打印“个税纳税清单”》，一般上了年纪的读者对此不知所云。如果说，标题因为空间限制而难以加入中文注释，那么也应该在正文中通过合适的方式（如紧随其后的括注）予以解释，遗憾的是，28 个带有字母词的标题，只有 5 个在正文中有解释。

### （二）感叹号滥用

感叹号滥用是此次调查发现的一个较为突出的问题。有的在一个标题中使用多个感叹号，实际没有太大的必要，如《感受满满的青春活力！首届进博会志愿者服装和主题曲出炉！》《重磅！个税专项附加扣除政策来啦！这些费用可扣除！》；还有一些标题完全不应该用感叹号，如《浦东新区不动产登记事务中心招16名窗口受理工作人员！》《宝山区铁山路988号大楼于10月11日（周四）停电一天！》。这些标题都属于新闻或者通知，并没有强烈的情绪表达，不需要使用感叹号，但作者还是频繁使用了。

还有一种《上！海！入！秋！啦！》这样一个字一个感叹号的用法，已经成了一种流行的网言网语，引人注目；但这种方式对标点符号规范使用的影响如何，如何看待这种现象，还值得深入思考和探讨。

### （三）方言词使用不分场合

调查发现共有22个标题使用了上海话方言词。如:《“偷小菜吃”的经历，侬有过伐？》《上海的“花样经”其乐无穷啊！》《结棍！多条重要铁路建设有进展，长三角“包邮区”将越来越便利》《不负秋日好时光！去浦东这些最美路口，轧轧马路》《me more cool 准备好了吗？明天最低温直降6度多！》等。“侬有过伐”（你有过吗）、“花样经”（类似于名堂、名目）、“结棍”（厉害）、“轧轧马路”（逛逛街）都是上海话方言词，“me more cool”则是用英语单词的发音来模拟上海方言中棉毛裤的读法。在标题中使用上海话方言词，固然可以凸显上海特色，与本地网民拉近距离，但上海是个移民城市，还有大量不懂上海话的新上海人、外来人员，方言词会对其阅读理解带来困扰。不论从国家语言文字方针政策的角度，还是从信息传播有效性的角度，在无区别地面向所有读者时，不适合使用方言词。

当然，“上海发布”有一个关于介绍和学说上海话的专栏，这里的方言词使用另当别论。2018年10月这个专栏共发布了5条:《从“一张分”到“一粒米”，上海人原来是这么说“钱”的！》《上海人讲话有时候这么夸张！你都听过吗？》《从“大肚皮”到“小毛头”，上海话里养小囡的词语萌萌哒！》《上海话里竟然有这么多“蟹”，全知道的举个手！》《灶披间、亭子间……你每天“宅”的房间，用上海话怎么说？》。前4条全部拿到了10万+的阅读量，第5条也有7万多的阅读量，可见“上海发布”的订阅用户对上海话的保护传承高度关注。在这个场合，使用方言词并无不妥：一来读者对象显然是对了解和学说上海话有兴趣的人士；二来这里的文章内容正是对上海话的解释，恰恰有利于消除因上海话引起的交际障碍。

### （四）网络语言偏多

调查发现，694 个标题中，包括流行语在内的网络语言被大量使用。按照对“网络语言”的比较通行的界定，至少有 68 条标题含有网络词语，占比 9.8%。作为政务微信公号，这个比例显得略多。此外，还有一些网络语言的使用不尽妥当。如:《大学生跪求“双 11”不断网，学校毫无意外地……》中的“跪求”用法比较低俗,《10 086 003.95 元！全国人怒赞：宇宙正能量！》中的“怒赞”“宇宙正能量”显得过分夸张了。

### （五）标题党较多

“标题党”是指有意使用低俗、夸张、怪异、骇人等标题，来获取高阅读量和点击量等的现象。此次调查中，此类标题主要出现在社会新闻和娱乐新闻中，数量虽然不多，但过分追求点击率和传播效率，就会导致猎奇性的甚至耸人听闻的语言出现。长此以往，必将影响官媒的公信力和严肃性，失去大众的信赖，需予以高度重视。

“耸人听闻”主要表现在标题开头的定位语言。如:《国家明确！明年起，工资条必须包含这些内容》《速看！驾照记 12 分和记 24 分区别竟这么大，90% 的人都不知道！》《重要！进博会期间交通管制通告发布！ 11 月 1 日至 11 日，出行要注意！》等，这里的“国家明确”“速看”“重要”都是“网络谣言体”的鲜明特征，其主要目的在于引发关注，引诱分享。

还有一些叙述语言明显带有猎奇色彩，故弄玄虚。如:《金庸去世后，突然被一句话刷屏！网友：这是今年听过最难过的话》《把男朋友拉进家庭群后，他竟和我老爸在群里……网友：求生欲 100 分》《“总有这种亲戚……别惹我！”姑娘在家庭群发了一段话，网友：我抄一下！》等。

## 四 思考与建议

政务新媒体不同于传统的纸媒，依托现代信息技术增强政务信息传播的广度和深度，是其之所以是“新媒体”的内在规定，吸引读者、推动分享与扩散是一种与生俱来的追求，这就决定了其语言风格必然比传统纸媒要活泼、风趣、前卫、接地气。政务新媒体又不同于一般的新媒体，从诞生的第一天起就自带权威光环，更肩负传播积极价值观、传递正能量乃至传播语言规范、为语言规范树榜样的重要职责。这两个“不同”，决定了政务微信的编辑们必须在严肃与活泼、保守与前卫、权威与亲民、规范与活用之间把握好语言使用的“度”。从调查发现的问题看，我们提出以下建议：

第一，语用策略方面。使用字母词必须在正文中通过适当的方式给出中文注释。使用方言词必须考虑读者对象，区分场合。网络语言的使用还需进一步节制：一方面不能什么流行就用什么，而是根据表达需要，只在确实有特殊修辞效果的时候才用；另一方面也要谨慎选用，只有那些内容具有独特表现力、形式也富有语言趣味的网络语言才适合出现在标题中。

第二，管理措施方面。有计划地对政务微信编辑开展政务新媒体语用策略的专题培训，提升把握语言使用的“度”的意识，提升语言素养。加强对政务新媒体语言使用的监督监测，坚决杜绝“标题党”，及时发现，及时指出，及时整改，有效预防“度”的指针向过分追求阅读量和点击率的方向滑动，并予以有力回调。

（徐默凡）

# 手语服务述略

手语是听力及言语障碍人士使用的特殊语言文字和主要交际工具，是国家语言文字的重要组成部分。本文所称的手语服务是指政府、社会为消除听障人士的交际障碍、促进听障人士更好融入社会而采取的一系列措施，包括国家通用手语宣传推广、听障人士教育与听障人士文化生活建设、听障人士信息交流无障碍环境建设、手语服务资源建设等。

上海有20多万听障人士，[①]为帮助他们消除交际障碍，市残联、市聋协等从20世纪80年代起就联合相关单位开展了一系列工作，并取得了重要成果。近年来，本市手语服务进展迅速，成效显著。2012年《国家中长期语言文字事业改革和发展规划纲要（2012—2020年）》首次将手语和盲文规范化工作列入语言文字工作的任务体系，2016年《国家语言文字事业“十三五”发展规划》进一步提出“服务特殊人群语言文字需求”。市语委及时将市残联增补为市语委成员单位，并将手语服务纳入本市语言文字工作的重要内容，多部门协同的手语服务工作格局初步形成，力度不断加大。与此同时，社会力量也积极参与手语服务，出现了专司手语翻译的社会服务机构。

## 一　国家通用手语宣传推广

推广和规范使用国家通用手语与国家通用盲文，是增进残健间、地区间交流，促进教育、文化、信息化等各项事业发展的必要条件。2018年，教育部、国家语委、中国残联联合发布语言文字规范《国家通用手语常用词表》和《国家通用盲文方案》；同年，中宣部、中国残联、教育部、国家语委、广播电视总局联合印发《关于推广国家通用手语和国家通用盲文的通知》，提出具体推

① 据2006年第二次全国残疾人抽样调查，本市听障人口约为25.9万；据市残联《2018年上海市残疾人事业基本数据情况》，截至2018年底，本市持有残疾证的听障人士为72 848人，另有大量听障人士因各种原因未领取残疾证。

广方案。本市各相关部门迅速行动，积极落实国家的部署和要求。

### （一）制定国家通用手语推广实施方案

2019 年 7 月，市委宣传部、市残联、市教委、市语委、市文化旅游局联合印发《关于进一步加强国家通用手语和国家通用盲文推广工作的通知》。决定成立上海市规范推广国家通用手语和国家通用盲文领导小组，加强对规范推广工作的组织协调，协商决定重大事项，集体决议对重大问题的处理，联合开展规范推广工作督导检查。要求相关部门和残联组织要密切合作，各司其职，各尽其责，共同做好国家通用手语和国家通用盲文推广工作。同时，提出了本市国家通用手语和通用盲文推广实施方案。

其中，《上海市国家通用手语推广实施方案》指出：到 2020 年，国家通用手语的社会认知度提高，在本市公共服务领域、特殊教育学校（院）、电视和网络媒体、图书出版、公共服务、信息处理中使用国家通用手语的氛围初步形成；基本完成特殊教育学校（院）全体相关人员、各级残联和聋人协会组织中重点人员的国家通用手语培训，熟练掌握和运用国家通用手语的骨干队伍初具规模；推进国家通用手语的信息化建设；加强国家通用手语学科建设和人才培养；基本形成国家通用手语规范化工作机制，建立国家通用手语等级考核机制。《上海市国家通用手语推广实施方案》还从加强对国家通用手语推广骨干队伍的培训、强化重点领域关键人员使用国家通用手语的能力、提高国家通用手语的社会关注度 3 个方面，提出了 11 项具体措施。

### （二）加强国家通用手语教学培训

2019 年 6 月，在市语委办、市残联的指导下，上海大学中国手语及聋人研究中心、市聋协联合举办了本市首次国家通用手语培训班。各区残联、残疾人服务单位、公共服务领域、公益组织和企业的人员，以及来自市第一聋哑学校、市第四聋校、市聋哑青年技术学校、闵行区启音学校、浦东新区特殊教育学校、徐汇区业余大学特教部、上海应用技术大学的教师 80 多人接受了培训。培训内容主要为《国家通用手语常用词表》，涉及听障人士语言生活和教育教学中使用频率较高、比较稳定的手语常用词，同时还包括手语基础知识、手语翻译技巧、手语使用及听障人士文化等内容。

2019 年 8 月，市聋协连续举办了 3 期各区听障人士骨干国家通用手语培训

班，共计培训 90 多人。此外，市聋协还从 2018 年 5 月起在其微信公众号上推出了“吾声手语课堂”，由听障人士教授手语词汇和日常沟通的手语句子，目前已上线 36 期。

### （三）建设国家通用手语与上海手语比对语料库

2018 年 3 月，市语委委托上海大学中国手语及聋人研究中心实施的“国家通用手语比对语料库建设及监督测查工作”项目正式启动。项目旨在通过国家通用手语和上海手语的比对，加强手语语料库的建设，为后续的国家通用手语推广和规范化工作、网络课程平台建设、通用手语水平等级测试、手语翻译职业资格测试、听障人士语言服务信息平台建设等提供数据支持。到 2018 年年底，已建成总量达 4.8 万条的手语常用词比对数据库。2019 年，在比对语料库的基础上进一步建成国内首个国家通用手语学习平台，并正式上线。

## 二 听障人士教育与听障人士文化生活建设

《中华人民共和国残疾人保障法》第二十一条规定：国家保障残疾人享有平等接受教育的权利。各级人民政府应当将残疾人教育作为国家教育事业的组成部分，统一规划，加强领导，为残疾人接受教育创造条件。第四十一条规定：国家保障残疾人享有平等参与文化生活的权利。各级人民政府和有关部门鼓励、帮助残疾人参加各种文化、体育、娱乐活动，积极创造条件，丰富残疾人精神文化生活。本市的听障人士教育历史悠久，近年来进一步在丰富听障人士精神文化生活方面开展了积极探索。

### （一）听障人士教育

本市的听障人士教育始于 1892 年开办的上海天主教圣母会聋哑学校。1920 年，中国人自己开办的上海群学会聋哑学校开始招生。中华人民共和国成立以后，本市在每个区县都设立了听障人士学校。20 世纪 90 年代起，国家聋教育政策倡导“随班就读”，随着科技的发展和人工耳蜗等医疗康复技术在聋童中的普及，康复较好的聋生进入普通学校就读，本市的聋校因此逐步合并减少。

目前，义务教育阶段有 4 所聋校，分别是市第一聋哑学校、市第四聋校、闵行区启暗学校、浦东新区特殊教育学校。各校根据教育部《聋校义务教育课程标准》积极开展对听障学生的手语教育，设置听障人士教师岗位，为听障学生提供手语学习和生活指导。

市聋哑青年技术学校是本市唯一招收听障学生的中等职业技术学校，聘有听障人士教师及手语翻译员，以保障听人教师和听障学生间的无障碍交流。

上海应用技术大学和徐汇区业余大学是本市招收聋生的主要高校，开设有针对听障学生的视觉传达设计、摄影摄像、动漫等专业。为保障专业授课效果及听障学生与听人教师在课堂上的沟通，专门设置了手语翻译岗位，并招收有手语特长的青年教师担任听障学生辅导员。

### （二）听障人士文化生活建设

2018 年，本市首开先例，在多场文化活动中配备了手语翻译。7 月，夏季大型百老汇原版音乐剧《长靴皇后》（*Kinky Boots*）在本市首演，演出方首次安排了配有手语翻译的无障碍专场演出。8 月，上海书展的“国学讲堂”为听障读者提供讲座手语翻译服务。12 月，壹戏逸格剧组在锦辉·可当代艺术中心剧场演出了后三国历史喜剧《国破》手语翻译专场。

为丰富听障人士精神文化生活，推动听障人士平等参与社会，唤起社会对听障人士的理解、尊重、关心和帮助，本市还于 2018 年创办了“上海国际聋人电影艺术展”。该电影艺术展由听障人士导演郑小三发起，得到了上海电影评论学会的指导，以及英国听障人士电影艺术节、邂逅电影节、日本听障人士艺术协会、奥地利驻上海领事馆、英国大使馆文化教育处、德国驻上海文化教育处等的支持，由上海小笼包聋人协力事务所、徐汇区业余大学共同举办。首届展会于 2018 年 9 月 21—23 日举行，展会内容包括听障人士题材影片展、听障人士艺术摄影展、电影制作工作坊、听障人士联谊晚会等，吸引了世界各地的听障导演、演员、电影艺术展组织者和国内外听障艺术爱好者参加。首届展会展示了国内外 50 余部听障人士文化影片，国外影片来自奥地利、德国、英国、法国、加拿大等国家。参展作品主要分为两类：（1）有听障人士参与的影片，比如听障人士担当制片人、导演、编剧、演员或剪辑师等；（2）探讨听障人士和听障主题的影片。首届展会特意选在 9 月 23 日国际手语日当晚举办了闭幕式及颁奖晚会。

## 三 聋人信息交流无障碍环境建设

《中华人民共和国残疾人保障法》第五十二条规定：国家和社会应当采取措施，逐步完善无障碍设施，推进信息交流无障碍，为残疾人平等参与社会生活创造无障碍环境。《无障碍环境建设条例》就“无障碍信息交流”专列一章，对如何为听力、视力残疾人提供信息交流无障碍环境做出具体规定。通过提供手语翻译消除聋人在社会生活各领域中的交际障碍，是手语服务的核心内容。本市在以下方面进行了积极探索和实践。

### （一）电视中的手语节目

《无障碍环境建设条例》第二十一条规定：设区的市级以上人民政府设立的电视台应当创造条件，在播出电视节目时配备字幕，每周播放至少一次配播手语的新闻节目。

早在1978年，上海电视台（二台）在市盲人聋哑人协会的协助下，就曾录制了一套《学一点手语》电视小品在电视台播出，这是电视手语推广节目的最早雏形。

2000年3月，上海电视台开播手语新闻节目《时事传真》，在双休日播放的新闻集锦中，增设了手语主持人。主要内容为一周新闻集锦，将每周重大时政新闻、与听障人士生活密切相关的民生新闻等剪辑为15分钟的新闻片进行手语播报，每周六录制，每周日中午播出。多年来，这档节目已成为上海的品牌手语节目，深受广大听障人士的欢迎和社会各界的关注。

2015年3月，市残联、上海广播电视台在新闻综合频道共同推出午间新闻手语直播节目，为广大听障人士每天看懂直播的电视新闻扫清了障碍。此档节目开创了本市电视新闻类节目手语直播的先河，上海广播电视台也成为继央视《共同关注》节目后，全国少数开设电视新闻节目手语直播的地方台之一，为进一步推动信息无障碍环境建设发挥了重要作用。

截至2018年底，本市市级电视手语栏目1个，区级电视手语栏目14个。

### （二）医院的助聋门诊

2012年，东方医院在全市首设“无声有爱”助聋门诊，由聋协负责提供手语翻译人员，东方医院负责提供助聋义工。截至2019年8月底，共开诊340次，累计服务时间近1360小时，接诊门诊听障人士8000人次、住院听障人士80人次。

2014年，市文明办、市卫生系统文明委、市残联和市志愿者协会联合推出《上海市医院志愿者（窗口人员）手语培训手册》，同步启动面向医院志愿者（窗口人员）的手语培训，培训对象覆盖了全市33家市级志愿者服务基地（医疗机构）的便民中心志愿者。通过这些志愿者，本市听障人士到医院就诊时得到了基本的手语翻译服务。

2018年，市残联和团市委在区级医院启动问诊手语翻译服务试点工作。9月，普陀区人民医院助聋门诊正式成立，该院13个部门和职能科室的40余名医护工作者接受了手语考核。此外，市北医院、华东医院、市第八人民医院等也开始定期为听障人士提供手语窗口服务。

### （三）市民服务热线中的手语视频客服

本市12345热线是中国内地首个提供手语视频服务的政府服务热线。该服务2017年9月24日上线试运行，2019年5月13日正式投入运行。听障人士可以通过下载"新视通"视频终端发起视频，向12345热线反映诉求，提交对上海公共管理服务的咨询、投诉、意见和建议，由12345热线专设的手语视频客服人员用手语与听障人士进行交流。

### （四）银行的"云翻译"助聋服务项目

2019年5月，建设银行上海市分行发布了多项智慧助残服务项目，除了"善融商务"助残项目、"金智惠民"残疾人子女成长关爱计划，还包括"云翻译"助聋服务项目。该项目采用服务订阅模式为聋人客户提供视频手语翻译服务，目前已在全市100家建行网点推广使用。

## 四 手语服务资源建设

加强手语服务，需要包括手语翻译人才、手语翻译机构、手语学科建设与科学研究等各方面的资源支持。近年来，本市手语服务的人才资源、社会资源、学术资源建设取得了明显进步。

### （一）人才资源

手语翻译是服务聋人语言文字需求的重要内容，加强高素质、专业化手语

翻译和手语主持人才培养，建立手语翻译的职业化机制保障，关乎听障人士了解社会、融入社会的需求。为此，市残联正逐步建立手语翻译培训、认证、派遣服务制度。2006 年 9 月，本市产生了全国首批 50 名通过专业培训和认证的手语翻译员。2007 年 1 月，劳动和社会保障部将“手语翻译员”列为新职业。2008 年，中国劳动技能鉴定中心颁布“手语翻译员”职业资格等级。自 2005 年手语翻译员资格认证考试开考，到 2017 年 9 月停考，本市共有 3245 人获得手语翻译员职业资格证书，其中初级 2589 人，中级 524 人，高级 132 人。

2016 年，市政府印发《上海市残疾人事业“十三五”发展规划》，将“手语服务千人计划”培训作为重点项目。市残疾人就业服务中心高度重视，及时制订工作计划，落实项目实施机构。在项目实施过程中，加强与培训机构联系，跟进培训工作进度，确保重点项目顺利推进。3 年来，为银行、医院等培训窗口服务工作人员共计 1535 人。

### （二）社会资源

近年来，社会力量积极参与手语服务，出现了专司手语翻译的社会服务机构。有的提供线下手语服务，主要为政府部门、法院、医院、企业，以及包括迪士尼乐园等在内的大型公共游乐场等提供现场手语翻译。有的提供线上手语服务，通过相关手机 App，在手语翻译服务的供给方和需求方之间建立信息沟通平台，提供远程视频手语翻译服务，扫除听障人士在各类生活场景中与听人的沟通障碍（如日常出行、各类窗口事务办理、就医等）；同时，细分不同领域需求，根据供给方服务经验和需求方客户评价建立手语翻译推荐体系，通过在线实时服务较好地协助聋人与听人之间的无障碍沟通。

### （三）学术资源

中国内地的手语语言学研究始于 2003 年，上海是中国手语语言学研究和学术人才培养的重镇。

复旦大学中文系自 2003 年起在语言学及应用语言学专业下开设手语语言学研究方向，培养硕士、博士研究生；同时，为汉语言专业的本科生和语言学及应用语言学专业研究生开设“手语语言学”专业选修课程，选修人数累计达 800 多人次。龚群虎教授及其研究团队从事手语语言学研究 16 年，培养了一批手语语言学的专业人才，承担了一系列国家社科基金、教育部人文社科基金等手语研究项目，代表性成果有《聋教育中的手语和汉语问题的语言学分析》等。

华东师范大学外语学院自2008年起在外国语言学及应用语言学专业下设手语音系方向，培养硕士、博士研究生。张吉生教授及其研究团队在手语音系学研究方面在中国独树一帜，代表性成果有《上海手语音系》等。

上海大学文学院自2017年起面向全校本科生开设通识课程“中国手语文化”，选课人数已达500人次。2017年，该校文学院还成立中国手语及聋人研究中心，以手语语料库、中国手语语法等为主要研究方向开展手语语言学研究，代表性成果有《中国手语动词研究》等。

上海外国语大学自2017年起将“手语语言学”纳入语言学专业本科课程体系，并开始招收手语语言学方向研究生。同时，面向全校本科生开设“手语与手语语言学”通识选修课，被评为最受学生欢迎的十大公选课之一。

此外，本市有关高校还与境外高校（如英国伦敦大学学院、美国芝加哥大学、美国康涅狄格大学等）开展交流合作，联合培养博士研究生。

本市高等院校的手语研究及学科建设，获得了学术界的广泛认可，为国家通用手语的研制与推广提供了理论支撑和学术支持，同时促进了公众对手语事业的关注、理解与支持。

## 五 问题与展望

残疾人无障碍生活是一个城市文明进步的重要标志。本市在建设社会主义现代化国际大都市的过程中，不断推进针对听障人士群体的手语服务，在理念、举措等方面都走在全国的前列。同时，也存在一些问题和瓶颈，未来还需要进行整体规划和资源整合。

### （一）加强手语基础研究，重视手语高层次人才培养和研究机构建设

中国内地的手语语言学研究起步较晚，研究基础相对薄弱。本市高校的手语研究力量相对较强，但研究人员较为分散，未能形成优势学科，也未能建立相关专业培养手语应用型人才。未来上海高校的研究机构可以建立跨校、跨地区的合作平台，在语言学及跨学科研究方面，尤其是在语言信息技术处理、神经语言学、社会语言学等领域要有所突破。在专业设置上，需要综合考虑和规划，并建立一支语言学、教育学、心理学、翻译学背景的专业教师队伍，开发

一批有影响力的专业教材。

### （二）鼓励基础教育阶段的特殊教育学校开设手语校本课程，教授国家通用手语

进入特殊教育学校的听障学生，往往因为听力康复效果不好，较难获得完整的口语能力，需要通过手语获得沟通交际能力，使其借助多元的语言能力获取知识、技能，融入社会，获得身份认同。即使进入普校选择随班就读的听障学生，也需要部分借助手语获得教育支持。因此，特殊教育学校和普校的资源教师应将国家通用手语的掌握及使用作为教师在职培训内容和岗位要求，列入继续教育学分和年度考核。特殊教育学校专任教师应熟练掌握国家通用手语常用词，并了解手语自身特点，根据其特点进行表达。推进《聋校义务教育课程标准》在特殊教育学校的贯彻实施，结合特殊教育学校课程改革，增加手语学习课程，并在语文、数学、信息技术、科学、美术等课程中进行课程渗透，鼓励教师在课堂使用国家通用手语进行教学，适当增加听障教师的占比。

### （三）探索建立国家通用手语水平等级考试、手语翻译考试和资格认证制度

手语翻译是听障人群和健听人群沟通的重要桥梁，也是手语服务的主要内容。目前从事手语翻译的人员大多数为聋校教师、听力残疾程度较低的听障人士、听障人士的家属等，大多数未接受过系统、专业的手语翻译训练，并且手语翻译的数量也远远无法满足社会需求。2017 年人力资源社会保障部公布《国家职业资格目录》，未将“手语翻译员”职业资格列入其中，因而本市暂停了手语翻译员的培训和认证考试。缺少专业的手语翻译人员成为制约手语服务的主要瓶颈。原因主要有：（1）国内缺乏培养手语翻译人才的专业设置和理论研究；（2）缺乏手语翻译的培训和认证机构；（3）需要手语翻译的岗位大多为兼职岗位，工作缺乏稳定性，待遇没有保障。

未来应着手推动手语翻译纳入翻译行业协会的管理范围，建立相关的培训、认证、派遣机制，改善手语翻译的社会地位和工作待遇；鼓励高校设立手语翻译相关专业，从青少年开始培养相关人才，建立国家通用手语等级考核机制，储备从事手语翻译的后备力量。

### （四）培育和发展手语翻译社会服务机构

目前本市可以提供手语翻译服务的社会组织还很少，并且缺乏专业指导和有效监管，难以满足日益增长的手语翻译服务需求。此外，手语翻译服务对象通常为较低收入的听障人群，手语社会服务机构较难获得发展空间。因此，手语社会服务机构在目前阶段需要得到政府的大力倡导和扶持，尤其是政策上的倾斜。听障人群只有通过专业而及时的手语服务，才能更好地获得平等参与社会生活的机会。

### （五）提高国家通用手语的社会认知度，营造无障碍的社会氛围

由于听障人士群体的社会隐形属性，以及长期以来形成的社会偏见，手语不为一般公众所熟识。各级政府部门应鼓励公务活动、公共服务领域、电视和网络媒体、图书出版、信息处理中使用国家通用手语，各级教育部门应鼓励高校和中小学开设相关通识课程、兴趣课程、语言课程供学生选择。通过广播、电视、网络和新媒体等多种形式加强宣传，引导全社会加强重视和关注，营造更加包容和无障碍的社会氛围。充分调动社会力量，积极发挥助残志愿服务组织作用，形式多样开展群众性普及推广活动。

（倪　兰、林　皓）

# 《语言文字周报》发展历程概述

《语言文字周报》是教育部语言文字应用管理司、语言文字信息管理司联合指导，上海市语言文字工作委员会、上海教育出版社有限公司联合主办，以宣传贯彻党和国家语言文字方针政策为宗旨的全国性专业报纸，是上海市语言文字工作委员会的机关报。

《语言文字周报》的前身是1959年创刊的《汉语拼音小报》，2001年改为现名。60年来，它从一份普及性拼音类读物起步，始终坚守初心，面向广大读者积极宣传国家推行《汉语拼音方案》、推行规范汉字、推广普通话、促进语言文字规范化标准化的方针政策，普及语言文字规范知识，报道国家和各地语言文字工作，探讨社会语言生活热点问题，为国家和上海的语言文字工作做出了重要贡献。

## 一　筚路蓝缕:《汉语拼音小报》创刊

20世纪50年代，中国总人口中，文盲占大多数。过去在解放区，人们借助“北拉”（北方话拉丁化新文字）扫除文盲，效果显著。《汉语拼音方案》的颁布和推行，同样对扫除文盲起到了巨大的作用。在一个文盲人口占大多数的国家，推行一个新的方案是非常困难的。《汉语拼音方案》的广泛推行，普及性出版物起了非常大的作用，功不可没。

1955年“全国文字改革会议”和“现代汉语规范问题学术会议”相继召开，1956年《汉字简化方案》正式颁布，1958年《汉语拼音方案》经第一届全国人民代表大会第五次会议批准正式颁布。全国上下在这个时期掀起了一个学习普通话、学习简化汉字、学习《汉语拼音方案》的高潮。

1959年的早春，时任中国文字改革委员会主任吴玉章和文字改革活动家、出版家胡愈之在上海参加第二次推广普通话成绩观摩会后，跟上海市的有关领导说，上海是长江流域甚至是整个南方的文化高地，有能力、有人才创办一份普及性的汉语拼音报。7月11日,《汉语拼音小报》正式创刊了。见图3-9。

HANYU PINYIN XIAOBAO

汉語拼音小报

FAKANCI

发刊詞

ZHU «HANYU PINYIN XIAOBAO» DE DANSHENG

祝《汉語拼音小报》的誕生

图3-9 陈望道题写报名的《汉语拼音小报》创刊号

《汉语拼音小报》创刊时为4开4版，周报，每周六出版。1960年7月30日停刊。1961年3月11日经上海市委教卫部批准复刊，每月1日、16日出版，仍为4开4版。1966年6月被迫停刊。扫除文盲、推广普通话、推行简化汉字、推行《汉语拼音方案》是当时《汉语拼音小报》的四大办报宗旨。《汉语拼音小报》在创刊初期，根据当时广大人民群众文化水平不高的实际情况，刊登了大量的注音扫盲读物和浅显易懂的语文知识。从注音读物的内容来看，这一时期的文章具有强烈的时代色彩，时事新闻和宣传社会主义新风尚的文章占有相当大的比例，受到群众的欢迎，很快成为全国最有影响的文改出版物之一。

## 二 焕发青春:《汉语拼音小报》复刊

改革开放以后,《汉语拼音小报》在经过1978的两期试刊后，1979年正式恢复出版。见图3-10。复刊后的《汉语拼音小报》由上海市文字改革委员会（1986年改名为上海市语言文字工作委员会）主办，上海教育出版社出版。

1995 年改为周报，每周三出版。

HANYU PINYIN XIAOBAO

汉語拼音小报

1978 11 1 1

JIAOYUBU FACHU 《GUANYU JIAQIANG XUEXIAO PUTONGHUA HE HANYU PINYIN JIAOXUE DE TONGZHI》

教育部发出《关于加强学校普通话和汉语拼音教学的通知》

RENZHEN GUANCHE JIAOYUBU TONGZHI JINGSHEN

认真贯彻教育部通知精神

图 3-10　1978 年《汉语拼音小报》复刊前的试刊

这一时期，全国各行各业都在“拨乱反正”，各项工作蒸蒸日上，《汉语拼音小报》的编辑工作也不例外。它密切配合新时期的语言文字工作，充分发挥自身优势，取得了很大的成绩。

### （一）继承传统，发挥特色

《汉语拼音小报》的特色是以提供注音读物为主，注音读物版面约占 1/2。这一特色长期保持，不以形势的变化而动摇，一度成为全国汉语拼音容量最大的报纸，受到读者的赞誉。它立场鲜明，全面报道了“注音识字，提前读写”教学实验、“我爱祖国语言美”普通话大赛等一系列文改研究成果和重大信息。它坚持做到普及和提高相结合，充分发挥“小”的特色，一事一议，对读者提出的汉语拼音使用中的难点和重点问题，如汉语拼音的来源、汉语拼音的呼读音和名称音、地名和人名的转写、汉语拼音的字体是否有特殊规定、轻声和儿化的写法等，一一做出有针对性的解答，真正成为广大读者的良师益友，深受读者欢迎。

著名专家学者更是对《汉语拼音小报》关爱有加，常常为《汉语拼音小报》

撰写深入浅出的文章。王力、吕叔湘、陈望道、倪海曙、叶籁士、周有光、罗竹风、王均、裘锡圭、李行健、苏培成、王宁、江蓝生、侯精一、徐世荣、刘丹青、李宇明等都为报纸写过稿或者接受过采访，陈望道、吕叔湘还为《汉语拼音小报》题写了报名。见图 3-11。创刊以来，这份“独家称小”的报纸在语言文字战线获得了很高的声誉。倪海曙特别欣赏《汉语拼音小报》短小精悍的特点，在他的倡导下，《汉语拼音小报》长期保持着“五短身材”——标题、全文、段意、句意、词组都尽量短。徐世荣更是写了一篇短诗称赞小报：

名称虽“小”，内容不少。拼音写话，新路倡导。论语说文，知识金钥。深入浅出，教学参考。精进无量，青春永葆。

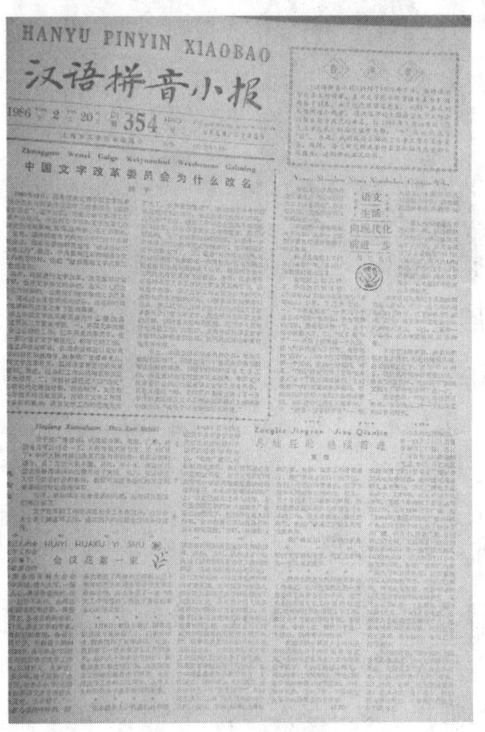

HANYU PINYIN XIAOBAO

汉语拼音小报

1986 2 20 354

中国文字改革委员会为什么改名

语文生活向现代化前进一步

图 3-11　吕叔湘题写的简体字报名

### （二）解放思想，与时俱进，调整办报方针

《汉语拼音小报》从创刊开始就是以推广汉语拼音、推广普通话为主要宗旨的。师范生是它的主要读者。20 世纪八九十年代，达到了它的发行高峰期，每期都有几十万甚至上百万的读者。读者反映报纸的容量太小，信息不够。为了适应形势的需要，《汉语拼音小报》编辑部经过多次调查研究，决定从 1995 年起

将半月报改为周报，结果大受读者欢迎，此举获得成功。

1986年召开了全国语言文字工作会议，语言文字工作进入了新时期。新时期的语言文字工作范围更广，目标更明确，由过去的“双推”扩展到语言文字的规范和语文信息技术的研究等方面。原来的报名显然已经不适应了，舆论一再有更改报名的呼声。可是，更改这个“独家称小”的报名，编辑部颇为踌躇。毕竟它已经有了数十年的历史，在读者中有了广泛的影响，无形资产不可低估。这中间，编辑部先后八九次深入基层听取读者的意见。

## 三 守正创新:《语言文字周报》接力

2000年,《国家通用语言文字法》颁布，并于次年实施。编辑部在2001年把《汉语拼音小报》改为《语言文字周报》，同时将旧的报名保留一年，实现了平稳过渡。

YUYAN WENZI ZHOUBAO

语言文字周报

总第1832期
2019年4月10日

主办：上海市语言文字工作委员会
上海教育出版社有限公司

指导：教育部语言文字应用管理司
教育部语言文字信息管理司

国内统一连续出版物号：CN 31-0014
邮发代号：3-13
定价：1.50元 周三出版

语信司、语用司举办“译名规范使用解析”专题讲座

2019 首届“诗词好声音”总决赛在上海举行

粗心的“长法”

由“737-8”的读音想到的

图3-12 更名《语言文字周报》后的报纸样张

### （一）争取国家语委和教育部的支持

改名《语言文字周报》后，专业性更强了，几乎成为全国唯一的一张宣传党和国家语言文字政策、报道国内外语文动态的专业报纸。《语言文字周报》在

语文信息来源、审阅稿件、政策把关等方面得到了国家语委的支持，取得了教育部语言文字应用管理司、教育部语言文字信息管理司的联合指导，无论是在品位和地位上都有大的提高。

### （二）坚持办报的宗旨不改变

世纪之交，全国的期刊印数普遍下滑，再加上师范生急剧减少，《语言文字周报》和其他语文报刊一样，都面临严重的困难。这个时候，有不少报刊在市场经济的大潮中不能或者无力端正自己的航向，改变了编辑方针。

《语言文字周报》冷静地分析了形势，认为在新的形势下，语言文字工作更不可缺少。群众日常生活中的语文问题无处不在，只有贴近群众的生活，才能赢得读者。编辑部一致认为，只有坚守阵地，顶住压力，甘于寂寞，脚踏实地，坚持语文现代化的办报方向不动摇，才能有光明的未来。

### （三）调整栏目和内容

办报方针不变，并不意味着报纸一成不变。报纸的生命力在于创新。如果一味地墨守成规，只能作茧自缚，死气沉沉。

在革新的同时往往容易丢失传统。几十年来，报纸的传统是提供大量的分词连写的汉语拼音读物，短小精悍、针对性强的语文知识。

不必讳言，现在社会上还存在着一股"淡化汉语拼音"的思潮，认为拼音人人都懂，不必再花力气推行；还有的人误解我们的语言文字政策，混淆"拼音方案"和"拼音文字"。他们害怕汉语拼音会导致"汉字拼音化"，不愿分词连写，害怕汉语拼音中的大写和标点符号，好像拼音中一出现大写和标点，就成了"拼音文字"了。

事实上，报纸也曾一度减少了注音读物所占比例。不过很快遭到读者的反对，认为报纸的特色在丢失，甚至说，如果你们的报纸也不登汉语拼音了，我们就没有地方看得到汉语拼音注音的读物了。编辑部及时做了调整，坚持刊出注音读物。时至今日，《语言文字周报》仍然是汉语拼音容量最多的报纸，受到了大众和专家的好评。王均赞扬说："它坚持词语连写。这是我最欣赏的。因为这跟信息处理拼音变换输入直接有关。"

拼音的形式是坚持下来了，但是注音读物的内容有了一些改变。随着时代的变化，一些内容陈旧的文章显然不适应读者的阅读趣味。编辑部还考虑到大量的读者是青少年，正是世界观形成的关键时期。编辑部坚持选择思想性、文艺性上乘的随笔、故事来注音，对于那些低级趣味的东西，坚决摒弃。

在栏目的设置上，过去深受欢迎的《师范生园地》虽然不再独立存在，但师范生喜闻乐见的作品仍然不时刊用；开辟了广受群众欢迎的《语言文字聚焦》《新词新语点评》《语文热点追踪》《名家访谈》等栏目，刊登了一些有反响的文章；专家们热情地接受了报纸的采访，有的还专门给报纸写了独家发表的论文，如《燕北园里话语文》（访苏培成教授）、《谈谈异形词这个术语》（裘锡圭）、《实质是求异》（王均）、《我们现在怎样阅读文言？》（王宁）、《了解历史，开创未来》（周有光）、《马庆株教授谈双语教学》等。

普及语文知识也是《语言文字周报》一贯坚持的方针。随着时代的发展和进步，报纸刊登的文章做到与时俱进，近年来更加重视语言文字规范文件的解读和社会语言文字应用问题的具体案例分析，贴近读者日常生活的语文应用需求。

### （四）适应形势，不断改革

近年来，随着网络科技的发展，新的传播方式和传播平台纷纷介入传统媒体，《语言文字周报》也不例外。如何在新媒体时代保持活力，成为摆在《语言文字周报》编辑部面前的一个重要课题。2014 年，《语言文字周报》开通运行了微信公众号，及时发布各种语言文字信息。由于微信公众号具有信息更新快、传播面广、发布早于纸媒的特点，很快受到读者的重视和欢迎，关注人数不断增加。2018 年，《语言文字周报》利用这个平台，在全国率先发布了纪念《汉语拼音方案》颁布 60 周年的纪念文章，受到社会各界的广泛关注和好评。与此同时，《语言文字周报》在 2018 年下半年全面改版，增设了《读书》《开讲》《咬嚼》等读者喜闻乐见的栏目，2019 年更是改为全彩印刷，使《语言文字周报》这份传统报纸面目一新，更加亲民，接地气。

## 四 结语

从《汉语拼音小报》到《语言文字周报》，整整 60 年过去了。60 年来，它经历了风风雨雨，克服了种种困难，发行遍及全国各地，服务了几十万甚至上百万的读者。尤其是在南方各省，它发挥了重要的辐射作用。它的读者以师范学校的师生为主，以此推动了中小学的汉语拼音教学，我国的《汉语拼音方案》推广工作由此得到了很大的提高。长期以来，它在语言文字工作领域占有独特的地位，曾被称为"文改战线的一面旗帜"，多次受到国家语言文字工作委员会和上海市语言文字工作委员会的表彰，为中国扫盲教育事业、普及教育事业、语文现代化事业做出了"时代性的贡献"。《语言文字周报》取得成绩原因是多方面的，总结起来，主要是有以下两个方面：

第一，坚持正确的舆论导向，坚守语言文字阵地。数十年来，无论名称、形式、内容怎样变化，《语言文字周报》始终坚持宣传党和国家的语言文字政策，坚持语文现代化方向不动摇。《语言文字周报》编辑部始终把报纸的命运与国家的语言文字工作紧紧联系在一起，坚定立场，利用这个群众喜闻乐见的平台，刊发大量的文章，旗帜鲜明地宣传各种语文政策和语文法律法规，坚决反对错误的语言文字言论，纠正一些对语言文字政策的模糊认识，引导广大群众树立正确的语言文字观，真正做到了"小报大作用"。

第二，坚持"开门办报"，深入语言文字工作实践。《汉语拼音小报》(《语言文字周报》)是在语文改革不断推进的年代诞生的。创刊伊始，它就和火热的语文改革实践紧密相连。几十年来，编辑部的工作人员继承了这个好传统，坚持深入语文教学第一线，积极投入到语言文字工作的实践中去，既是编辑、记者，又是语言文字工作政策的践行者、宣传员。例如：去各学校听课，为著名的"注音识字，提前读写"教学实验写出总结报告；和上海市语委合办"我爱祖国语言美"普通话大赛；在"全国推广普通话宣传周"期间出版《语言文字周报》(增刊)，编辑和志愿者一起在街头广为散发；参与了上海市语委对各行业语言文字工作达标评估、上海市语言文字能力测试、世博会倒计时100天用字规范行动计划等活动；参与了编制语言文字工作大事记以及《规范汉字表》《异读词审音表》等规范文件研制和修订过程中的反馈意见整理；等等。

60年的办报实践表明，只有坚持语文现代化的信念，勇于奉献，不断学习，密切联系读者和语文教学实际，才能克服各种困难，在读者中赢得它独特的地位。

（徐川山）

第四部分

# 教　育　篇

# 中小学生课外阅读状况调查

加强面向中小学生的阅读推广，对落实“全民阅读”国家战略、提升学生综合素养、传承弘扬中华优秀语言文化具有重要意义。为了解全市中小学生阅读现状，市语委、市教委委托市教育科学研究院国家语言文字政策研究中心开展了专项调查。

调查内容聚焦于除教材和教辅书以外的课外阅读情况。调查范围既包括纸质阅读（书报杂志阅读），也包括电子阅读（电子书阅读、有声书阅读、网络出版物阅读等）。

调查方式为网络问卷，问卷系统开放时间为 2019 年 3 月 7—19 日。问卷分为学生卷和家长卷。学生卷共 27 道题目，除年龄、性别等基本信息外，调查内容涉及阅读态度、阅读内容、阅读行为、阅读环境等。家长卷共 23 道题目，除职业、学历等基本信息外，调查内容涉及家长对孩子课外阅读的态度、家庭阅读氛围与资源条件等。

调查对象包括小学、初中、高中的学生及其家长。共抽取被调查学校 144 所，其中，小学 64 所，初中 48 所，高中 32 所，覆盖全市 16 个区，兼顾不同师生规模和不同办学性质[①]。要求这些学校的小学四年级、初中二年级、高中二年级全体学生及其家长参与答卷。实际回收有效学生卷 25 733 份，其中，小学生 50.69%，初中生 27.30%，高中生 22.01%，基本符合全市中小学各学段学生数分布比例；[②]男女比例大致相当，男生 49.29%，女生 50.71%。实际回收有效家长卷 27 335 份，其中，小学生家长 52.31%，初中生家长 26.67%，高中生家长 21.02%。

① 办学性质指学校是公办还是民办。

② 参见《上海教育统计手册（2017）》，上海市教育委员会编。

## 一 阅读态度

### （一）绝大多数调查对象认同阅读的育人价值

被调查学生中，认同“课外阅读可以增长知识，提高文化素养”的占比96.37%，认同“课外阅读可以学到和感悟为人处世的道理”的占比94.03%。两相平均，认同课外阅读有利于增长知识、提高能力、提升素养的学生占比95.20%。

### （二）绝大多数调查对象认为阅读有很大的乐趣

被调查学生中，认为“课外阅读本身有很大的乐趣，可以丰富课余生活”的占比94.42%。而被调查家长中，明确表示自己的孩子“说什么都不喜欢读书”的占比6.56%。学生卷和家长卷正反两方面大致可以互相印证的数据结果显示，绝大多数被调查学生认为阅读有很大的乐趣。

### （三）普遍认为阅读有利于促进学业进步

被调查学生中，认为“课外阅读可以为写作积累素材，丰富词汇量”的占比94.34%，认为“课外阅读可以提高考试成绩”的占比79.50%。两相平均，认为阅读有利于促进学业进步的学生占比86.92%。这种认知反映出一种与学业挂钩的功利性阅读取向在学生中普遍存在。

### （四）同龄人对阅读动机的影响作用不可小觑

关于阅读的外部动因，调查设置了3个选项供多选。数据显示，受同龄人影响的勾选率最高。具体见表4-1。

**表4-1 中小学生开展课外阅读的外部动因**

| 选项 | 勾选率/% |
|---|---|
| 同学、好友都在进行课外阅读，多进行课外阅读才能融入大家 | 62.40 |
| 老师要求进行课外阅读，作为必须完成的作业，不读不行 | 39.32 |
| 家长逼着进行课外阅读，不读就一直唠叨 | 18.96 |

# 二 阅读内容

## （一）大多自主选择读物，学段越高选择自主性越强

关于如何选择读物，学生卷“阅读什么课外书，你是怎么选择的”多选题设置了7个选项。数据显示，“自己选择的”勾选率最高，总体达到84.65%，说明学生大多自主选择读物。分学段数据进一步显示，学段越高，读物选择的自主性越强。具体见表4-2。

表4-2 中小学生阅读内容选择自主性情况

| 选项 | 勾选率/% | | | |
|---|---|---|---|---|
| | 小学生 | 初中生 | 高中生 | 总体 |
| 自己选择的 | 79.49 | 88.94 | 91.19 | 84.65 |
| 老师推荐的 | 54.52 | 55.27 | 48.77 | 53.46 |
| 同学朋友推荐的 | 39.75 | 50.38 | 48.72 | 44.62 |
| 家长推荐的 | 47.31 | 31.84 | 15.73 | 36.14 |
| 自己和家长一起选择的 | 40.95 | 24.26 | 11.83 | 29.98 |
| 各种媒体（电视、网络、报刊）推荐的 | 13.97 | 36.98 | 44.80 | 27.04 |
| 家里的藏书 | 23.43 | 29.04 | 22.11 | 24.67 |

## （二）文学性阅读是绝对主流，最喜欢的百本图书中小说占比最高

关于阅读偏好，学生卷“你最喜欢读哪方面的课外书”单选题下，将课外书粗分为三大类。数据显示，选择“小说、故事、传记类”的占比60.82%，显著高于“科普、知识、技术类”（20.24%）和“动漫、卡通、绘本类”（16.09%）。

学生卷还让学生给出最喜欢的3本图书，25 733份有效问卷共给出了1万多种不同的图书。推荐频次最高的2000多次，而相当大一部分推荐频次只有1次，可见学生们阅读的具体书目比较分散。

按对特定图书的推荐频次统计，各学段学生最喜欢的100本图书中，文学性读物的比例平均达到95.38%，并且，随着学段的升高，文学性读物的比例逐渐增加。中国作品（48.84%）和外国作品（51.16%）大致相当，不过随着学段的升高，中国作品所占的比例逐渐降低。现代作品（93.40%）显著多于古代作

品（6.60%），不过随着学段的升高，古代作品所占的比例有所增加。具体见表4-3。

表 4-3　各学段学生最喜欢的 100 本图书分布情况

| 分类 | | 勾选率 / % | | | |
|---|---|---|---|---|---|
| | | 小学生 | 初中生 | 高中生 | 总体 |
| 按学科分 | 文学性读物 | 91.09 | 97.00 | 98.04 | 95.38 |
| | 科普性读物 | 5.94 | 3.00 | 1.96 | 3.63 |
| | 综合性读物 | 2.97 | 0.00 | 0.00 | 0.99 |
| 按地区分 | 中国作品 | 50.50 | 50.00 | 46.08 | 48.84 |
| | 外国作品 | 49.50 | 50.00 | 53.93 | 51.16 |
| 按时间分 | 古代作品 | 5.94 | 6.00 | 7.84 | 6.60 |
| | 现代作品 | 94.06 | 94.00 | 92.16 | 93.40 |

注：如“植物大战僵尸”是系列漫画丛书，既有“自然探索”专辑，也有“中国通史”专辑。

各学段学生最喜欢的 100 本图书的体裁构成情况如表 4-4 所示。在文学性读物中，小说的占比最高，平均达到 71.29%，诗歌和戏剧的占比均为 0.00%，这一情况值得关注。随着学段的升高，学生对散文的阅读数量呈现出上升的趋势。

表 4-4　学生最喜欢的 100 本图书体裁构成情况

| 学段 | 文学类 | | | | | | 科普类 | 综合类 | 合计 |
|---|---|---|---|---|---|---|---|---|---|
| | 诗歌 | 小说 | 散文 | 戏剧 | 其他① | 小计 | | | |
| 小学生 / 本 | 0 | 58 | 2 | 0 | 32 | 92 | 6 | 3 | 101 |
| 初中生 / 本 | 0 | 81 | 4 | 0 | 12 | 97 | 3 | 0 | 100 |
| 高中生 / 本 | 0 | 77 | 10 | 0 | 13 | 100 | 2 | 0 | 102 |
| 合计 / 本 | 0 | 216 | 16 | 0 | 57 | 289 | 11 | 3 | 303② |
| 占比 / % | 0.00 | 71.29 | 5.28 | 0.00 | 18.81 | 95.38 | 3.63 | 0.99 | 100.00 |

注：① 含故事、寓言、童话、绘本、动漫等。
② 在进行前 100 统计时，小学学段、高中学段都出现了“不同图书的推荐频次相同”的情况，本报告一并列入前 100 书单进行分析，故两个学段的图书量大于 100，3 个学段共计 303。

### （三）经典名著占比高，网红小说受青睐

分析各学段学生最喜欢的 100 本图书书单可见，经典名著（如中国四大名著、《老人与海》《简·爱》《基督山伯爵》等外国名著）和名人名篇（如《呐喊》

《边城》《文化苦旅》《朝花夕拾》《家》等）占了相当大的比例。

同时，在当当网上被列入“科幻、奇幻、玄幻、推理、悬疑、冒险”类的网红小说也不在少数，其中小学学段有33种（在该学段占比32.67%）、初中学段有28种（在该学段占比28.00%）、高中学段有25种（在该学段占比24.27%）。这些网红小说中，既有获得雨果奖的《三体》、获得直木奖的《嫌疑人X的献身》和被誉为推理小说“圣经”的《福尔摩斯探案集》等，也有内容存在争议的。如：小学和初中学段都上榜的《查理九世》由于有大量血腥场面和恐怖描写，目前已被当当网和京东网下架；[①]《爆笑校园》的内容也显低俗。有理由相信，这一情况与家长卷“您觉得当前孩子阅读中存在的最大问题是什么”多选题下“读的书没有品位”选项的12.46%勾选率不无关联。[②]

随着年龄的增长，不同学段学生的阅读偏好也在变化。小学生更偏爱“校园、成长”类图书（如《笑猫日记》《淘气包马小跳》《米小圈上学记》等），初中生则对“推理、悬疑”类的图书感兴趣（如《解忧杂货店》《白夜行》《福尔摩斯探案集》等），高中生则更关注“社会”类的图书（如《活着》《人间失格》《1984》等）。此外，在本次调查中，网络小说在学生中的流行程度并不高，虽然，网络小说的占比随学段升高而上升，但是其数量总占比不超过5%，如《斗罗大陆》《盗墓笔记》等。

进一步分析书单可见，学生推荐的读物的作者比较集中。小学生喜爱的作者有杨红樱（上榜作品《淘气包马小跳》《笑猫日记》等）、曹文轩（上榜作品《草房子》《青铜葵花》等）、沈石溪（上榜作品《狼王梦》《狼国女王》等）、秦文君（上榜作品《女生贾梅》《男生贾里》）等。初高中生喜爱的作者有东野圭吾（上榜作品《白夜行》《嫌疑人X的献身》《解忧杂货店》《恶意》《放学后》等）、刘慈欣（上榜作品《三体》《流浪地球》等）等。不过，这一情况随着学段的升高有所减弱，说明随着学段的升高，学生的阅读范围逐步扩大。

此外，书单还显示，初中、高中两个学段的书目的重合度较高。在总计303本图书中，有108本出现了1次以上，3个学段都推荐的有23本，两个学段推荐的有62本，只有110本是各个学段不同的。在这110本书中，小学学段63本，初中学段15本，高中学段32本。

各学段学生最喜欢的图书书单具体见表4-5（限于篇幅，每个学段各列前

① 该书在经过修改、删减后，以《墨多多谜境冒险》《不可思议事件簿》为名继续在当当网售卖。

② 且3个学段学生的家长的勾选率大致相当，在10%—13%。

50本，按频次由高到低排序）。

表4-5 学生最喜欢的图书书单（前50本）

| 序号 | 小学生 | 初中生 | 高中生 |
|---|---|---|---|
| 1 | 《西游记》 | 《三体》 | 《三体》 |
| 2 | 《三国演义》 | 《西游记》 | 《三国演义》 |
| 3 | 《哈利·波特》 | 《三国演义》 | 《红楼梦》 |
| 4 | 《笑猫日记》 | 《哈利·波特》 | 《白夜行》 |
| 5 | 《查理九世》 | 《水浒传》 | 《活着》 |
| 6 | 《十万个为什么》 | 《红楼梦》 | 《追风筝的人》 |
| 7 | 《水浒传》 | 《解忧杂货店》 | 《西游记》 |
| 8 | 《淘气包马小跳》 | 《简·爱》 | 《人间失格》 |
| 9 | 《米小圈上学记》 | 《城南旧事》 | 《水浒传》 |
| 10 | 《海底两万里》 | 《老人与海》 | 《月亮与六便士》 |
| 11 | 《草房子》 | 《查理九世》 | 《解忧杂货店》 |
| 12 | 《狼王梦》 | 《鲁滨孙漂流记》 | 《简·爱》 |
| 13 | 《昆虫记》 | 《朝花夕拾》 | 《哈利·波特》 |
| 14 | 《窗边的小豆豆》 | 《平凡的世界》 | 《百年孤独》 |
| 15 | 《夏洛的网》 | 《追风筝的人》 | 《老人与海》 |
| 16 | 《红楼梦》 | 《白夜行》 | 《平凡的世界》 |
| 17 | 《格林童话》 | 《海底两万里》 | 《盗墓笔记》 |
| 18 | 《鲁滨孙漂流记》 | 《明朝那些事儿》 | 《小王子》 |
| 19 | 《父与子》 | 《摆渡人》 | 《傲慢与偏见》 |
| 20 | 《小王子》 | 《活着》 | 《时间简史》 |
| 21 | 《上下五千年》 | 《小王子》 | 《摆渡人》 |
| 22 | 《男生贾里》 | 《福尔摩斯探案集》 | 《围城》 |
| 23 | 《福尔摩斯探案集》 | 《斗罗大陆》 | 《瓦尔登湖》 |
| 24 | 《假如给我三天光明》 | 《假如给我三天光明》 | 《福尔摩斯探案集》 |
| 25 | 《老人与海》 | 《目送》 | 《悲惨世界》 |

（续表）

| 序号 | 小学生 | 初中生 | 高中生 |
| --- | --- | --- | --- |
| 26 | 《安徒生童话》 | 《骆驼祥子》 | 《边城》 |
| 27 | 《爱的教育》 | 《盗墓笔记》 | 《文化苦旅》 |
| 28 | 《装在口袋里的爸爸》 | 《悲惨世界》 | 《龙族》 |
| 29 | 《绿野仙踪》 | 《苏东坡传》 | 《明朝那些事儿》 |
| 30 | 《怪物大师》 | 《钢铁是怎样炼成的》 | 《朝花夕拾》 |
| 31 | 《长袜子皮皮》 | 《傲慢与偏见》 | 《飘》 |
| 32 | 《三体》 | 《巴黎圣母院》 | 《基督山伯爵》 |
| 33 | 《猫武士》 | 《基督山伯爵》 | 《嫌疑人X的献身》 |
| 34 | 《荒野求生》 | 《十万个为什么》 | 《目送》 |
| 35 | 《流浪地球》 | 《流浪地球》 | 《巴黎圣母院》 |
| 36 | 《史记》 | 《射雕英雄传》 | 《我们仨》 |
| 37 | 《伊索寓言》 | 《草房子》 | 《苏东坡传》 |
| 38 | 《皮皮鲁传》 | 《人间失格》 | 《斗罗大陆》 |
| 39 | 《女生贾梅》 | 《笑猫日记》 | 《1984》 |
| 40 | 《爆笑校园》 | 《狼王梦》 | 《假如给我三天光明》 |
| 41 | 《三毛流浪记》 | 《窗边的小豆豆》 | 《城南旧事》 |
| 42 | 《秘密花园》 | 《时间简史》 | 《十宗罪》 |
| 43 | 《小屁孩日记》 | 《飘》 | 《骆驼祥子》 |
| 44 | 《小橘灯》 | 《十宗罪》 | 《挪威的森林》 |
| 45 | 《一千零一夜》 | 《围城》 | 《苏菲的世界》 |
| 46 | 《神秘岛》 | 《文化苦旅》 | 《钢铁是怎样炼成的》 |
| 47 | 《青铜葵花》 | 《雾都孤儿》 | 《呐喊》 |
| 48 | 《柳林风声》 | 《傅雷家书》 | 《狂人日记》 |
| 49 | 《稻草人》 | 《嫌疑人X的献身》 | 《美丽新世界》 |
| 50 | 《特种兵学校》 | 《斗破苍穹》 | 《无人生还》 |

## 三 阅读行为

### （一）阅读媒介以纸质为主，手机阅读功能偏弱

在学生卷“你通常怎么进行课外阅读”单选题下勾选“阅读纸质的图书、杂志、报纸”的学生比例（76.50%）显著高于勾选“通过手机、平板电脑、电子书阅读器或电脑进行阅读”的学生比例（23.50%），显示中小学生日常仍以纸质阅读为主。分学段的数据显示，纸质阅读的比例随学段升高而递减，电子阅读的比例则随学段升高而递增。

学生卷进一步调查了学生“平时用手机做得最多的事情是什么”。数据显示，手机的阅读功能排在聊天、刷短视频、玩电子游戏等通讯娱乐功能之后；从手机阅读的内容看，新闻排在首位，电子书其次，网络散文或杂文第三，具体见表 4-6。①

表 4-6 中小学生在手机上做得最多的事情

| 选项 | 选项性质 | 综合分值 / 分 |
|---|---|---|
| 通过微信或 QQ 与同学、好友、老师等联系或聊天 | 非阅读功能 | 6.83 |
| 看短视频 | 非阅读功能 | 4.19 |
| 玩电子游戏 | 非阅读功能 | 4.11 |
| 看新闻 | 阅读功能 | 3.79 |
| 看电子书 | 阅读功能 | 3.56 |
| 看网络散文或杂文 | 阅读功能 | 3.15 |
| 其他 | 其他 | 2.15 |

### （二）阅读数量学段差异明显，性别差异不大

学生卷调查了中小学生在 2019 年寒假中完整地阅读了几本书。结果显示，寒假阅读量绝大多数为 1—5 本，2.88% 的学生 0 本阅读量值得关注。从学段差异上看，阅读量在 5 本以内（包括 0 本）的比例随学段升高而升高，6 本及以上的比例随学段升高而骤减。从性别差异上看，男女生的阅读量大致相当，但

① 这是一道排序题，给出 7 个选项（3 个为阅读功能、3 个为非阅读功能、另 1 个为其他），让被调查学生根据实际情况进行排序，然后计算各选项的综合分值。计算公式为“Σ（频数 × 权值）/ 填写人次”。其中“权值”由选项被排列的位置决定；分值越高表示综合排序越靠前，满分为 10 分。

阅读 0 本的比例，男生比女生高出了近 15 个百分点。具体见表 4-7。

**表 4-7　中小学生 2019 年寒假阅读量**

| 阅读量 / 本 | 各学段占比 / % | | | | 不同性别占比 / % | |
|---|---|---|---|---|---|---|
| | 小学生 | 初中生 | 高中生 | 总体 | 男生 | 女生 |
| 0 | 0.64 | 2.96 | 7.91 | 2.88 | 57.43 | 42.57 |
| 1—5 | 63.92 | 82.28 | 84.64 | 73.49 | 48.94 | 51.06 |
| 6—10 | 20.80 | 10.18 | 5.21 | 14.47 | 49.25 | 50.75 |
| 10 以上 | 14.63 | 4.58 | 2.24 | 9.16 | 49.55 | 50.45 |

### （三）阅读时间碎片化，坚持每天阅读者不足四成

在学生卷“你进行课外阅读的习惯是怎样的”单选题下，勾选“基本上每天都有固定的时间进行课外阅读（如睡觉之前）”的学生比例不到四成（39.15%），其余超过 60% 的学生要么“有时间就读，没时间就不读”，要么“平时基本上不进行课外阅读，双休日和寒暑假期间才阅读”。分学段的数据比较分析发现，“基本上每天都有固定的时间进行课外阅读”的比例随学段升高而下降，“有时间就读，没时间就不读”和“双休日和寒暑假期间才阅读”的比例则随学段升高而增长。具体见表 4-8。

**表 4-8　中小学生课外阅读习惯**

| 选项 | 勾选率 / % | | | |
|---|---|---|---|---|
| | 小学生 | 初中生 | 高中生 | 总体 |
| 基本上每天都有固定的时间进行课外阅读（如睡觉之前） | 50.83 | 32.53 | 20.45 | 39.15 |
| 每天没有固定的时间，见缝插针，有时间就读，没时间就不读 | 41.79 | 51.17 | 54.97 | 47.25 |
| 平时基本上不进行课外阅读，双休日和寒暑假期间才阅读 | 7.37 | 16.30 | 24.58 | 13.60 |

### （四）阅读方法以泛读为主，阅后强化“再看一遍”者最多

关于阅读方法，学生卷“你通常采用以下哪种方法读课外书”问题的数据结果显示，泛读类的选项占据了前两位。中小学生的阅读方法以泛读为主，精读为辅，具体见表 4-9。①

① 这道题也是排序题，“综合分值”计算方法同表 4-6，满分为 10 分，分值越高表示综合排序越靠前。

表 4-9 中小学生阅读方法

| 选项 | 选项性质 | 综合分值 / 分 |
| --- | --- | --- |
| 选择感兴趣的内容读 | 泛读 | 6.42 |
| 大致浏览 | 泛读 | 4.86 |
| 在精彩的部分勾勾画画，或做标注，简单记录心得 | 精读 | 4.32 |
| 做摘抄 | 精读 | 3.35 |
| 写读书笔记或读后感 | 精读 | 2.59 |

关于遇到阅读障碍时的解决策略，学生卷“遇到不认识的字或不明白的地方怎么办”单选题下，选择“查工具书或查询相关资料”的明显高于其他几项，占近一半，为 45.07%。具体见表 4-10。

表 4-10 中小学生遇到阅读障碍时的解决策略

| 选项 | 勾选率 / % |
| --- | --- |
| 查工具书或查询相关资料 | 45.07 |
| 向老师、家长或同学请教 | 17.25 |
| 不影响阅读就跳过去 | 19.84 |
| 猜测 | 9.98 |
| 跳过去 | 7.36 |
| 其他 | 0.50 |

关于阅后强化策略，学生卷“对于喜欢的文章或片段怎样处理”单选题下，“再看一遍”选项的勾选率最高。具体见表 4-11。

表 4-11 中小学生的阅后强化策略

| 选项 | 勾选率 / % |
| --- | --- |
| 再看一遍 | 66.05 |
| 抄录 | 17.59 |
| 看过就算 | 5.86 |
| 朗读 | 4.23 |
| 背诵 | 3.05 |
| 仿写 | 2.62 |
| 其他 | 0.61 |

# 四 阅读环境

## （一）学校积极创设阅读条件，八成多学生总能在图书馆借到喜欢的书

学生卷数据结果显示，学校积极创设阅读条件，完善阅读设施。被调查学生中，97.56% 的所在学校有图书馆（或阅览室），88.17% 的所在学校图书馆可以外借图书。而“总能在学校图书馆借到喜欢的书”的学生占比达 82.53%，说明大多数学校的图书资源可以满足学生的阅读需求。

## （二）学校普遍重视阅读推广，近七成学生所在学校开设专门的阅读课

学生卷数据结果显示，学校普遍重视阅读推广，近七成（69.18%）被调查学生所在学校开设了专门的阅读课程。

数据结果进一步显示，老师普遍支持鼓励学生多读课外书，并有意识加强对学生的阅读指导，同龄人之间也有一定的阅读氛围。具体见表 4-12。

**表 4-12 学校阅读氛围情况**

| 选项 | 勾选率 / % | | |
|---|---|---|---|
| | 经常 | 偶尔 | 从不 |
| 老师鼓励我们多读课外书的情况 | 80.80 | 15.87 | 3.33 |
| 老师向我们提供课外阅读推荐书目的情况 | 72.31 | 24.03 | 3.66 |
| 老师和我单独交流课外阅读感受的情况 | 29.30 | 43.54 | 27.16 |
| 老师在班级内组织课外阅读交流活动的情况 | 50.58 | 37.45 | 11.97 |
| 老师布置课外阅读作业的情况（好词好句摘抄、读书笔记或读后感等） | 66.95 | 28.24 | 4.81 |
| 我和周围的同学谈论课外书内容的情况 | 53.52 | 40.77 | 5.71 |
| 午休时进行课外阅读的情况 | 45.52 | 41.10 | 13.38 |

## （三）几乎所有家长都支持孩子加强课外阅读，且绝大多数家长曾陪伴孩子阅读

家长卷数据结果显示，几乎所有家长（99.36%①）都鼓励支持孩子多读课外书，且绝大多数家长（91.71%②）认同“阅读是我们家庭生活中的一项重要活动”。具体见表 4-13。

①② “完全同意”和“基本同意”勾选率的和。

表 4-13　家长对孩子课外阅读的态度

| 选项 | 勾选率 / % | | |
|---|---|---|---|
| | 完全同意 | 基本同意 | 不同意 |
| 我总是鼓励孩子多读课外书 | 76.71 | 22.65 | 0.64 |
| 我努力为孩子创设安静的阅读环境 | 61.88 | 37.21 | 0.91 |
| 阅读是我们家庭生活中的一项重要活动 | 31.87 | 59.84 | 8.29 |

家长卷数据结果还显示，绝大多数家长曾陪伴或指导孩子阅读。具体见表 4-14。

表 4-14　家长陪伴或指导孩子阅读的情况

| 选项 | 勾选率 / % | | | |
|---|---|---|---|---|
| | 经常 | 偶尔 | 极少 | 从不 |
| 我带孩子去书店或图书馆的情况 | 29.82 | 49.93 | 18.34 | 1.91 |
| 孩子阅读遇到困惑时来请教我的情况 | 30.77 | 45.22 | 20.30 | 3.71 |
| 我和孩子一起读书的情况 | 22.29 | 53.10 | 22.05 | 2.56 |

此外，被调查家长中，26.85% 参加过亲子阅读辅导培训，其中有的培训是收费的。

### （四）家庭藏书量和阅读消费额不大，但总体上能满足孩子的课外阅读需求

综合家长卷和学生卷的数据结果，中小学生的家庭藏书量及阅读消费额不大，但总体上能满足学生的课外阅读需求。从藏书量看，75.75% 的家庭在 300 本以内；从年阅读消费额看，79.88% 的家庭在 1000 元以内（其中 500 元及以下的 45.66%、501—1000 元的 34.22%）。但 81.46% 的被调查学生表示“可以在家中找到喜欢的书来读”，81.94% 的被调查家长能经常满足孩子的购书要求，51.5% 的被调查家庭每年都订阅报纸杂志。此外，88.52% 的被调查学生表示“在家里拥有独立阅读空间”。

有研究指出[①②]，“能否在家中找到喜欢的书来读”和“在家中有无独立的阅读空间”是衡量家庭阅读环境、影响学生阅读质量和水平的重要指标，其重要性更甚于藏书量和消费额。此次调查显示，这两个指标的勾选率都超过了 80%。

① 吉姆·崔利斯《朗读手册》，南海出版公司 2012 版。

② 谢锡金、林伟业《提高儿童阅读能力到世界前列》，北京师范大学出版社 2013 版。

### （五）公共阅读场所日益增多，近半数家庭曾在网红书店里看书

学生卷数据结果显示，93.36% 的中小学生去过公共图书馆，且大多是为了“借书、看书”（74.38%），也有一部分是为了“和同学一起做作业、复习功课，以利相互交流”（17.17%）和因为“家里地方小，在图书馆做作业”（3.29%）。虽然选择“参加阅读活动、听阅读指导讲座”的学生比例还较小（5.17%），但反映出图书馆正在积极拓展功能。

家长卷数据结果显示，48.10% 的家长曾带孩子在集购书、阅读、休闲等功能于一体，兼具文化属性和多元体验的新型书店里看书阅读，7.19% 的家长还曾和孩子在这些书店里参加过讲座、沙龙等阅读活动。家长卷相关问题下，列有 19 个知名度不等的网红书店，包括钟书阁、西西弗、大隐书局、思南书局、言几又、樊登书店、志达书店、简屋书店、陇上书店、漫书咖、阅西安、曲江书城、朵云书院、时间车站等，调查每家书店有无家庭去过，结果显示，无一为 0。勾选率最低的“阅西安”也有 149 个家庭去过（约占 0.55%）。

### （六）线上阅读资源日益丰富，九成多家庭下载使用过阅读类 App

家长卷数据结果显示，90.39% 的家庭下载使用过阅读类 App。其中，免费资源平均使用率（57.80%）显著高于付费收听比例（12.22%）和购买课程比例（11.44%）。具体见表 4-15。

表 4-15　曾下载使用阅读类 App 的家庭对各 App 的使用情况

| App | 勾选率 / % | | | |
|---|---|---|---|---|
| | 已下载 | 曾使用其中的免费资源 | 曾付费收听 | 曾购买其阅读课程 |
| 喜马拉雅 | 55.15 | 61.66 | 14.76 | 10.56 |
| 荔枝 | 48.85 | 63.14 | 9.60 | 8.49 |
| 樊登读书 | 46.35 | 45.99 | 25.52 | 11.57 |
| 樊登小读者 | 44.43 | 54.15 | 11.57 | 18.12 |
| 经典导读 | 47.00 | 54.31 | 8.44 | 17.40 |
| 播呀 FM | 47.87 | 60.28 | 11.67 | 9.81 |
| 蜻蜓儿童听书 | 46.31 | 61.92 | 8.40 | 10.11 |
| 懒人听书 | 52.44 | 60.93 | 7.83 | 5.49 |
| 平均 | 48.55 | 57.80 | 12.22 | 11.44 |

## 五 影响阅读的困难与问题

### （一）中小学生认为影响其课外阅读的主要障碍

学生卷“影响你课外阅读的主要障碍是什么”多选题的数据结果显示，“没时间阅读”的勾选率最高（68.71%），“不知看什么书”的勾选率第二（21.91%）。可见时间问题和内容问题是学生心目中的两大障碍，且时间问题尤其突出，勾选率显著高于内容问题。“没有书读”的勾选率虽然不高（6.56%），但进一步说明内容问题需要引起重视。此外，“阅读速度慢”“没有阅读指导，效率不高，收获不大”2个选项的勾选率都超过了10%，显示有部分学生感到缺乏阅读指导；而近10%的学生勾选“老师把课外阅读作为作业，增加负担，令我反感”，值得引起思考。“对阅读不感兴趣”“父母不支持”“老师不支持”的低勾选率则大致可以验证前述相关各项调查结果。具体见表4-16。

**表4-16 中小学生认为影响其课外阅读的主要障碍**

| 选项 | 勾选率/% | | | |
|---|---|---|---|---|
| | 小学生 | 初中生 | 高中生 | 总体 |
| 没时间阅读 | 57.98 | 75.81 | 84.60 | 68.71 |
| 不知看什么书 | 19.16 | 25.94 | 23.27 | 21.91 |
| 阅读速度慢 | 21.67 | 19.77 | 20.45 | 20.88 |
| 没有阅读指导，效率不高，收获不大 | 17.37 | 14.63 | 13.76 | 15.83 |
| 老师把课外阅读作为作业，增加负担，令我反感 | 4.25 | 13.40 | 16.65 | 9.48 |
| 对阅读不感兴趣 | 6.16 | 8.51 | 10.12 | 7.67 |
| 没有书读 | 4.09 | 9.04 | 9.16 | 6.56 |
| 父母不支持 | 1.16 | 3.96 | 3.92 | 2.53 |
| 老师不支持 | 0.44 | 2.51 | 3.39 | 1.65 |

### （二）家长认为孩子阅读中存在的主要问题

家长卷“您觉得当前孩子阅读中存在的最大问题是什么”多选题的数据结果显示，“阅读范围太窄”的勾选率最高（43.19%），“想读书却没时间”的勾选率第二（42.89%）。可见时间问题和内容问题也是家长心目中的两大问题。与

学生感受稍有不同的是，内容问题排第一，时间问题排第二，且勾选率十分接近。“读的书没有品位”的勾选率（12.46%）进一步显示了一部分家长对内容问题的关注。此外，“迷恋电子产品不愿阅读”的较高勾选率（38.57%）值得引起重视，也大致可以验证前述对学生手机使用情况的调查结果；“读书时不注意保护眼睛”的较高勾选率（27.47%）反映出一部分家长的现实焦虑；“读了很多书，考试却考不好”的勾选率（18.07%）显示与学业挂钩的功利性阅读取向也是不少家长的心态，至于“说什么都不喜欢读书”的低勾选率则大致可以验证前述关于学生阅读兴趣情况的调查结果。具体见表 4-17。

**表 4-17　家长认为孩子阅读中存在的主要问题**

| 选项 | 勾选率 / % | | | |
|---|---|---|---|---|
| | 小学生家长 | 初中生家长 | 高中生家长 | 总体 |
| 阅读范围太窄 | 44.30 | 43.35 | 40.20 | 43.19 |
| 想读书却没时间 | 39.95 | 42.33 | 50.90 | 42.89 |
| 迷恋电子产品不愿阅读 | 32.36 | 45.91 | 44.95 | 38.57 |
| 读书时不注意保护眼睛 | 30.33 | 26.47 | 21.65 | 27.47 |
| 读了很多书，考试却考不好 | 19.53 | 17.78 | 14.83 | 18.07 |
| 读的书没有品位 | 12.77 | 13.73 | 10.06 | 12.46 |
| 说什么都不喜欢读书 | 6.35 | 7.46 | 5.95 | 6.56 |

## 六　结论与建议

本市中小学生对阅读价值的认同度很高，与学业挂钩的功利性阅读取向也普遍存在，同龄人之间的相互影响显著，应据此因势利导，进一步引导学生建立积极的阅读态度。

不论是对各学段学生最喜欢的 100 本图书书单的分析，还是学生和家长的自述，显示本市中小学生在阅读内容方面（读物选择）总体情况良好，如经典名著占比很高，反映内容方面问题的选项勾选率尽管相对较高，但绝对值并未过半。同时，也还存在一些问题应予以重视，如科普类读物阅读率极低，文学性阅读中诗歌、戏剧的阅读率为 0。另外，有 43.19% 的家长感到孩子“阅读范围太窄”，21.91% 的学生感到“不知看什么书”，6.56% 的学生认为“没有书读”，而据统计我国每年出版的童书超过 4 万种，此次 2 万多名学生推荐的书目也达 1 万多种，调查反映出的问题应该说主要是“选择”的问题。虽然大多数学生自主选择读物，却往往处于不知选择什么的状态，或者找不到喜欢的书。为此，应加强荐书机制的建设，多途径、多方法切实加强对阅读内容选择的有效指导和引导。此外，12.46% 的家长认为孩子“读的书没有品位”，总占比并不算高，但也反映出一部分学生对一些内容尚有争议或格调不高的网红图书的偏爱，应予以高度重视，有关部门应对网红图书加强内容审核与把关。

近七成（68.71%）被调查学生和超过四成（42.89%）的被调查家长对“没时间阅读”问题的反映，值得关注。时间是挤出来的，“挤”则需要动力。阅读的动力机制有主动、被动之分。主动性机制是兴趣，在兴趣面前时间有时不是问题，这要求相关部门应进一步重视内容建设，既要保证“量”，更要保证能激发学生阅读兴趣的“质”。被动性机制中，学校应发挥主动作用；而在各学段“应知应会”课程框架下，语文课程在促进学生阅读方面应承担主要职责，应全面贯彻语文新课标，推动课内外阅读的融合，将学生本来用在语文科目上的课外时间留给阅读，从而实现“减负”和“促进阅读”的有机统一。而“老师把课外阅读作为作业，增加负担，令我反感”近 10% 的勾选率，以及“阅读速度慢”“没有阅读指导，效率不高，收获不大”超过 10% 的勾选率都显示，学校、教师在阅读指导方面尚需加强。就此而言，在阅读指导方面发挥重要作用的阅读课程设置，虽然总体情况良好（近 70%），但也尚未实现全覆盖，“书香校园”建设仍需持续推进，对专兼职阅读指导教师队伍的建设力度也需进一步加大。

本次调查反映出的其他值得关注的问题主要包括：中小学生手机使用率高，但阅读功能弱，“迷恋电子产品”现象需要引起重视，从家长对“读书时不注意保护眼睛”的相关焦虑看，为保护青少年身心健康，仍需倡导纸质阅读；比起网红书店，线上阅读资源建设不论在使用便捷性还是内容深度方面，对营造社会阅读环境都更为重要，而商业性运维则大大降低了使用率，有关部门应加大免费资源的建设力度。

（张日培、房欲飞、王　洁、忻旭锋、章　靖、董秀华、晏开利）

# 中小学书法教育状况调查

上海市的中小学书法教育历史悠久，多年来取得了重要成绩，为提高广大中小学生汉字书写能力及对书法艺术的鉴赏评价能力，传承弘扬中华优秀传统文化，做出了积极贡献。为深入贯彻实施中华经典诵读工程，推动中小学在已有基础上进一步加强书法教育，2018年市语委委托浦东新区语委，在浦东新区范围内开展了中小学书法教育状况调查。选择浦东新区为样本，是因为该区学校最多且类型最全，通过调查可以为全市在摸清现状、总结经验、发现问题的基础上推进相关工作提供参考。

## 一 调查概况

调查包括问卷调查和访谈调查两个部分。

### （一）问卷调查

问卷内容除了学校基本信息，主要包括书法课程开设情况、书法社团或兴趣小组活动开展情况、书法教学的内容与师资情况等。其中，书法课程是指排入正式课表、以教学班为单位进行教学的课程，书法社团或兴趣小组活动（以下简称书法社团）是指在课表以外、学生打破班级年级限制而按兴趣自由组合、在老师指导下学习训练书法技能的活动。书法课程和书法社团是中小学开展书法教学的两个最主要途径。

问卷面向全区327所中小学发放，回收有效问卷288份，有效率88.07%。有效问卷覆盖了全部学校类型。具体见表4-18。

表 4-18 问卷回收学校的类型分布情况

| 学校学段类型 | 数量 / 所 | 占比 / % |
|---|---|---|
| 小学 | 144 | 50.00 |
| 初中 | 83 | 28.82 |
| 九年制 | 15 | 5.21 |
| 高中 | 21 | 7.29 |
| 完中 | 21 | 7.29 |
| 职校 | 4 | 1.39 |
| 合计 | 288 | 100.00 |

### （二）访谈调查

根据问卷数据统计结果，对部分书法教育成绩突出的学校进行了访谈。访谈内容包括学校在书法教育方面的理念思路、有效做法、特色措施和主要成效。接受访谈的学校包括塘桥第一小学、龚路中心小学、观澜小学、市实验学校附属光明学校、陆行中学南校等。其中，塘桥第一小学和市实验学校附属光明学校是“国家级规范汉字书写特色学校”，塘桥第一小学是“书法名家进校园活动定点学校”。

## 二 问卷调查结果

### （一）绝大多数学校通过书法课程或书法社团落实了书法教学

六成多学校开设了书法课程。被调查的 288 所学校中，186 所开设了书法课程，占比 64.58%。各类学校中比例最高的是九年一贯制学校，达 90.91%；比例最低的是高中，为 28.57%。开设书法课程的比例由高到低依次是：九年一贯制学校、职校、初中、完中、小学和高中。具体见表 4-19。

表 4-19 书法课程在各类学校的分布情况 单位：%

| 书法课程 | 小学占比 | 初中占比 | 九年制占比 | 高中占比 | 完中占比 | 职校占比 | 总体 |
|---|---|---|---|---|---|---|---|
| 已开设 | 61.81 | 72.29 | 90.91 | 28.57 | 72.00 | 75.00 | 64.58 |
| 未开设 | 38.19 | 27.71 | 9.09 | 71.43 | 28.00 | 25.00 | 35.42 |

七成多学校开展了书法社团活动。被调查的 288 所学校中，219 所学校开展了书法社团活动，占 76.04%。各类学校中比例最高的是职校（100%），以下由高到低依次是：九年一贯制学校、小学、完中、高中、初中。具体见表 4-20。

表 4-20　书法社团在各类学校的分布情况　单位：%

| 书法社团 | 小学占比 | 初中占比 | 九年制占比 | 高中占比 | 完中占比 | 职校占比 | 总体 |
|---|---|---|---|---|---|---|---|
| 有 | 79.86 | 69.88 | 81.82 | 71.43 | 72.00 | 100.00 | 76.04 |
| 没有 | 20.14 | 30.12 | 18.18 | 28.57 | 28.00 | 0.00 | 23.96 |

总体上，有 91.67% 的学校通过书法课程或书法社团落实了书法教学。其中，“有书法课程也有书法社团”的占 48.96%，“有书法课程但无书法社团”的占 15.63%，“无书法课程但有书法社团”的占 27.08%。同时，还有 24 所学校（8.33%）“无书法课程也无书法社团”，没有开展书法教学。具体见表 4-21。

表 4-21　各类学校落实书法教学情况　单位：%

| 落实书法教学情况 | 小学占比 | 初中占比 | 九年制占比 | 高中占比 | 完中占比 | 职校占比 | 总体 |
|---|---|---|---|---|---|---|---|
| 有书法课程且有书法社团 | 49.31 | 51.81 | 72.73 | 19.05 | 48.00 | 75.00 | 48.96 |
| 有书法课程但无书法社团 | 30.55 | 18.07 | 9.09 | 52.38 | 24.00 | 25.00 | 15.63 |
| 无书法课程但有书法社团 | 12.50 | 20.48 | 18.18 | 9.52 | 24.00 | 0.00 | 27.08 |
| 无书法课程也无书法社团 | 7.64 | 9.64 | 0.00 | 19.05 | 4.00 | 0.00 | 8.33 |

### （二）教学对象覆盖所有年级

数据结果显示，书法课程和书法社团的教学对象覆盖所有年级。其中小学三年级至初中一年级是开设最为集中的年级。书法课程开设覆盖率最高的年级是初中预备年级，书法社团开设覆盖率最高的年级是小学四年级。初中二年级开始，开课率有明显下降且随年级上升而递减。具体见表 4-22。

表 4-22　书法课程和书法社团在不同年级的分布情况　　单位：%

| 学校类型 | 年级 | 书法课程占比 | 书法社团占比 |
|---|---|---|---|
| 小学 / 九年制 | 一年级 | 41.50 | 22.64 |
| | 二年级 | 40.25 | 28.93 |
| | 三年级 | 52.83 | 54.08 |
| | 四年级 | 57.86 | 63.52 |
| | 五年级 | 56.60 | 58.49 |
| 初中 / 完中 / 九年制 | 预备年级 | 66.38 | 58.82 |
| | 初一 | 63.02 | 42.76 |
| | 初二 | 37.10 | 25.78 |
| | 初三 | 26.89 | 9.24 |
| 完中 / 高中 / 职校 | 高一 | 19.56 | 56.52 |
| | 高二 | 15.21 | 36.95 |
| | 高三 | 2.17 | 10.86 |

从不同学校书法教学覆盖的年级看，书法课程覆盖所有年级的小学有 51 所，初中有 21 所，九年一贯制学校有 4 所，完中有 1 所，高中和职校没有；书法社团覆盖所有年级的小学有 23 所，初中有 5 所，九年一贯制学校有 1 所，完中有 1 所，职校有 3 所，高中没有。值得一提的是，尽管面临高考压力，仍有 1 所完中的高三有书法课程也有书法社团，1 所完中的高三有书法社团。具体见表 4-23。

表 4-23　不同学校书法教学覆盖年级情况　　单位：%

| 年级 | 教学途径 | 小学占比 | 初中占比 | 九年制占比 | 完中占比 | 高中占比 | 职校占比 | 总体 |
|---|---|---|---|---|---|---|---|---|
| 一年级 | 书法课程 | 40.27 | — | 53.33 | — | — | — | 41.50 |
| | 书法社团 | 22.91 | | 20.00 | | | | 22.64 |
| 二年级 | 书法课程 | 38.88 | — | 50.33 | — | — | — | 40.25 |
| | 书法社团 | 29.16 | | 26.66 | | | | 28.93 |
| 三年级 | 书法课程 | 51.38 | — | 66.66 | — | — | — | 52.83 |
| | 书法社团 | 54.16 | | 50.33 | | | | 54.08 |
| 四年级 | 书法课程 | 54.16 | — | 93.33 | — | — | — | 57.86 |
| | 书法社团 | 61.80 | | 80.00 | | | | 63.52 |

（续表）

| 年级 | 教学途径 | 小学占比 | 初中占比 | 九年制占比 | 完中占比 | 高中占比 | 职校占比 | 总体 |
|---|---|---|---|---|---|---|---|---|
| 五年级 | 书法课程 | 52.77 | — | 90.33 | — | — | — | 56.60 |
| | 书法社团 | 67.63 | | 66.66 | | | | 58.49 |
| 预备年级 | 书法课程 | — | 67.46 | 73.33 | 57.14 | — | — | 66.38 |
| | 书法社团 | | 62.65 | 60.00 | 42.85 | | | 58.82 |
| 初一 | 书法课程 | — | 61.44 | 80.00 | 57.14 | — | — | 63.02 |
| | 书法社团 | | 60.24 | 60.00 | 42.85 | | | 42.76 |
| 初二 | 书法课程 | — | 48.19 | 66.66 | 42.85 | — | — | 37.10 |
| | 书法社团 | | 33.73 | 33.33 | 38.09 | | | 25.78 |
| 初三 | 书法课程 | — | 28.91 | 40.00 | 9.52 | — | — | 26.89 |
| | 书法社团 | | 8.43 | 13.33 | 9.52 | | | 9.25 |
| 高一 | 书法课程 | — | — | — | 4.76 | 23.80 | 75.00 | 19.56 |
| | 书法社团 | | | | 38.09 | 66.66 | 100.00 | 56.52 |
| 高二 | 书法课程 | — | — | — | 9.52 | 19.04 | 25.00 | 15.21 |
| | 书法社团 | | | | 33.33 | 28.57 | 100.00 | 36.95 |
| 高三 | 书法课程 | — | — | — | 4.76 | — | 0.00 | 2.17 |
| | 书法社团 | | | | 9.52 | — | 75.00 | 10.86 |

从书法社团覆盖的学生数看：1—40 人（约 1 个自然班）的班级比例最高；其次是 41—80 人（约 2 个自然班）的班级比例；81—120 人（约 3 个自然班）的班级在九年一贯制学校最高，为 16.67%；121 人及以上（超过 3 个自然班）的班级比例在小学最高，为 13.04%。这 4 类班级在九年义务教育阶段都有分布。具体见表 4-24。

**表 4-24　书法社团在各类学校分布情况**　　单位：%

| 学校类型 | 1—40 人占比 | 41—80 人占比 | 81—120 人占比 | 121 人及以上占比 |
|---|---|---|---|---|
| 小学 | 61.74 | 19.13 | 6.09 | 13.04 |
| 初中 | 77.19 | 17.55 | 1.75 | 3.51 |
| 九年制 | 33.33 | 41.67 | 16.67 | 8.33 |
| 高中 | 80.00 | 20.00 | 0.00 | 0.00 |
| 完中 | 60.00 | 26.66 | 6.67 | 6.67 |
| 职校 | 75.00 | 0.00 | 0.00 | 25.00 |

### （三）教学内容软硬笔书法兼有

书法课程和书法社团的教学内容包括软笔书法和硬笔书法，本次调查具体分为 3 类：软硬笔书法兼有、硬笔书法、软笔书法。各类学校书法教学内容具体见表 4-25。

表 4-25　各类学校书法教学内容

单位：%

| 学校类型 | 教学途径 | 软硬笔书法兼有占比 | 硬笔书法占比 | 软笔书法占比 |
|---|---|---|---|---|
| 小学 | 书法课程 | 73.03 | 11.24 | 15.73 |
| | 书法社团 | 47.83 | 12.17 | 40.00 |
| 初中 | 书法课程 | 58.34 | 33.33 | 8.33 |
| | 书法社团 | 43.10 | 12.07 | 44.83 |
| 九年制 | 书法课程 | 78.57 | 14.29 | 7.14 |
| | 书法社团 | 75.00 | 0.00 | 25.00 |
| 高中 | 书法课程 | 50.00 | 16.67 | 33.33 |
| | 书法社团 | 53.33 | 0.00 | 46.67 |
| 完中 | 书法课程 | 64.29 | 7.14 | 28.57 |
| | 书法社团 | 40.00 | 33.33 | 26.67 |
| 职校 | 书法课程 | 33.33 | 66.67 | 0.00 |
| | 书法社团 | 50.00 | 50.00 | 0.00 |

表 4-25 可见，在书法课程中，除了职校的硬笔书法教学占了 66.67% 的比例外，其他各类学校都是软硬笔书法兼有教学所占的比例较高，从高到低依次是九年一贯制学校（78.57%）、小学（73.03%）、完中（64.29%）、初中（58.34%）、高中（50.00%）、职校（33.33%）。硬笔书法教学所占比例居于前两位的是职校（66.67%）、初中（33.33%）。软笔书法教学在高年级所占比重较大，高中和完中分别是 33.33% 和 28.57%。

在书法社团中，软硬笔书法兼有教学比例最高的是九年一贯制学校（75.00%），以下依次为高中（53.33%）、职校（50.00%）、小学（47.83%）、初中（43.10%），最低的是完中（40.00%）；硬笔书法教学除了九年一贯制学校和高中未开展以外，职校开展比例最高（50.00%）；软笔书法教学，除了职校未开展以外，高中、初中、小学都是 40% 以上，九年一贯制学校、完中都是 20% 以上。

### （四）教学时长以每周 1 课时为主

不论是书法课程还是书法社团，各类学校的教学时长都以每周 1 课时为主。具体见表 4-26。

表 4-26　各类学校书法教学课时　　单位：%

| 学校类型 | 教学途径 | 各书法课程、书法社团每周课时占比 | | | |
|---|---|---|---|---|---|
| | | 0.5 课时 | 1 课时 | 2 课时 | 3 课时及以上 |
| 小学 | 书法课程 | 5.62 | 79.78 | 11.23 | 3.37 |
| | 书法社团 | 0.87 | 53.04 | 44.35 | 1.74 |
| 初中 | 书法课程 | 8.33 | 86.67 | 3.33 | 1.67 |
| | 书法社团 | 1.72 | 63.79 | 32.77 | 1.72 |
| 九年制 | 书法课程 | 7.14 | 85.72 | 0.00 | 7.14 |
| | 书法社团 | 8.33 | 41.67 | 41.67 | 8.33 |
| 高中 | 书法课程 | 0.00 | 83.33 | 16.67 | 0.00 |
| | 书法社团 | 6.67 | 80.00 | 13.33 | 0.00 |
| 完中 | 书法课程 | 0.00 | 78.57 | 21.43 | 0.00 |
| | 书法社团 | 20.00 | 66.67 | 13.33 | 0.00 |
| 职校 | 书法课程 | 0.00 | 66.67 | 33.33 | 0.00 |
| | 书法社团 | 0.00 | 50.00 | 50.00 | 0.00 |

表 4-26 可见，各类学校在书法课程课时安排中，1 课时的比例都是最高的，且占比重较大，由高到低依次是初中、九年一贯制学校、高中、小学、完中、职校。2 课时的比例，除了九年一贯制学校没有以外，最高的是职校，其次为完中、高中、小学，初中的最低。3 课时及以上的情况集中在九年义务教学阶段。

各类学校在书法社团课时安排中，1 课时的比例基本都是最高的，且占比重较大，由高到低依次是高中、完中、初中、小学、职校、九年一贯制学校。2 课时的比例，由高到低依次是职校、小学、九年一贯制学校、初中，高中和完中都是最低的。3 课时及以上的情况也集中在九年义务教学阶段。

### （五）教学师资以在编教师兼任为主

从书法教师的专兼职情况看，无论是书法课程还是书法社团，只有兼职的比例最高，平均占比分别为 54.29%（书法课程）与 55.82%（书法社团）；兼职与专职都有的比例次之，平均占比分别为 26.93%（书法课程）与 20.01%（书法社团）；只有专职的比例较低，平均占比分别为 18.77%（书法课程）与 24.33%（书法社团）。具体见表 4-27。

**表 4-27 专兼职教师在各类学校分布情况** 单位：%

| 学校类型 | 教师类型 | 专职占比 | 兼职占比 | 专职兼职都有占比 |
|---|---|---|---|---|
| 小学 | 书法课程任课教师 | 7.04 | 63.38 | 29.58 |
| | 书法社团指导教师 | 23.94 | 53.52 | 22.54 |
| 初中 | 书法课程任课教师 | 13.96 | 55.81 | 30.23 |
| | 书法社团指导教师 | 37.21 | 48.84 | 13.95 |
| 九年制 | 书法课程任课教师 | 0.00 | 45.45 | 54.55 |
| | 书法社团指导教师 | 18.19 | 45.45 | 36.36 |
| 高中 | 书法课程任课教师 | 25.00 | 50.00 | 25.00 |
| | 书法社团指导教师 | 0.00 | 75.00 | 25.00 |
| 完中 | 书法课程任课教师 | 33.33 | 44.45 | 22.22 |
| | 书法社团指导教师 | 33.33 | 44.45 | 22.22 |
| 职校 | 书法课程任课教师 | 33.33 | 66.67 | 0.00 |
| | 书法社团指导教师 | 33.33 | 66.67 | 0.00 |

从教师编制的角度看，在编占比最高，平均占比分别为 74.26%（书法课程）与 75.00%（书法社团）；外聘占比较低，平均占比分别为 6.03%（书法课程）与 10.86%（书法社团）；在编与外聘都有的平均占比分别为 19.07%（书法课程）与 14.13%（书法社团）。其中九年一贯制学校、高中和职校均没发现有外聘教师的情况。具体见表 4-28。

**表 4-28 在编与外聘教师在各类学校分布情况** 单位：%

| 学校类型 | 教师类型 | 在编占比 | 外聘占比 | 在编外聘都有占比 |
|---|---|---|---|---|
| 小学 | 书法课程任课教师 | 66.20 | 7.04 | 26.76 |
| | 书法社团指导教师 | 54.93 | 19.72 | 25.35 |
| 初中 | 书法课程任课教师 | 69.77 | 6.97 | 23.26 |
| | 书法社团指导教师 | 60.47 | 23.26 | 16.27 |

（续表）

| 学校类型 | 教师类型 | 在编占比 | 外聘占比 | 在编外聘都有占比 |
|---|---|---|---|---|
| 九年制 | 书法课程任课教师 | 81.82 | 0.00 | 18.18 |
| | 书法社团指导教师 | 81.82 | 0.00 | 18.18 |
| 高中 | 书法课程任课教师 | 50.00 | 0.00 | 50.00 |
| | 书法社团指导教师 | 75.00 | 0.00 | 25.00 |
| 完中 | 书法课程任课教师 | 77.78 | 22.22 | 0.00 |
| | 书法社团指导教师 | 77.78 | 22.22 | 0.00 |
| 职校 | 书法课程任课教师 | 100.00 | 0.00 | 0.00 |
| | 书法社团指导教师 | 100.00 | 0.00 | 0.00 |

总体上看，书法课程、书法社团的任课教师由其他学科教师兼任的居多，绝大多数学校为在编教师。专职教师与外聘教师比例较低。在小学阶段这一现象尤为突出，仅 36.62% 的学校为书法课程设有专职教师。完中与九年一贯制中学的专职书法教师较多，但是仍有四成以上学校只有兼职教师。

在书法课时总量不高的情况下，不仅学校对设置在编专职书法教师有所顾虑，教师也因职称评定、工资待遇等方面可能面临的现实问题而缺乏成为专职书法教师的动力。相比于外聘教师，由在编教师兼任保证了师资队伍的稳定性。但是如何保证兼职教师在书法教学方面投入的精力及其专业水平成为当前书法教育师资队伍建设面临的一大挑战。

## 三 访谈调查结果

问卷调查发现了一批书法教育突出的学校。对其中一些学校的访谈显示，这些学校在师资队伍建设、学科建设、人才培养和社会服务等方面建章立制、改革创新，努力将书法教育落到实处，不断提高书法教育水平，提升学生书法素养，形成了书法教育的长效机制。

### （一）形成了各具特色的书法教育体系

观澜小学坚持“娃娃抓起重平时、三段划分重衔接”，通过“低段（一、二年级）打基础、重习惯，中段（三、四年级）抓间架、练笔锋，高段（五年级）细打磨、培优秀”的教学设计，严抓书法教学质量，取得良好效果。如：在2018年写字等级考试中，五年级470位学生的合格率达到100%，优秀率达到79.20%。

陆行中学南校的书法教育课程主要以拓展课的形式开展，拓展课又分为普及课程和选修课程。在各年级各班每周安排一节语文拓展课作为普及型课程，教学内容主要为写字；每周一下午每个年级开设60分钟书法国画拓展课作为选修课，为所选拔的有基础、有兴趣的学生授课。

塘桥第一小学重视校本课程建设和书法教学评价研究。开发了“书香门第”校本课程，并被评为市优秀校本课程。制定了《塘一小学学生书写评价标准》，每月评选书写小明星，每学年向书写成绩突出且各方面均衡发展的学生颁发校董资助设立的奖学金。积极探索评价手段创新，利用校园网举办网络书法比赛，以学生评分和专家评分相结合的方式评出等第奖。

市实验学校附属光明学校开发了“毛笔书法”“钢笔书法”“硬笔书法学与习”等课程，并在全区30多所学校中推广应用。

### （二）建设了基本满足需求的师资队伍

师资是教学与科研活动的主体，其质量对教学与科研活动的质量有着直接的影响。这些学校通过“专家引领、自我培训、活动实践”的方式不断提高师资队伍的书法水平。

观澜小学重点针对语文教师、青年教师加强培训并开展“三笔字”（粉笔字、钢笔字和毛笔字）评比活动，每学年都会在学科文化周活动中邀请专业书法教师开展讲座并进行现场辅导，每个月的青年教师沙龙活动邀请本校美术教师和有书法专长的教师开展讲座并进行现场辅导，教师们在市区级书法比赛中多次获奖。

塘桥第一小学面向所有在职教师开展书法培训，并组织教师软硬笔书法比赛，支持和鼓励教师积极参与社区与街道举办的各类书法活动，在塘桥街道塘桥文化活动中心和居民小区的布告栏中不定期展出教师与学生的书法作品，有效激发了教师提升自身书法水平与开展书法教学的热情。

市实验学校附属光明学校充分发挥骨干教师的引领作用。学校书法教育学科带头人自主设计书法教学内容与教学活动，使书法教育与语文教学有机结合，并在教师继续教育培训中为区书法教师开设讲座和培训课程，不仅提升了本校教师的书法水平，还影响带动了全区书法教学水平的提升。

### （三）营造了浓厚的校园书法环境

塘桥第一小学将语言文字工作与校园文化建设结合起来，将书法艺术的审美功能与校园环境建设结合起来，精心设计以书法教育为特色的文化场所，努力使每一个学生所处的环境都呈现应有的教育功能，实现学校“整合环境育人元素，营造艺术文化氛围”的理念。该校学生在市级和国家级书画比赛中屡获佳绩。

龚路中心小学专门开辟出2间教室作为书法室，为有写字特长及喜欢写字的学生创设了学习、练习的环境。在每周一下午的校本课程时间开设了书法课，时间是1.5小时，全校学生自主报名，一、二年级练习硬笔书法，三至五年级练习软笔书法。该校学生在区级、市级和国家级的许多书法比赛中都获得了优异成绩。

观澜小学重视在师生中开展书法活动，以评促优。不仅积极组织书法优秀的学生参加各级各类书法比赛，还面向全体学生举办“澜星写字等级考”（四年级考硬笔和软笔，其他年级考硬笔），在师生中形成了“观澜娃要写一手漂亮的中国字”的广泛共识。

市实验学校附属光明学校通过为墨海星光书法社的骨干社员举办书画展等方式，搭建了多样化的书法教育成果展示平台。

### （四）产生了良好的社会效应

塘桥第一小学作为书法艺术教育特色学校，积极发挥自身优势，为提升社区书法水平贡献力量。除了每年举办各类书法主题观摩研讨活动，还曾承办全市中小学教师书法比赛和全市中小学教师书法作品展览会，并成功主办了“塘桥杯”书法比赛，产生了良好的社会效应。

市实验学校附属光明学校墨海星光书法社积极参加书法交流与比赛活动，在当地社区书法艺术继承与弘扬方面发挥了引领作用。该校的书法教育成果也吸引了其“姊妹校”——芬兰奥皮奥市汉特萨拉古典学校师生的兴趣，汉特萨拉古典学校师生来访不仅会学习书法，还带回该校师生的书画作品，使中国的书法艺术有机会在异国他乡传播。

陆行中学南校不仅曾代表浦东新区接待外宾并赠送学生的书法作品，还自

2015年起每年组织师生赴美国姊妹中学进行艺术教育交流，传播书法艺术。

## 四 结论与建议

### （一）主要成效

浦东新区中小学书法教育已形成书法课程与书法社团相辅相成、兴趣培养与素质提升齐头并进的良好局面。师资队伍、校本课程建设初见成效，学生对祖国语言文字的兴趣得到了培养，对书法教育长效机制的探索取得一定成绩。涌现了一批先进典型。例如：有17所小学、3所初中和1所完中的书法课程和书法社团均覆盖了所有年级；全区现有3所国家级、5所区级规范汉字书写特色学校，还有1所学校被市语委办定为首批"书法名家进校园活动定点学校"。这些学校在校园中营造了浓厚的书法艺术氛围，并通过支持师生举办或参与各类书法活动等多种形式推动了书法教育，取得了良好效果。师生的书写水平不断提高，在区级、市级和国家级的书法比赛中取得了良好成绩。学校书法教育活动的开展还产生了良好的社会效应，学校与街镇、社区实现了双向互动，一些学生的书法作品还得到国际人士的关注，为书法艺术的海外传播做出了贡献。

### （二）存在问题

第一，书法教育尚未覆盖所有学校。被调查学校中，尚有24所（8.33%）学校既无书法课程也无书法社团。其中，小学11所，初中8所，高中4所，完中1所。另外，还有39所学校未反馈问卷，这些学校的书法教育情况总体上不乐观。

第二，书法教育师资队伍存在缺口，专职教师明显不足。只有不足一半的学校能满足课堂教学与课外活动对师资的需求，且主要依靠兼职教师。专职教师的职称评定和晋升是制约中小学书法教育持续开展、有效提升的主要瓶颈。

第三，书法教学课时偏少。调查显示，书法课程和书法社团都以每周1课时为主，不足以保证学生有充足的时间完成书法技能的训练。

### （三）对策建议

第一，针对部分学校对书法教育不够重视的问题，建议有关部门加强检查

指导，督促有关学校落实书法课程或书法社团，切实开展书法教学，努力实现全覆盖。

第二，针对书法教育师资队伍缺口的问题，建议有关部门进一步指导学校逐步形成以语文教师为主体、专兼职相结合、硬笔与软笔书法教师配置合理的书法教师队伍；在充分利用校内资源的基础上，利用市、区资源，组织“书法名家进校园”等活动，开展书法教育培训；已有书法教育师资队伍的学校还应加强培训，提高书法教师的书法教育水平，优化师资队伍，不断丰富学校书法教育的形式与内容。

（夏蕴芸、蒋冰冰、杜宜阳、吴　慧、周　荃、张春红）

# 中学多语种外语教学状况考察

在中学阶段开展多语种外语教学，对培养精通多种外语的国际化人才、提升国家语言能力具有重要意义，对改变我国外语教育语种单一的局面、满足全球化浪潮下多元化的语言教育需求具有积极价值。上海是全国最早在中学阶段推进多语种外语教学的地区之一。

## 一 全市概况：国际化人才培养的积极探索

上海在中学阶段推进多语种外语教学，旨在加强对青少年学生的国际理解教育，促进本市青少年对不同文化的认识和理解，为国家和上海培养一批国际视野开阔、人文素养高、国际理解能力强的储备人才。

### （一）政策措施

2000年，上海在全国率先颁布了在中小学开展多语种外语教学的政策文件。2001年，市教委正式启动中小学多语种外语教学探索。2003年，市教委确定首批20所多语教学实验学校，着重开展法语、德语、日语3个语种的教学。2004年起，市教委开始筹划在中学开展多语种外语课程与教学的计划，除英语外，法语、德语、日语等语种逐渐进入一部分中学成为第二外语，一些外国语中学甚至以第一外语进入课堂。①

2014年，市教委又批准立项了“上海市中小学非通用语种学习计划”项目，启动建设一批“上海市中小学非通用语种教学基地”，同时作为上海外国语大学大学生社会实践基地，开设非通用语种教学班，由上外派出专业教师指导的由高年级本科生或研究生组成的教学团队，实施教学实践并组织相关文化活动。

2019年9月，市教委教学研究室设立“小语种综合教研员”，负责全市基础教育、职业教育以及幼教等多年段的多语种教学活动的指导与统筹工作。

① 吴玉琦《上海市中学多语种课程教学调研报告》，《上海教育科研》2011年第11期。

### （二）主要学校与覆盖语种

2010年，市教育科学研究院教育信息调查队开展的“上海市中学多语种课程教学调研”结果显示：全市有33所中学开展多语种外语教学，反馈问卷的25所中学开展的外语教学除英语外还覆盖了德语、法语、日语、俄语、西班牙语、阿拉伯语、朝/韩语7个语种。①

2014年“上海市中小学非通用语种学习计划”项目实施以来，全市共有7个区的15所基地学校开设了9个语种课程18个教学班。这些语种包括：意大利语、葡萄牙语、土耳其语、希伯来语、瑞典语、希腊语、泰语、阿拉伯语、波斯语。②

另据统计，本市目前共有11所中学的第一外语课程达到2个语种及以上，其中公办学校10所，民办学校1所。覆盖7个语种：英语、日语、德语、法语、西班牙语、俄语、意大利语。具体见表4-29。

表4-29　作为第一外语开展多语种教学的学校以及覆盖的语种

| 序号 | 学校 | 学校性质 | 语种 | 语种数/种 |
|---|---|---|---|---|
| 1 | 上海外国语大学附属外国语学校 | 公办 | 英语、日语、德语、法语、西班牙语、俄语 | 6 |
| 2 | 上海市甘泉外国语中学 | 公办 | 英语、日语、德语、法语、西班牙语 | 5 |
| 3 | 上海外国语大学附属外国语学校东校 | 公办 | 英语、德语、法语 | 3 |
| 4 | 上海外国语大学附属浦东外国语学校 | 公办 | 英语、德语、法语 | 3 |
| 5 | 上海市曹杨第二中学 | 公办 | 英语、德语 | 2 |
| 6 | 上海市市东中学 | 公办 | 英语、德语 | 2 |
| 7 | 上海市光明中学 | 公办 | 英语、法语 | 2 |
| 8 | 上海市嘉定区第一中学 | 公办 | 英语、日语 | 2 |
| 9 | 上海市青浦区第二中学 | 公办 | 英语、日语 | 2 |
| 10 | 上海市市南中学 | 公办 | 英语、意大利语 | 2 |
| 11 | 上海民办远东学校 | 民办 | 英语、西班牙语 | 2 |

① 吴玉琦《上海市中学多语种课程教学调研报告》，《上海教育科研》2011年第11期。

② 其中，阿拉伯语从其联合国工作语言的地位、全球范围内实际使用人口和分布区域看，应该属于通用外语语种。

## 二 案例考察：甘泉外国语中学的主要实践

《上海市中学多语种课程教学调研报告》从课程开设的时间与种类、课程设置与课程要求、教学资源与师资、教材来源及课时、参加多语种课程的学生情况及升学考试等方面，对本市中学阶段的多语种外语教学情况从面上进行了统计分析，指出了政策层面面临的主要问题，并提出了相应的政策建议。在此基础上，本项目对目前开设语种较多的上海市甘泉外国语中学进行了案例考察，以进一步深入了解中学阶段多语种外语教学的课程机制、主要经验与面临问题。

### （一）培养目标与办学特色

甘泉外国语中学的前身是1954年建立的甘泉中学，是首批建于普陀区工人新村的普通完中之一。20世纪70年代初，日本共产党员余乾郎到上海来工作，机缘巧合地进入甘泉中学成为第一名“外教”。恰逢1972年中日恢复邦交正常化，学校抓住这一机遇，在原已开设的“英语”第一外语的基础上，对当时拥有的“日语师资”加以优化利用，在初一年级招收56名以日语为第一外语学习的学生，正式开启了近半个世纪的日语教学征程。1980年正式成立日语学科教研组，有3位日语教师，日语班扩大到4个，学生200余人。2000年开展“双外语班实验项目”的研究探索。2003年正式更名为上海市甘泉外国语中学。该校既是2003年20所多语教学实验学校之一，也是“上海市中小学非通用语种学习计划”项目的15所实践基地学校之一。

多年来，该校致力于培养“有中国情怀的世界人和有世界胸怀的中国人”，形成了“跨文化素养”培育的办学特色。目前共开设有9种外语课程。第一外语（以下简称“一外”）5门，包括英语、日语、德语、法语、西班牙语；第二外语（以下简称“二外”）9门，包括英语、日语、德语、法语、西班牙语、朝/韩语、泰语、俄语和意大利语。

### （二）多语种课程设置

#### 1. 课程结构覆盖基础型、拓展型与研究型

从课程结构看，该校的多语种外语课程包括国家课程和校本课程。国家课程是基础型课程，校本课程又包括拓展型课程和研究型课程。具体见图4-1。

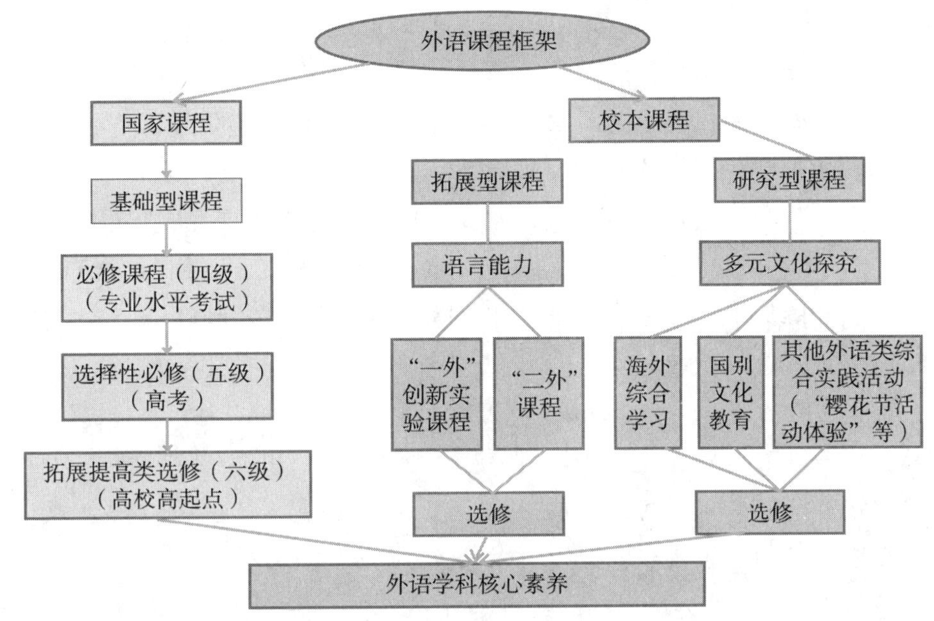


图 4-1　甘泉外国语中学外语课程框架

基础型课程是针对 5 门"一外"的语言知识教学与技能训练，任务是发展学生对特定语种外语的综合语言运用能力，包括针对学业水平考试的必修课程、面向高考的选择性必修课程和高起点的拓展提高类选修课程。

拓展型课程包括"一外"创新实验课程（如相关语种外语配音、朗诵、口译等级考试等）和 9 门"二外"的语言学习课程，均为选修课程。

研究型课程致力于培养学生的文化差异探究意识，以海外综合学习等为主要形式，在"行走的外语课堂中"开展跨学科海外研修项目。此外，还包括国别文化教育、"外事接待体验""樱花节活动体验"等语言实践体验类活动课程。均为选修课程。

**2. 课程内容覆盖知识技能、文化素养与实践活动**

从课程内容看，该校的多语种外语课程包括语言学习、国别文化、创新实验、语言实践活动 4 类。

语言学习类课程覆盖了 9 个语种。其中"一外"5 门均为基础型课程，"二外"9 门均为拓展型课程。

国别文化类课程都是研究型课程，覆盖了主要的目的语文化。如："日本报刊阅读""日语绘本诵读""高中日语美文诵读""日本童话故事阅读"，以及"走进日本"系列（包括概况、茶道、料理、经典音乐与影视等）、"走进德国”“走进法国”“走进西班牙”“走进韩国”“走进泰国”“走进英美文化”“英语经典音乐与影视”“英语配音与朗诵”，等等。

创新实验类课程基本上都是拓展型课程，旨在满足学生外语学习的多元化需求，发展学生相关语种的高阶能力。如：“日语配音与朗诵”“日语演讲与辩论”“日语同声传译初级课程”“日语同声传译中级课程”“英语演讲与辩论”“英语中级口译课程”“托福 1”“德语演讲与辩论”“德语综合 DSD 课程”“德语中级口译课程”“法语演讲与辩论”“法语初级口译课程”“法国 DELF 等级考试课程”等。

语言实践活动类课程均为研究型课程，主要为学生提升外语技能提供实践操练的机会。如：“日语名人进校园课程”“樱花节日语演讲专场”“樱花节日语短剧专场”“樱花节日语歌舞专场”“日语社团”“智慧体操——将棋”“樱花节英语专场”“樱花节德语专场”“樱花节法语专场”“多语社团”等。

总体而言，该校外语课程体系的架构思路是“日语见长、多语发展”。“日语见长”体现在日语类课程数量最多、内容较全；“多语发展”体现在覆盖了 9 个语种，其中俄语和意大利语文化素养类课程暂无，显示这两个语种相对有些薄弱。值得一提的是，该校还十分注重文化理解，既有针对不同目的语的国别文化类课程，还设置了一批中华传统文化课程、国际理解教育课程、对外汉语教学课程。

### （三）多语种教学制度

该校涉及多语种的外语教学制度设计是双外语教学实验。双外语教学是指一个学生同时学习两门外语。具体有两种模式：（1）“两门主修”，即两门外语都是“一外”。按照市教委课程计划规定，设置相同课时，一般每周 5—6 课时。其中，英语必修，另一门在日语、德语、西班牙语、法语中任选。（2）“一主一辅”，即一门“一外”、一门“二外”。“一外”可以在英语、日语、德语、法语、西班牙语中选一门，“二外”可以在学校开设的其他语种中选一门。“一外”课程按照市教委课程计划规定实施，每周 5—6 课时，“二外”课程每周 1—2 课时。

从 2000 年在预备年级首开日英双外语教学实验班起，历经 20 年的发展，该校目前共有 36 个双语教学班，1200 多名学生学习，覆盖了除高三以外的其他各年级。具体见表 4-30。

表 4-30　2018 年甘泉外国语中学双外语实验项目

<table>
<tr><th rowspan="2">年级</th><th rowspan="2">班级数/个</th><th colspan="2">“两门主修”模式</th><th colspan="2">“一主一辅”模式</th></tr>
<tr><th>班级分布</th><th>学生数/人</th><th>班级分布</th><th>学生数/人</th></tr>
<tr><td>预备</td><td>6</td><td>德语＋英语（1 个班）<br>法语/西班牙语＋英语（1 个班）<br>日语＋英语（3 个班）</td><td>约 175</td><td>英语＋“二外”选修（1 个班）</td><td>约 25</td></tr>
<tr><td>初一</td><td>6</td><td>德语＋英语（1 个班）<br>法语＋英语（1 个班）<br>日语＋英语（3 个班）</td><td>约 170</td><td>英语＋“二外”选修（1 个班）</td><td>约 25</td></tr>
<tr><td>初二</td><td>6</td><td>德语＋英语（1 个班）<br>法语＋英语（1 个班）<br>日语＋英语（3 个班）</td><td>约 170</td><td>英语＋“二外”选修（1 个班）</td><td>约 25</td></tr>
<tr><td>初三</td><td>6</td><td>德语＋英语（1 个班）<br>法语＋英语（1 个班）<br>日语＋英语（3 个班）</td><td>约 170</td><td>英语＋“二外”选修（1 个班）</td><td>约 25</td></tr>
<tr><td>高一</td><td>6</td><td>多语种“一外”混班＋英语“二外”必修（1 个班）</td><td>约 35</td><td>英语＋“二外”选修（1 个班）<br>德语＋英语“二外”必修（1 个班）<br>日语＋英语“二外”必修（1 个班）<br>法语＋英语“二外”必修（1 个班）<br>西班牙语＋英语“二外”必修（1 个班）</td><td>约 190</td></tr>
<tr><td>高二</td><td>6</td><td>多语种“一外”混班＋英语“二外”必修（1 个班）</td><td>约 35</td><td>英语＋“二外”选修（1 个班）<br>德语＋英语“二外”必修（1 个班）<br>日语＋英语“二外”必修（1 个班）<br>法语＋英语“二外”必修（1 个班）<br>西班牙语＋英语“二外”必修（1 个班）</td><td>约 190</td></tr>
</table>

### （四）多语种教学平台

为提升多语种外语教学质量，该校采取多项措施，搭建多样化教学平台。

**1. 推进基于学生“语言核心素养和关键能力培育”的外语教学改革**

建设“多语种高级翻译基础实训”创新实验室，开发了日语、德语、法语等多语种听说能力测试与训练平台。依托全市高中慕课平台建设，开发多门多语种高中慕课课程“快乐地球村”，并开展了游戏化教学设计的探索与实践。建设“一馆五中心”特色场馆，开发一系列场馆体验互动课程。与海外姐妹友好学校在线开展远程互动教学，并引进了海外的中学微型拓展课程。

**2. 实施学生海外留学项目**

组织学生在目的语国家进行以语言学习与文化体验为主的进修学习。海外留学项目包括短期项目和长期项目，短期一般 1—2 个月，长期一般 1 学期到 1 学年。如：以语言营活动为主要形式，时间 1 个月左右，目的语国家涉及德国、西班牙、法国等的“语翼项目”；与 AFS 国际文化交流组织、国际学生交流协会、日本“文化桥梁”项目基金会、日本“心连心”基金会、德国墨卡托基金会等合作的学生交换项目；面向法语学生的“上海—里昂友城中学生交换项目”等。该类项目纳入研究型课程体系。

**3. 海外姐妹校交流活动**

目前该校已与日本、英国、澳大利亚、韩国、德国、法国、意大利、芬兰、加拿大、泰国、俄罗斯、美国、荷兰 13 个国家的 50 所中学结成姐妹校，以“行走的课堂——海外姐妹校研学项目”的形式开展两校间为期 1 年的主题式项目化的跨国研学活动。依托优势学科与明星社团，通过网络平台进行定期项目进展汇报，并利用寒暑假进行两校间面对面的交流访问，展示研学项目成果。

**4. 国际交流接待活动**

组织学生在校内（市内）参与接待来自不同国家和地区的青少年。如：该校是“维州青年领导领袖项目”在上海的对接学校，并自 2010 年起连续组织学生参与“上海国际友好城市青少年夏令营”志愿者接待服务工作。

### （五）招生政策与升学通道

**1. 招生政策**

该校高中部具有全市招生资格，初中部面对全区招生。同时进行双外语主修的学习需要学生具备较高的外语学习热情、语言天赋和综合学习潜能，并不适合所有学生。对有效甄别适合双外语实验项目的目标生源而言，招生范围还受到一定限制，这增加了项目的风险性和盲目性，对项目的稳定实施带来一定障碍。

**2. 升学通道**

（1）该校初中生的升学通道主要是本校高中部或本市其他外国语中学（或以外语教学见长的高中）。

（2）该校高中生的升学通道主要有：

①参加国内高考。2017 年教育部修订印发《普通高中课程方案（2017 年版）》，调整外语规划语种，在英语、日语、俄语基础上增加德语、法语、西班牙语，高中毕业生可以在上述 6 个语种中选 1 门参加高考。不过，该校高中生总体上还是以英语参加高考者居多；英语以外的高考语种，在“日语见长”特色下，以日语为主，但人数不多。如：2018 年以日语参加高考（秋考）的学生 47 人，2019 年有 57 人。造成这一情况的原因与高考高招政策有关：一方面目前高校大多数专业在招生时以英语作为高考科目要求；另一方面大多数语言专

业也招收以英语为高考考试科目的学生，然后开展多外语零起点学习，未设置高起点非英语外语专业。这对中学阶段多语种人才培养、生源吸引产生阻滞，很多学习了 7 年或 3 年非英语外语语种的学生在大学本科阶段不得不选择其他专业，中断了相关语种的学习，十分可惜。

②报考国外高校。不同语种学生瞄准不同目的语国家，但以日本、德国为主。尤其是对德语学生而言，通过德语 DSD Ⅱ[①] 考试，同时达到一本分数线，可以直接免试就读德国公立大学，在升学通道方面对学生具有较强的激励作用。

### （六）教学资源与师资

该校现有专职外语教师 53 人（不含外籍教师）。其中，日语教师 21 人，英语教师 23 人，德语教师 6 人，法语教师 4 人，其他语种教师 5 人。具有高级教师职称的 15 人，其中非英语语种教师 7 人。作为外国语中学，该校非英语语种教师具有职称评定的专门通道，这对稳定师资队伍发挥了重要作用。同时，该校还拥有一支日、德、英、法籍教师组成的外教团队。

此外，该校的多语种外语教学得到了相关国家驻沪领事馆及相关机构的支持。如：日本领事馆在派遣教师、组织文化活动、师生交流互访等方面给予积极帮助和支持；作为德国政府语言项目“DSD Ⅱ”的指定学校，每年由德方派遣外教 1—2 人；作为韩国驻上海领事馆的语言推广合作学校，每年都有由韩国领事馆推荐的朝 / 韩语专职教师 1—2 人。

从教材的角度看，该校主要采用国内正式出版的外语教材，配套校本编制的相关教学素材。但这些教材均出版于全国高中各语种课标正式出台之前，其权威性、科学性、适切性难以得到保障。由于受众较少，市面上可供选择的、适合中学生学习的多语种教辅用书、电子或纸质教学资源也相对匮乏。此外，根据国家教材管理“凡用必审”的原则，学校对国家和上海教育行政部门颁布经审定可用的多语种外语教材清单的期待十分迫切。

## 三 思考建议：突破政策瓶颈仍是关键

语言政策学界提出“国家外语能力”“国家语言能力”“国家语种能力”等

① DSD 指德语语言证书（德语全名：Deutsches Sprach-Diplom）。DSD 的 II 级要求至少 1200 个德语学时的学习。

概念以来，特别是随着“一带一路”建设的推进，国家越来越重视外语教育语种单一问题，大力推进多语种人才培养。在大学阶段，目前我国高校的外语语种专业已达100个，覆盖语种达101种；[①] 在中学阶段，2017年教育部将高考外语语种由3个增加到6个。但与美国、欧盟等相比，我国基础教育阶段外语教学语种单一的问题仍然十分突出。

处于改革开放前沿、致力于打造全球卓越城市的上海，对多语种人才培养有着高度自觉，并将着力点前移至基础教育阶段，21世纪以来持续进行探索与推进。本市中学阶段的多语种外语教学在全国既是“先行者”，也是“排头兵”。2018年12月，上外附中发起召开“首届全国基础教育阶段多语种教育教学研讨会”，吸引来自全国多所高校的专家教授、中学多语种课标与教材组专家与会。

甘泉外国语中学结合自身实际，依托数十年外语教学发展优势，在多语种教学方面积极探索实践，取得显著成绩，形成了有效的多语种课程机制、教学制度，努力提升多语种教学质量，为高等教育培养输送了大批优秀语言人才。同时，仍然面临一些问题和困难。具体开设哪些语种并无政策指导，招生政策的限制、高招政策的掣肘使相关项目风险性增加。教学指导仍显不足，教材教辅等教学资源十分匮乏。此外，师资问题在外国语学校得到了较好解决，但从全市层面看，非英语语种专业师资的职称渠道仍未彻底解决。从对甘泉外国语中学的案例考察看，应该说，中学阶段的多语种外语教学面临的问题主要是政策瓶颈。

2011年，《上海市中学多语种课程教学调研报告》就从规划指导、师资建设、学生升学途径等方面指出了存在的政策性问题。近年来，相关问题正逐步得到解决，如国家课程标准增加了语种、上海教学研究指导部门增设了专门的教研员，但也仍存在着一些长期困扰的问题。为此，我们建议：

第一，进一步加强中学阶段外语教学的语种规划研究。教育部2017年高中外语课程标准已经体现了语种规划意识，上海仍需结合社会主义现代化国际大都市、卓越世界城市的建设需求，统筹学生的多元化学习需求，进一步提出聚焦上海国际化需求的语种规划。在此基础上，加强市、区级层面对多语种课程设置的宏观调控力度，避免出现区域内多个学校“跟风式”集中开设小语种课程的现象，从而导致语种发展不均衡、功利性短期效应等不良影响。

① 国家语言文字工作委员会组编《中国语言文字事业发展报告（2019）》，商务印书馆2019年版。

第二，推出非英语外语学习选考的政策性激励措施。与美国“关键语言”战略相比，仅仅增加高考考试语种仍然不够，在“英语独尊”的局面下，对选考非英语语种的考生，应当予以政策性激励并不断加大力度，如高考加分。同时，应注重提升高考非英语语种外语科目试题难度的稳定性，该问题直接影响中学阶段选择多语种学习的学生规模和生源结构，也影响到国家对于多语种教育扶持政策的落地保障，需要政府相关部门予以高度重视。此外，改革高招政策，放宽有关高校、有关专业高考语种限制，推动非英语语种专业招收高起点学生。

第三，进一步建设优质的多语种外语教学资源。提高各高校（尤其是外国语院校）外语研究中心的资源开放度，丰富中学阶段多语种教育的资源平台，建设以中学为基地的高校外语教育研究实践平台，从而更好地实现中学与高校的外语教育资源对接。加快国家新课标指导下的多语种教材建设工作，为中学开展多语种教育提供更有质量、更为适切的教材。对开展多语种外语教学的中学在多语种教师编制、职称评定、专业技能培训等多方面进一步加大支持力度。

（许晓芳、郁琼蕊、刘思静）

# 高考综合改革试点对语文考试的影响分析

高考综合改革是指根据《国务院关于深化考试招生制度改革的实施意见》（以下简称《意见》）的要求，针对"唯分数论""一考定终身"等社会反映强烈的问题，以"分类考试、综合评价、多元录取"为目标，包括考试科目设置、招生录取机制等多方面内容的新一轮高考综合改革。新高考背景下，提升语文素养的重要性凸显，语文科考试改革也备受关注。

## 一　上海的高考综合改革试点

根据《意见》的要求，2014 年上海市、浙江省分别出台高考综合改革试点方案，从 2014 年秋季新入学的高中一年级学生开始实施。2017 年高考综合改革试点下的第一次新高考在上海、浙江开考，至 2019 年已实施 3 年。两地的改革方案总体思路一致，具体环节略有差异，上海的情况主要如下：

### （一）考试制度改革

根据《意见》对改革考试科目设置的相关原则，上海出台了"3+3"的考试科目组合方案。前一个"3"是统一高考的语文、数学、外语，后一个"3"是由考生根据自身兴趣、特长及拟报考高校的专业要求，在思想政治、历史、地理、物理、化学、生命科学 6 门科目中自主选择 3 门。与改革前相比，"3+3"模式带来的显著变化是：考试科目增多，所考科目不分文理。而改革前，上海采取文理分科的"3+1"模式，"3"是语文、数学、外语 3 门主科，"1"是主修的 1 门分文理的副科。

在计分方法上，"3+3"共 6 门科目的总分为 660 分。其中，语文、数学、外语直接采用原始分数计入高考总分，每门 150 分，共 450 分；另外 210 分是

3门选考科目的总分，每门70分。这70分的构成又包括两个部分：通过该科目的“合格考”[①]就可获得40分，还有30分来自“等级考”。而这30分不是“等级考”的原始分数，而是由原始分数转换来的等级分。转换方法是：将选考该科目的全体考生的原始分数，由高到低按比例划分成11个等级，然后从30分开始由高到低按3分的极差依次赋分，直到0分。这样，最高的“A+”档，等级分30分加上“合格考”40分，总分就是70分；最低的“E”档，等级分0分，就只有“合格考”的40分可以计入高考总分。具体见表4-31。

**表4-31　选考3门科目的分数计算方法**

| 等级 | 占选考考生比例 / % | “合格考”合格后赋分 / 分 | “等级考”等级分 / 分 | 总分 / 分 |
|---|---|---|---|---|
| A+ | 5 | 40 | 30 | 70 |
| A | 10 | 40 | 27 | 67 |
| B+ | 10 | 40 | 24 | 64 |
| B | 10 | 40 | 21 | 61 |
| B− | 10 | 40 | 18 | 58 |
| C+ | 10 | 40 | 15 | 55 |
| C | 10 | 40 | 12 | 52 |
| C− | 10 | 40 | 9 | 49 |
| D+ | 10 | 40 | 6 | 46 |
| D | 10 | 40 | 3 | 43 |
| E | 5 | 40 | 0 | 40 |

考试制度改革的另一亮点是外语可以考两次，1月一次，6月全国统一高考时一次，选择其中较好的一次成绩计入高考总分。

此外，改革以后，上海仍保留了每年1月进行的春季招考（简称春考），面向市属本科院校。春考由统一文化考试和院校自主测试两部分组成。其中统一文化考试考语文、数学、外语3门，每门150分，共450分；院校自主测试150分，总分600分。

① 即普通高中学业水平合格性考试，未选考的其他科目也需参加“合格考”，但分数不带入高考总分。

## （二）招生制度改革

招生制度改革的核心是综合评价，即在招生录取工作中不仅要依据高考分数，还要考察学生的综合素质。考察的主体是高校，部分招生形式还需要在高考之外增加校测的环节。考察的方式主要有两种：（1）书面材料鉴评。书面材料来源于全市“高中学生综合素质评价信息管理系统”内的相关信息，反映了考生高中阶段思想品德、学习成绩、体育锻炼、社会实践、课题研究、志愿者服务等各方面的整体表现。（2）进行面试。通过面试考察学生的人文素养、思维品质，认知问题、分析问题的能力，临时应变的语言机智，乃至待人接物等基本素养。以往招生面试录取是高水平大学才具备的资格，在新高考推动下，高水平大学的综合评价录取、市属本科院校的春季招生、专科自主招生等都设有校测环节。

例如：春考招录。在院校自主测试中，有的学校对书面材料鉴评和面试情况分别进行独立评分，加权后计入该项测试总分；有的学校将书面材料鉴评整合进面试环节，综合两方面情况后进行评分，再加权计入该项测试总分。① 参加春考招录的高校共23所，从各校2017年招生简章看，有8所高校采用独立评分方法（其中有2所高校明确表示书面材料鉴评在校测成绩中占10分），有15所高校采用综合评分方法。

又如：高水平大学的综合评价录取。秋季高考出分后，上海本科阶段高招共有6个批次，高水平大学的综合评价录取是第一个批次。以2019年为例，进入该批次招生的高校共11所，其中本市10所，外地1所（浙江大学）。该批次依据高考成绩高低、按照院校专业组招生计划数的1.5倍确定校测入围考生，这意味着有1/3的考生会被淘汰而进入后几个批次的招录。在校测环节，各校主要通过面试，同时结合书面材料情况，考察考生的综合素质并给出校测成绩。根据“两依据一参考”② 的要求，高考成绩、校测成绩和高中学业水平成绩（“合格考”成绩）按6:3:1的比例加权后的总分，作为本批次的录取依据。这种“见分（高考成绩）又见人（校测面试）”的制度设计，使综合素质成为高水平

① 除了面试，该项测试还包括技能测试。

② “两依据”：（1）依据语文、数学、外语科目成绩；（2）依据从政治、历史、地理、物理、化学、生物6门科目任选3门的等级性考试科目成绩。实际上就是高考分数。“一参考”：根据教育部《加强和改进普通高中学生综合素质评价意见》，各地中学将从思想品德、学业水平、身心健康、艺术素养及社会实践5个方面来客观记录学生的各项活动，为学生全面发展健康成长、为高考多元录取提供重要参考。

大学招生录取时的重要参考。应该说，本批次被录取的考生，除了高考成绩优异，在校测面试中也展现了良好的综合素质。

## 二 新高考背景下语文的重要性

高考综合改革的根本目的是发展素质教育，提升学生的综合素质，坚持育人为本，遵循教育规律。新高考背景下，语文的重要性凸显。一方面国家对加强语文教育越来越重视；另一方面高考语文科的选拔区分功能将明显增强，语文素养的高下也会在“综合评价、多元录取”过程中产生重要影响。

### （一）新高考旨在提升学生综合素质

《意见》强调，深化考试招生制度改革，要坚持育人为本，遵循教育规律。要把促进学生健康成长成才作为改革的出发点和落脚点，扭转片面应试教育倾向，坚持正确育人导向，践行社会主义核心价值观，深入推进素质教育，培养德智体美劳全面发展的社会主义建设者和接班人。

上海的高考综合改革试点正是在“坚持素质教育导向”的重要原则指导下，重点针对“唯分数论”“一考定终身”等社会反映强烈的问题展开的。分类考试旨在落实学生根据自身特长和兴趣的自主选择权；选考科目不分文理，旨在促进学生全面发展；等级制计分方法旨在引导社会调整心态，淡化“分分计较”的分数概念；选考科目分散在平时进行，旨在减轻学业负担和集中考试的压力；外语两考是对破除“一考定终身”的积极探索；综合评价录取旨在打破“唯分数论”，考察学生的综合素质。

这些措施基本取得了预期效果。在2017年首次新高考尘埃落定后我们开展的一项社会调查中，80%以上的受访人群（包括学生、家长、高中教师、大学招办负责人等）对新高考制度感到“满意”和“基本满意”。市教育考试院院长郑方贤在新高考实施一年后接受媒体采访时表示：新高考为上海教育改革带来巨大红利……为基础教育发展注入新活力，推动学生培养模式变革，也引领上海不同层次教育形成新常态。①

① 参见 http://www.nwccw.gov.cn/2018-06/11/content_210128.htm。

### （二）国家高度重视语文教育

语文教育是祖国语言文字的教育，肩负立德树人、传承中华优秀传统文化的重要职责，必须从国家发展和民族认同的高度认识其重要性。近年来，国家就加强语文教育出台了一系列重要的政策性举措。

2017年秋季学期，全国小学、初中起始年级启用统编（部编本）语文教材。统编教材全面落实社会主义核心价值观，弘扬中华优秀传统文化，继承革命传统，遵循语文教育基本规律，采用双线组元编排方式，坚持选文文质兼美，受到广泛好评。统编教材对加强阅读的强调以及古诗文篇目的大幅增加，尤其受到社会关注。

2018年1月，教育部颁布《普通高中课程方案（2017年版）》和《普通高中语文课程标准（2017年版）》。首次凝练和明确了“语言建构与运用、思维发展与提升、审美鉴赏与创造、文化传承与理解”的语文核心素养；进一步明确语文课程的特质是“学习祖国语言文字运用的综合性、实践性课程”，指出“工具性和人文性的统一，是语文课程的基本特点”；进一步强调以学生为主的理念和学生的自主语文学习活动，优化语文课程结构，提出“学习任务群”的语文课程组织方式，并提出了语文学业质量标准。此次高中课程方案和标准修订，是落实立德树人根本任务的需要，是解决高中课改面临问题和挑战的需要，也是推进与高考综合改革相衔接的需要。

2018年9月，教育部、国家语委印发《中华经典诵读工程实施方案》，强调“构建经典诵读课程和教材体系”。要在中小学语文等学科中丰富、充实有关中华经典诵读内容，支持各地开发中华经典地方课程、校本课程，开展诵写讲特色项目研究、实践；指导编写不同学段的中华经典分级诵读本；支持高校面向全体学生开设大学语文、中华优秀传统文化等必修和选修课程，编写中华经典大学教材。

### （三）高考语文科的选拔区分功能将明显增强

从上海的改革方案看，等级性考试成绩以合格性考试成绩的合格为基础，以等第制计分方式弱化了分数概念，总分较少，区分度不大。对数学考试科目而言，无论是不再区分文理科的高考方案设计，还是减轻学业负担的导向性影响，降低难度是趋势，区分功能也将相应减弱。外语可以两考，然后取高分计入总分，区分功能也相对弱化。高考归根到底是选拔性考试，其他各科的选拔功能减弱，客观上增强了语文科的选拔功能。未来通过扩展考试的广度和深度进一步增强区分功能，是大势所趋。

此外，语文素养的高下对综合评价面试环节的成绩影响重大。面试环节当然要考虑到不同学科（群）的需求，文科可能更看重人文素养，理科可能更看重理性思维品质，但无论哪种素养，基本都是通过口语表达来检测的。口语表达能力、认识和分析问题的能力乃至应对礼仪等，都和语文素养有密切关系。

## 三 新高考背景下的语文考试改革

高考综合改革使语文科考试备受社会关注。新高考背景下，语文科考试自身的改革关涉整个高考改革的成败。分析新高考的目标理念和制度设计，综合语文教育和教育评价专家的研究观点，语文科高考的未来发展趋势至少包括以下 3 个方面：

### （一）区分性提升

与新高考的理念与要求相比，高考语文科目前的选拔区分功能还有较大距离，且相关问题由来已久。原有高考制度下，各科均匀地承担区分考生水平的职能，这个问题带来的影响往往被掩盖和忽视。新高考的制度设计对提升语文科的区分功能提出了迫切要求。教育部考试中心专家指出：在新高考制度下……高考语文区分功能不佳的问题将更为明显。只有解决好这一问题，才能防止或缓解在后续招生录取过程中可能出现的学生分数拉不开差距、“一分之差天壤之别”的现象。事实上，高考语文在这方面大有可为，比如，可以尝试采取增加区分效果较好的题型在试卷中的比例，改进主观试题评分量表和评分方式，适当增加阅读材料的文字量，加大试题创新力度等措施。[①] 可以说，只有有效提升语文科的区分功能，才能确保高考改革平稳推进。尽管 2017 年以来，先后加入本轮高考改革的北京、天津、海南、山东、广东、福建、湖南、湖北、重庆、江苏、河北、辽宁等省市在上海基础上探讨增强选考科目的区分性（如扩大等级赋分区间、减小等级间的极差等），但语文科未来在高考选拔区分中

① 于涵、赵静宇、李勇《新高考语文科的定位、功能和考查内容研究》,《课程·教材·教法》2018 年第 5 期。

将发挥重要作用乃至关键作用仍是总体趋势。

### （二）稳定性增强

高考语文考什么、怎么考、怎么评，历来是语文教育与评价面临的最大挑战。多年来，有关部门、大批语文教育专家、教育评价专家为此进行了深入的理论研究和大量的实践探索，但由于语文考试的主观性强，其目标、内容、题型、难度等的波动性仍大于其他学科，与客观性特征突出的数理化科目考试评价更是差异悬殊。这使得高考对教学的指导作用不能有效而充分地发挥，更容易使考生及其家长产生焦虑。这种焦虑不利于高考改革的稳步推进。因此，高考语文在提升区分性的同时，必须进一步增强稳定性。

### （三）综合性凸显

高考语文科是对广大青少年母语文字能力和素养的测量和评价。要坚持对语文能力和素养考查的高要求和高标准，正确引导，促进学生对祖国语言文字、中华文化的热爱及语文能力和素养的全面提升。[①] 作为具有更强的基础性、通用性的必考科目，语文科的功能在不断拓展。根据“综合评价”的目标任务，语文高考在所有科目中将更多承担起考查学生综合素质的功能。扩大选文或阅读的覆盖面，涉及其他学科的内容，不同学科领域、不同话题、不同体裁、不同组织形式的文本都可能进入试卷，使视野开阔、理解能力和学习能力较强的学生脱颖而出。这既是语文学科本身人才培养目标越发完善的体现，也体现了学生进入高校所有学科领域和专业学习所必需的基础能力和人文素养的要求。部编本语文教材总主编温儒敏也曾经指出：这几年高考语文命题的确在变化，开始考阅读面和阅读速度，命题所依赖的材料范围也大大拓展。现在不只考文学，还涉及哲学、历史、考古、经济、科学等方方面面。[②]

目前，教育部考试中心正在“一核四层四翼”[③] 的整体框架下，探索论证由必备知识、关键能力、学科素养和核心价值构成的高考语文科考查内容的科学

① 于涵、赵静宇、李勇《新高考语文科的定位、功能和考查内容研究》,《课程・教材・教法》2018年第5期。

② 参见 https://www.thepaper.cn/newsDetail_forward_3955645。

③ “一核”是指高考的核心功能，即立德树人、服务选才、引导教学；“四层”是指高考的考查内容，即必备知识、关键能力、学科素养、核心价值；“四翼”是指高考的考查要求，即基础性、综合性、应用性、创新性。

性，不仅提出了具体构想，并且积极付诸实践。(1)“必备知识”的考查将融入关键能力和学科素养考查的过程中，试题要求考生掌握的必备知识常常不是答案，而是做出回答所必须具备的背景知识。如：2019年全国Ⅰ卷作文题《热爱劳动，从我做起》、Ⅱ卷作文题《青春接棒，强国有我》都明确规定考生必须采用演讲稿、书信、观后感及慰问信等特定的实用性文体，这就要求学生有关于识别和应用实用性文体的基本知识。(2)“关键能力”将重点考查与语文能力紧密相关的独立思考能力、逻辑推理能力、信息加工能力、语言表达能力、文字写作能力、形象思维能力、想象能力、审美鉴赏能力、创新能力、职业能力。如：2019年全国卷中，材料广泛涉及港珠澳大桥、“一带一路”倡议、嫦娥四号等国家发展热点，世乒赛、冬奥会等体育热点，传统音乐、中国书画等文化热点，压力与肥胖、生物酶与饮酒等生活热点。这种选材设计，有助于引导考生在生活中发现语文，理解语文，应用语文，在应用语文中感受生活，理解生活，参与社会，服务社会。(3)“学科素养”将聚焦语言、思维、审美和文化4个维度，保证课程标准规定的核心素养培养与学科素养考查和评价的一致性。如：2019年高考语文上海卷以“音乐的‘中国味’”为主题的作文，就向考生传达了有关民族艺术与传统文化的信息，突出了美育导向，有助于学生对民族文化等问题的深度理解和把握，体现出高考语文以文化人、全面育人的鲜明导向和不懈追求。(4)“核心价值”将作为命题要求贯穿高考语文试题命制的始终，通过试题传递积极人生追求、高尚思想境界和健康生活情趣，以润物无声的方式促使考生提高对多元价值观念的判断甄别能力，促使考生勤学、修德、明辨、笃实，以形成正确的价值观、世界观和人生观，促使考生自觉践行并对社会主义核心价值观形成情感认同。如：2019年高考语文上海卷文言文阅读材料《项经传》中项经的品格塑造、上海卷中的“士不可以不弘毅，任重而道远”等名句积累题等，通过科学设计试题，厚植家国情怀，倡导品德修养，讲述奋斗故事，引导考生传承爱国精神。[①]

① 于涵、赵静宇、李勇《新高考语文科的定位、功能和考查内容研究》，《课程·教材·教法》2018年第5期；教育部考试中心《健全立德树人　促进全面发展——2019年高考语文试题评析》，《中国考试》2019年第7期。

## 四 “得语文者得天下”舆情分析与应对

新高考背景下，“得语文者得天下”的说法在网络上高频出现。其话语内涵是：语文十分重要，学好、考好语文可以在新高考中获得较大的甚至是压倒性的优势。这一说法有一定道理，但也会产生消极影响，应当高度重视、妥善应对，引导社会充分认识高考改革的目的意义，正确对待语文考试和语文学习，为确保本轮高考改革平稳顺利推进营造良好的社会舆论环境。

### （一）“得语文者得天下”说法的由来

“得语文者得天下”的说法大概出现在2017年。当年，义务教育阶段统编语文教材启用，上海、浙江两地高考综合改革试点首次开考；统编教材总主编温儒敏在多个场合表示这几年高考语文正在改革，命题的一个变化是注意考阅读量和阅读速度；教育部基础教育司原司长、国家副总督学王文湛在第十六届全国基础教育学习论坛暨2017中国教育明德论坛上指出今后高考的区分度主要在语文。[①] 有关媒体在报道相关事件时开始在标题中使用“得语文者得天下”，与之类似的，还有“得语文者得高考”“得阅读者得语文”等说法。

国家先后颁布《普通高中课程方案（2017年版）》《普通高中语文课程标准（2017年版）》和《中华经典诵读工程实施方案》（2018），继上海、浙江之后越来越多的省市出台高考改革方案，当年高考语文考卷公开后社会普遍认为难度广度较之前明显提升，媒体的相关报道进一步使“得语文者得天下”成为网络舆情热点。

2017年以来，不少社会培训机构将“得语文者得天下”用作语文补课的广告语，并推出了所谓“大语文”课程。《新京报》2018年7月报道指出，近来各大培训机构在语文学科教育方面积极布局，基础教育语文学科培训成为教育领域的又一“风口”，“大语文”概念火热。[②]

### （二）“得语文者得天下”说法的辨析

从上海的试点改革方案看，就高考的选拔区分功能而言，这一说法有一定道理。同时，也强调了语文的重要性，彰显了国家对加强语文教育、提升学生

① 王茗辉《高考区分度主要在语文》，《北京娱乐信报》2017年12月14日第14版。

② 参见 https://baijiahao.baidu.com/s?id=1606720753645826872&wfr=spider&for=pc。

语文素养的决心，对唤起整个社会对语文的重视并扭转过去“学好数理化，走遍天下都不怕”话语强势下对语文重视不够的状况，也有一定的积极作用。

但这一说法也会带来消极影响:（1）“得天下”“得高考”等话语所隐含的功利倾向不利于扭转学校师生的应试心理，不利于构建以素质教育为导向的新高考的社会环境。（2）单独强调某一门学科的重要性，背离“全面实施素质教育”的改革初衷。改革的目的不是要促成“学好数理化，走遍天下都不怕”和“得语文者得天下”之间的话语转换。这种强势话语的轮流登场，会造成学科间的关系紧张。已经有数理化学科专家和教育专家对此表达不同意见，认为考生大面积“弃理从文”不利于国家科技进步和综合实力提升。（3）这种夸张的甚至是“标题党”式的话语，极易建构社会对语文科学习和考试的焦虑，在为国家加强语文教育的总体战略“帮倒忙”。不仅仅擅长数理化的考生会焦虑在高考中失去优势，大多数考生都会因为语文科考试的波动性大而焦虑语文到底应该如何“应试”。再加上社会培训机构的“推波助澜”，对语文考试的社会焦虑会进一步强化。

在社会应试心理尚未根本扭转，在社会普遍将语文视作一门学科并与数学、英语等并列的情况下，我们不主张用“得语文者得天下”这样的话语来宣传语文的重要性，不主张通过类似话语单独强调某一门学科的重要性，不主张“得天下”所表露出的功利倾向。即使从选拔区分的技术角度出发，“得语文者得天下”的话语也有待通过改革试点前后语文科分数的大规模数据样本的比较分析才能得到验证。从改革的方向和力度看，最终“得天下”的应是“得综合素质者”。不仅语文科将更多承担起考查学生综合素质的功能，综合评价中校测环节的表现，更要以长期积累的综合素质为支撑。

### （三）措施建议

加强关于高考综合改革目的、意义、成效的宣传，以及关于高考语文科改革方向、目标及在提升稳定性方面采取的措施的宣传，正向引导社会舆论，稳定社会心理预期。加强网络舆情管控，做好媒体工作，在宣传报道语文重要性时避免使用“得语文者得天下”之类的话语。加强社会培训机构监督管理，规范其办学行为和广告营销中的话语使用。

## 五 结语

高考综合改革的目的是扭转片面应试教育倾向，坚持正确育人导向，践行社会主义核心价值观，深入推进素质教育，提升广大青少年的综合素质。我们十分期待语文作为综合素质中的重要义项，越来越获得社会的普遍重视，使语文教育的目标“提高语文素养，形成良好的思想道德修养和科学人文修养，为终身学习和全面而有个性的发展奠定基础，为传承和发展中华文化、增强民族凝聚力和创造力发挥应有的作用”成为全社会的共识。

（王歆妙、张日培、王意如、叶丽新）

第五部分

# 科　研　篇

# 社科类科研基金语言学课题立项情况（2016—2018）*

一个学科的课题立项情况是观察其研究与发展趋势的重要视角，也是反映特定地区该学科发展水平与科研实力的重要方面。本文统计分析“十三五”以来本市在国家三大社科类科研基金中的语言学课题立项情况。

## 一 统计范围

本文统计的国家三大社科类科研基金是指国家哲学社会科学基金（以下简称国家社科）、教育部人文社会科学研究（以下简称教育部社科）和国家语委科研规划，这是我国语言学学科领域十分重要的三项科研基金。[①]其中，国家社科是国家级科研基金，教育部社科、国家语委科研规划是省部级科研基金。数据来源是各科研基金主管部门主动公开的项目数据库和关于立项情况的公示公告，如国家社科基金项目数据库[②]、国家语委科研项目数据库[③]、教育部网站关于教育部社科各类项目立项情况的公示公告等。

本文的统计范围是：国家社科重大、重点、一般、青年、后期资助项目中的语言学项目；教育部社科重大课题攻关、规划基金、青年基金、自筹经费、后期资助项目中的语言学项目，语言学类教育部社科重点研究基地重大项目；国家语委科研规划的全部项目。语言学研究近年来呈现出明显的跨学科特征，

* 本文为教育部哲学社会科学研究重大课题攻关项目“世界语言政策综合资源库建设及比较研究”（15JZD047）阶段性成果。

① 国家自然科学基金 F0604“自然语言处理”（2017 年之前为“中文信息处理”）也是语言学研究的重要方面。“十三五”以来的本市立项情况，受数据资料获得及检索的条件限制，项目组目前只检索到 1 项（2018 年度的青年项目“基于不平衡学习的语音情感识别研究”，立项单位是华东理工大学），未列入统计范围。

② 参见 http://fz.people.com.cn/skygb/sk/index.php/Index/seach。

③ 参见 http://www.ywky.org/prjquery.aspx。

但受限于研究条件，国家社科、教育部社科在其他学科（如新闻学与传播学、人口学、政治学、教育学、考古学、社会学、国际问题研究、民族问题研究等）中立项的与语言学研究相关的项目，未列入统计范围。数据统计时段是2016—2018年，共3个年度。

## 二 立项数量

3年来，本市在国家三大社科类科研基金中立项语言学课题共162项，其中国家社科83项，教育部社科59项，国家语委科研规划20项。从绝对数量看，国家社科最多；从在全国立项总数中的占比看，教育部社科最高；从重大重点项目立项比例看，国家语委科研规划最高；从历年变化看,2016年最少（46项），2017年冲高（63项），2018年略有回落（53项），总体呈增长趋势。

### （一）国家社科立项情况

国家社科的项目类别包括重大项目、重点项目、一般项目、青年项目、西部项目、后期资助项目、中华学术外译项目。其中，西部项目不涉及上海，未列入统计范围；中华学术外译项目是翻译实务，翻译过程并非关于翻译的研究，翻译对象即使为语言学著作也难以确定其为语言学研究，不列入统计范围。

3年来，本市在统计范围内立项语言学课题共83项，占全国立项总数的7.95%。其中重大项目5项，重点项目4项，一般项目48项，青年项目21项，后期资助项目5项。具体见表5-1。

**表5-1 2016—2018年本市国家社科语言学课题立项情况**

| 项目类别 | 2016年 | | | 2017年 | | | 2018年 | | | 合计 | | |
|---|---|---|---|---|---|---|---|---|---|---|---|---|
| | 本市立项/项 | 全国总数/项 | 占比/% | 本市立项/项 | 全国总数/项 | 占比/% | 本市立项/项 | 全国总数/项 | 占比/% | 本市立项/项 | 全国总数/项 | 占比/% |
| 重大 | 2 | 13 | 15.38 | 1 | 24 | 4.17 | 2 | 17 | 11.76 | 5 | 54 | 9.26 |
| 重点 | 1 | 21 | 4.76 | 1 | 23 | 4.35 | 2 | 27 | 7.41 | 4 | 71 | 5.63 |
| 一般 | 11 | 195 | 5.64 | 21 | 220 | 9.55 | 16 | 235 | 6.81 | 48 | 650 | 7.38 |
| 青年 | 5 | 65 | 7.69 | 9 | 65 | 13.85 | 7 | 56 | 12.50 | 21 | 186 | 11.29 |
| 后期 | 2 | 21 | 9.52 | 2 | 28 | 7.14 | 1 | 34 | 2.94 | 5 | 83 | 6.02 |
| 合计 | 21 | 315 | 6.67 | 34 | 360 | 9.44 | 28 | 369 | 7.59 | 83 | 1044 | 7.95 |

本市的立项情况在全国位居前列。重大项目占比优势明显；重点项目、一般项目、青年项目3年累计73项，在全国位列第二。① 需要说明的是，检索国家社科基金项目数据库可见，其重大项目现不明确列出学科归属，但从其课题编号顺序可以判断相关项目是否归属于语言学，如2016年为16ZDA202-214，2017年为17ZDA297-320，2018年为18ZDA290-306。不在这些编号范围内的，未列入统计范围。如：2017年本市立项的“当代西方叙事学前沿理论的翻译与研究”（17ZDA281，上海交大尚必武）和2018年本市立项的“‘一带一路’沿线国家法律文本翻译、研究及数据库建设”（18ZDA157，华东政法屈文生），从项目编号看，未归到语言学学科，因此未列入统计范围。但这2项跨学科的项目与语言学（翻译学）研究密切相关，主持人学术背景也都是语言学。

### （二）教育部社科立项情况

教育部社科的项目类别包括重大项目（含重大课题攻关项目和基地重大项目）、一般项目（含规划基金项目、博士点基金项目、青年基金项目）、专项任务项目、后期资助项目。② 检索近3年教育部相关立项通知可见：博士点基金项目未单列，但列有自筹经费项目；专项任务项目内容涉及高校思想政治、教育廉政、工程科技人才培养、中国特色社会主义理论体系研究、马克思主义学院和优秀教学科研团队建设等，不包括语言学，未列入统计范围；设有西部、边疆、新疆、西藏等地区项目，不涉及上海，也未列入统计范围。

3年来，本市在统计范围内立项语言学课题共59项，占全国立项总数的9.42%。其中，基地重大项目5项，规划基金项目14项，青年基金项目40项，无重大课题攻关项目、自筹经费项目和后期资助项目。具体见表5-2。

**表5-2　2016—2018年本市教育部社科语言学课题立项情况**

| 项目类别 | 2016年 | | | 2017年 | | | 2018年 | | | 合计 | | |
|---|---|---|---|---|---|---|---|---|---|---|---|---|
| | 本市立项/项 | 全国总数/项 | 占比/% | 本市立项/项 | 全国总数/项 | 占比/% | 本市立项/项 | 全国总数/项 | 占比/% | 本市立项/项 | 全国总数/项 | 占比/% |
| 重大攻关 | 0 | 2 | 0.00 | 0 | 0 | 0.00 | 0 | 2 | 0.00 | 0 | 4 | 0.00 |
| 基地重大 | 4 | 12 | 33.33 | 0 | 8 | 0.00 | 1 | 4 | 25.00 | 5 | 24 | 20.83 |

① 位列第一的是北京，3年累计104项。

② 参见《教育部人文社会科学研究项目管理办法》（2006）。

（续表）

| 项目类别 | 2016年 | | | 2017年 | | | 2018年 | | | 合计 | | |
|---|---|---|---|---|---|---|---|---|---|---|---|---|
| | 本市立项/项 | 全国总数/项 | 占比/% | 本市立项/项 | 全国总数/项 | 占比/% | 本市立项/项 | 全国总数/项 | 占比/% | 本市立项/项 | 全国总数/项 | 占比/% |
| 规划基金 | 5 | 51 | 9.80 | 8 | 77 | 10.39 | 1 | 71 | 1.41 | 14 | 199 | 7.04 |
| 青年基金 | 7 | 100 | 7.00 | 19 | 132 | 14.39 | 14 | 155 | 9.03 | 40 | 387 | 10.34 |
| 自筹经费 | 0 | 0 | — | 0 | 1 | 0.00 | 0 | 1 | 0.00 | 0 | 2 | 0.00 |
| 后期资助 | 0 | 2 | 0.00 | 0 | 3 | 0.00 | 0 | 5 | 0.00 | 0 | 10 | 0.00 |
| 合计 | 16 | 167 | 9.58 | 27 | 221 | 12.22 | 16 | 238 | 6.72 | 59 | 626 | 9.42 |

该基金的重大课题攻关项目不明确学科归属，坚持问题导向，跨学科、综合性特征明显。根据近3年所立课题名称，以下4项较为明确属于语言学项目："中国满语文保护抢救口述史与满语音像资料库建构"（2016）、"全面提升民族地区双语教育质量的对策研究"（2016）、"新时代国家语言文字事业的新使命与发展方略研究"（2018）、"汉语国际教育视野下的中国文化教材与数据库建设研究"（2018）。其中没有本市项目。除此以外，有一些项目涉及语言问题，但方法、理论等可能不是语言学的，未列入统计范围，如："中国书法文化国际传播的理论与实践研究"（2016）、"中国话语体系建设与全球治理研究"（2016）、"英语创意写作与推动中国文化走出去研究"（2017）、"甲骨文对中华思想文化的影响和作用研究"（2017）、"讲好中国故事与提升我国国际话语权和文化软实力研究"（2017）、"中国百年诗歌翻译的诗学谱系研究"（2017）、"中华诗词的语言艺术原理及其历史生成机制研究"（2018）等。其中，2016年的"中国书法文化国际传播的理论与实践研究"的立项单位是本市的华东师范大学，鉴于其更偏重传播学研究，未列入统计范围。

从基地重大项目看，3年间，获得课题立项的语言学类教育部人文社会科学重点研究基地共8家：北京大学中国语言学研究中心、北京外国语大学中国外语与教育研究中心、北京语言大学对外汉语研究中心、华东师范大学中国文字研究与应用中心、浙江大学汉语史研究中心、广东外语外贸大学外国语言学及应用语言学研究中心、华中师范大学语言与语言教育研究中心、黑龙江大学俄罗斯语言文学研究中心。这些基地的立项课题均应作为语言学课题，3年来总计24项，其中本市的华东师范大学中国文字研究与应用中心共立项5项。

总体上看，本市的教育部社科语言学课题立项数量不及国家社科，但占全国立项总数的比例在三大基金中最高。

### （三）国家语委科研规划立项情况

国家语委科研规划的项目类别包括重大项目、重点项目、一般项目、委托项目、基地项目、标准项目、民族项目、后期资助项目、自筹项目。检索国家语委科研规划项目数据库，标准项目、民族项目、自筹项目 3 年内未见有立项。

3 年来，本市在国家语委科研规划中立项课题共 20 项，占全国立项总数的 7.94%。其中重大项目 1 项，重点项目 10 项，一般项目 6 项，委托项目 2 项，后期资助项目 1 项。具体见表 5-3。

表 5-3　2016—2018 年本市国家语委科研规划课题立项情况

| 项目类别 | 2016 年 | | | 2017 年 | | | 2018 年 | | | 合计 | | |
|---|---|---|---|---|---|---|---|---|---|---|---|---|
| | 本市立项/项 | 全国总数/项 | 占比/% | 本市立项/项 | 全国总数/项 | 占比/% | 本市立项/项 | 全国总数/项 | 占比/% | 本市立项/项 | 全国总数/项 | 占比/% |
| 重大 | 1 | 4 | 25.00 | 0 | 2 | 0.00 | 0 | 3 | 0.00 | 1 | 9 | 11.11 |
| 重点 | 5 | 32 | 15.63 | 2 | 28 | 7.14 | 3 | 22 | 13.64 | 10 | 82 | 12.20 |
| 一般 | 2 | 39 | 5.13 | 0 | 20 | 0.00 | 4 | 34 | 11.76 | 6 | 93 | 6.45 |
| 委托 | 1 | 15 | 6.67 | 0 | 12 | 0.00 | 1 | 13 | 7.69 | 2 | 40 | 5.00 |
| 基地 | 0 | 0 | — | 0 | 1 | 0.00 | 0 | 0 | — | 0 | 1 | 0.00 |
| 后期 | 0 | 10 | 0.00 | 0 | 6 | 0.00 | 1 | 11 | 9.09 | 1 | 27 | 3.70 |
| 合计 | 9 | 100 | 9.00 | 2 | 69 | 2.90 | 9 | 83 | 10.84 | 20 | 252 | 7.94 |

国家语委科研规划重点支持语言生活中具有全局性、战略性、前瞻性的重大理论和现实问题研究，支持对语言文字事业具有重要影响的基础理论类问题研究，支持相关的新兴学科、交叉学科和跨学科综合研究。[①] 所有立项课题都属于语言学研究，但立项体量明显小于国家社科和教育部社科。本市的立项数在三大基金中也相应最少，占全国立项总数的比例则与国家社科大致相当。不过，国家语委科研规划中，重点项目的立项数表现抢眼，很大程度上是由于本市建有 2 家国家语委科研机构。

① 参见《国家语委科研项目管理办法（2015 年修订）》。

## 三 立项单位与主持人

3 年来，本市在国家三大科研基金中所立的 162 项语言学课题覆盖了 21 个立项单位和 159 位主持人。

### （一）立项单位及立项情况

高校是立项单位的主体。21 个立项单位中有 19 个是高校。复旦大学 27 项居首，上海外国语大学 26 项紧随其后，其他 10 项及以上的还有华东师范大学、上海师范大学、上海交通大学、同济大学、上海大学、上海财经大学。具体见表 5-4。

表 5-4 2016—2018 年本市三大基金语言学课题立项单位及立项情况 单位：项

| 序号 | 立项单位 | 国家社科 | | | | | 教育部社科 | | | 国家语委科研规划 | | | | | 合计 |
|---|---|---|---|---|---|---|---|---|---|---|---|---|---|---|---|
| | | 重大项目 | 重点项目 | 一般项目 | 青年项目 | 后期资助 | 基地重大 | 规划基金 | 青年基金 | 重大项目 | 重点项目 | 一般项目 | 委托项目 | 后期资助 | |
| 1 | 复旦大学 | 1 | 1 | 7 | 6 | 1 | — | 4 | 5 | — | — | 2 | — | — | 27 |
| 2 | 上海外国语大学 | — | — | 8 | 1 | — | — | 2 | 8 | 1 | 5 | — | 1 | — | 26 |
| 3 | 华东师范大学 | 1 | — | 5 | 2 | 2 | 5 | 1 | 1 | — | — | 1 | — | — | 18 |
| 4 | 上海师范大学 | 1 | 1 | 6 | 4 | — | — | 2 | 2 | — | — | 1 | — | — | 17 |
| 5 | 上海交通大学 | 2 | 1 | 6 | 1 | — | — | 1 | 3 | — | — | — | — | — | 14 |
| 6 | 同济大学 | — | — | 4 | — | — | — | 1 | 6 | — | 1 | — | — | 1 | 13 |
| 7 | 上海大学 | — | 1 | 4 | 1 | 2 | — | 1 | 3 | — | — | 1 | — | — | 13 |
| 8 | 上海财经大学 | — | — | 2 | 4 | — | — | 1 | 1 | — | 1 | 1 | — | — | 10 |
| 9 | 上海海事大学 | — | — | 2 | 1 | — | — | — | 3 | — | — | — | — | — | 6 |
| 10 | 上海理工大学 | — | — | — | — | — | — | 1 | 3 | — | — | — | — | — | 4 |
| 11 | 华东政法大学 | — | — | 1 | — | — | — | — | 2 | — | — | — | — | — | 3 |
| 12 | 上海市教育科学研究院 | — | — | — | — | — | — | — | — | — | 2 | — | — | — | 2 |
| 13 | 东华大学 | — | — | — | 1 | — | — | — | — | — | — | — | — | — | 1 |
| 14 | 华东理工大学 | — | — | — | — | — | — | — | — | — | — | — | 1 | — | 1 |
| 15 | 上海电力学院 | — | — | 1 | — | — | — | — | — | — | — | — | — | — | 1 |

（续表）

| 序号 | 立项单位 | 国家社科 | | | | | 教育部社科 | | | 国家语委科研规划 | | | | | 合计 |
|---|---|---|---|---|---|---|---|---|---|---|---|---|---|---|---|
| | | 重大项目 | 重点项目 | 一般项目 | 青年项目 | 后期资助 | 基地重大 | 规划基金 | 青年基金 | 重大项目 | 重点项目 | 一般项目 | 委托项目 | 后期资助 | |
| 16 | 上海对外经贸大学 | — | — | — | — | — | — | — | 1 | — | — | — | — | — | 1 |
| 17 | 上海海洋大学 | — | — | 1 | — | — | — | — | — | — | — | — | — | — | 1 |
| 18 | 上海立信会计金融学院 | — | — | 1 | — | — | — | — | — | — | — | — | — | — | 1 |
| 19 | 上海政法学院 | — | — | — | — | — | — | — | 1 | — | — | — | — | — | 1 |
| 20 | 上海中医药大学 | — | — | — | — | — | — | — | 1 | — | — | — | — | — | 1 |
| 21 | 上海广播电视台 | — | — | — | — | — | — | — | — | — | 1 | — | — | — | 1 |
| | 合计 | 5 | 4 | 48 | 21 | 5 | 5 | 14 | 40 | 1 | 10 | 6 | 2 | 1 | 162 |

从重大、重点项目立项情况看，除了20项以上的复旦大学和上海外国语大学，华东师范大学、上海师范大学、上海交通大学也显示了很强的语言学实力。国家社科5项重大项目中，上海交大有2项，复旦大学、华东师大、上海师大各1项；4项重点项目中，复旦大学、上海交通大学、上海师范大学、上海大学各1项。国家语委科研规划项目中，上海外国语大学立项最多，1项重大项目，5项重点项目。

除了高校，立项单位还包括科研机构和新闻媒体，一定程度上丰富了本市立项单位的类型。一是上海市教育科学研究院，该院和教育部语信司共建有国家语委科研机构国家语言文字政策研究中心，所立2项均是国家语委科研规划重点项目；二是上海广播电视台，所立1项是国家语委科研规划重点项目“广播电视领域贯彻落实语言文字规范标准情况调查研究”，与行业业务紧密结合，市教科院国家语言文字政策研究中心也派员参与了课题研究工作。

### （二）主持人情况

162项课题中，有3位学者同时承担主持2个项目，因此共覆盖了159位主持人。同时主持2个项目的3位学者分别是：胡开宝（上海交通大学[①]）、郑伟（华东师范大学）、周洋（上海财经大学）。其中胡开宝和郑伟都是国家社科重

① 2个项目立项时的任职单位，现已任职上海外国语大学。

大项目和一般项目各1项，周洋的2个项目都是青年项目。此外，值得关注的是，上海外国语大学的党委书记和校长各主持一个国家语委科研规划项目，一个重大项目、一个重点项目，显示了该校作为语言类专业学校对语言生活与语言规划类课题研究的重视。

## 四 学科分布

根据课题名称，按照国家标准《学科分类与代码》（GB/T 13745—2009）关于“语言学”（一级学科，代码740）的二、三级学科分类，162项语言学课题的二、三级学科分布情况见表5-5。

**表5-5 2016—2018年本市三大基金语言学课题二、三级学科分布**

| 二级学科 | 三级学科 | 立项数/项 | 合计/项 | 占比/% |
|---|---|---|---|---|
| 74010 普通语言学 | 7401010 语音学 | 0 | 15 | 9.26 |
| | 7401015 语法学 | 2 | | |
| | 7401020 语义学 | 4 | | |
| | 7401025 词汇学 | 1 | | |
| | 7401030 语用学 | 1 | | |
| | 7401035 方言学 | 0 | | |
| | 7401040 修辞学 | 1 | | |
| | 7401045 文字学 | 3 | | |
| | 7401050 语源学 | 1 | | |
| | 7401099 普通语言学其他学科 | 2 | | |
| 74015 比较语言学 | 7401510 历史比较语言学 | 0 | 15 | 9.26 |
| | 7401520 类型比较语言学 | 5 | | |
| | 7401525 双语对比语言学 | 9 | | |
| | 7401599 比较语言学其他学科 | 1 | | |
| 74020 语言地理学 | — | 0 | 0 | 0.00 |
| 74025 社会语言学 | — | 25 | 25 | 15.43 |
| 74030 心理语言学 | — | 0 | 0 | 0.00 |

（续表）

| 二级学科 | 三级学科 | 立项数 / 项 | 合计 / 项 | 占比 / % |
|---|---|---|---|---|
| 74035 应用语言学 | 7403510 语言教学 | 30 | 67 | 41.36 |
| | 7403520 话语语言学 | 3 | | |
| | 7403530 实验语音学 | 0 | | |
| | 7403540 数理语言学 | 0 | | |
| | 7403550 计算语言学 | 6 | | |
| | 7403560 翻译学 | 19 | | |
| | 7403570 术语学 | 0 | | |
| | 7403599 应用语言学其他学科 | 9 | | |
| 74040 汉语研究 | 7404010 普通话 | 0 | 36 | 22.22 |
| | 7404015 汉语方言 | 7 | | |
| | 7404020 汉语语音 | 0 | | |
| | 7404025 汉语音韵 | 5 | | |
| | 7404030 汉语语法 | 15 | | |
| | 7404035 汉语词汇 | 1 | | |
| | 7404040 汉语训诂 | 0 | | |
| | 7404045 汉语修辞 | 4 | | |
| | 7404050 汉字规范 | 0 | | |
| | 7404055 汉语史 | 4 | | |
| | 7404099 汉语研究其他学科 | 0 | | |
| 74045 中国少数民族语言文字 | 7404599 中国少数民族语言文字其他学科 | 1 | 1 | 0.62 |
| 74050 外国语言 | 7405011 英语 | 1 | 3 | 1.85 |
| | 7405091 日语 | 2 | | |
| 合计 | | 162 | 162 | 100.00 |

注：①本部分未见立项的三级课题名称（少数民族语语种名）略。
②本部分未见立项的三级课题名称（外语语种名）略。

该标准未就“74020语言地理学”“74025社会语言学”“74030心理语言学”3个二级学科给出三级学科。在该标准中，“74045 中国少数民族语言文字”的三级学科为各少数民族语语种，“74050 外国语言”的三级学科为各外语语种，表 5 中本市未见立项的，从略。该标准为统计分析立项课题研究内容与方向提供了权威依据。同时，也存在以下缺憾：

第一，一些新兴学科未进入该分类体系。该标准《引言》部分载明：本标准建立的学科分类体系是直接为科技政策和科技发展规划以及科研项目、科研成果统计和管理服务的，因此主要收录已经形成的学科，而对于成熟度不够，或者尚在酝酿发展有可能形成学科的雏形则暂不收录，待经过时间考验后下一次修订本标准时再酌情收录。关于这个问题，本文的处理方法是，严格遵循其二级学科框架，对于一些该标准 2009 年修订发布以来新出现的学科，在相关二级学科下的“其他学科”（三级）中计数统计，如手语研究、语障研究等，作为“应用语言学其他学科”。此类情况，也包括对一些难以确定学科归属或综合性强的项目的处理。

第二，学科分类有交叉。主要是以语种为视角的“74040 汉语研究”“74045 中国少数民族语言文字”“74050 外国语言”的分类，与 74010—74030 以学科理论为视角的分类，有交叉。具体到某一项目，极有可能是用了 74010—74030 中的某一理论，而研究 74040—74050 中的某一种语言，分到两边哪一类中都无可无不可。关于这个问题，本文的处理原则是：题目中未出现语种名的，归到 74010—74030 中；题目中强调以某一种语言为研究对象的，归到 74040—74050 中。此外，“74035 应用语言学”应与两边都不交叉，这是“本体 / 应用”的二维分类逻辑，但其“实验语音学”等也还是会与语种视角下的分类有交叉，仍遵循前述原则处理。[①]

表 5-5 可见，162 项课题中，立项数量从多到少依次为：应用语言学、汉语研究、社会语言学、普通语言学、比较语言学、外国语言、中国少数民族语言文字；语言地理学有 1 项（“地理语言学视野下的毗陵吴语变异研究”），但因分类交叉问题，归入“汉语研究”下的“汉语方言”；心理语言学未见立项。

### （一）应用语言学

应用语言学课题在各二级学科中立项数量居首，共计 67 项，占立项总数的 41.36%。从其三级学科立项数量看：立项最多的是“语言教学”，有 30 项，其

① 本部分旨在让读者从面上了解本市语言学课题的主要研究内容与方向。鉴于语言学学科的复杂性，本文以遵循权威依据为前提，在具体的分类标注工作得到了本报告编委游汝杰的指导，特此鸣谢。

中外语，尤其是英语教学研究显著多于汉语二语教学研究。其次是“翻译学”，有19项，研究话题以对外翻译为主，既有传统文化外译也有当代话语外译，还有一些翻译理论与实务方面的研究。其中有1项国家社科重大项目“中国特色大国外交的话语构建、翻译与传播研究”（上海交通大学胡开宝）。再次是列入“其他学科”的9项，其中有7项是针对特殊人群（包括老年人、精神障碍人群、自闭症儿童、听障人士等）的语言研究，包括1项社科重大项目“精神障碍人群语料库建设及面向脑科学和人工智能的语言研究”（上海交通大学丁红卫）；还有2项涉及语言的神经加工机制研究。然后是“计算语言学”，有6项，研究内容主要涉及语言文字数据库建设和语料加工等，其中有5项是华东师范大学中国文字研究与应用中心承担的教育部社科基地重大项目，如“秦汉出土实物文字数据库语料深加工研究”“魏晋至宋元明出土实物文字数据库语料深加工研究”“系列古文字专题数据库建设”等。此外，“话语语言学”3项，其中有2项关注了司法领域的话语问题。

“实验语音学”至少有3项，包括“上海市区方言变异的实验语音学研究”“吴语浊音声母的类型及实验研究”“汉语方言介音类型实验研究”，由于与“汉语方言”“类型比较语言学”等有交叉，鉴于其主要以汉语方言为研究对象，均在“汉语方言”类计数统计。而“数理语言学”“术语学”均未见立项。

### （二）汉语研究

汉语研究类课题在各二级学科中立项数量位列第二，共36项，占立项总数的22.22%。从其三级学科立项数量看：立项最多的是“汉语语法”，有15项，以国家社科和教育部社科的青年项目为主，研究内容分散。其次是“汉语方言”，有7项，研究吴方言、上海话的居多，其他涉及豫南方言、闽方言的各有1项。再次是“汉语音韵”，有5项，研究内容涉及《切韵》《洪武正韵》以及少数民族和邻国文字中的汉字音问题。华东师大郑伟同时主持的2项都是关于汉字音问题的研究，其中的国家社科重大项目是“西南各民族及‘一带一路’邻国语言文字中汉字音的数字化整理与研究”。然后是“汉语修辞”和“汉语史”，各有4项，“汉语史”研究中有2项是关于朱子语录的语言研究，其中有1项是国家社科重点项目。此外，“汉语词汇”有1项，是国家社科的一般项目“汉语跨层词汇化的再演变研究”。而关于“普通话”和“汉字规范”的研究，未见立项。

### （三）社会语言学

社会语言学课题在各二级学科中立项数量位列第三，共计 25 项，占立项总数的 15.43%。社会语言学研究语言与社会的互动关系，有的以语言为重点，有的以社会为重点（也被称为语言社会学）。国家语委科研规划的绝大部分项目属于社会语言学，国家社科、教育部社科历来立项不多，近年有所增长。本市近 3 年所立 25 项课题中，国家社科 3 项、教育部社科 3 项，其余 19 项均为国家语委科研规划课题。从研究内容看，绝大多数都是语言社会学类的语言生活与语言规划研究。其中又以涉及语言问题的政策规划研究为主，话题涉及多语种网络空间语言战略、语言智库建设、国家外语能力建设、语言教育政策、汉语声誉规划、国际化城市外国人的语言生活、语言与身份认同、语言服务、企业语言能力提升、国别语言政策（中亚）等；另有一部分调查语言的社会使用状况，如“广播电视领域贯彻落实语言文字规范标准情况调查研究”“藏语言文字使用的调查研究”“上海市语言景观中的日文使用状况实证研究”等。以语言为重点的研究不多，主要涉及语言接触（汉语和突厥语的语言接触）、混合语（云南水磨房汉藏混合语）研究，上海财经大学周洋同时主持的 2 项都是关于云南水磨房汉藏混合语的。

### （四）比较语言学

比较语言学课题共有 15 项，占立项总数的 9.26%，可见比较语言学是语言学研究的重要理论视角。从其三级学科立项数量看：“双语对比”居多，9 项，其中有 1 项国家社科重大项目“新足本汉英词典编纂研究”（复旦大学高永伟），绝大多数是汉英对比，只有 1 项是汉日对比；其他都是“类型比较”，包括汉日语、汉朝 / 韩语、汉法语等的类型比较语言学研究。“比较语言学其他学科”中的 1 项“基于语料库的汉西英语篇指示词对比研究”从题目看，疑为汉语、西班牙语、英语三语对比。

### （五）普通语言学

普通语言学课题共有 15 项，占立项总数的 9.26%。在语法学、语义学、词汇学、语用学、修辞学、文字学、语源学等各三级学科基本都有分布。其中，“语义学”4 项，研究话题涉及谓词语义角色、语境依赖等；“文字学”3 项，研

究内容涉及商代金文、古汉字与滇川黔桂彝文比较等；其他各三级学科都只有1项或2项，研究话题分散。“普通语言学其他学科”中的2项，1项是国家社科重大项目“中国语言学史（分类多卷本）”（上师大陈昌来），1项是关于俄罗斯语言哲学史的研究，综合性、基础性特征突出。“语音学”“方言学”的相关项目，则由于分类交叉，在“汉语方言”下计数统计。

### （六）其他

除前述各二级学科，“中国少数民族语言文字”“外国语言”“语言地理学”二级学科的立项数量都很少，3类合计只有5项，项目类别的层级也不高。

## 五 特色亮点

纵观2016—2018年语言学立项课题，本市的语言学研究正向纵深发展，不断进步，传统领域的研究更加深入，新兴领域的研究值得关注。尤其表现出以下特色：

### （一）研究选题回应时代需求

紧跟时代发展趋势，回应国家战略与社会大众当下的现实需求是许多项目在选题上的一个主要特点。

例如：多达19项的翻译类项目，主动服务“中华文化走出去”的国家战略需求，积极推动中华传统文化和当代话语的外译传播。国家社科重大项目“中国特色大国外交的话语构建、翻译与传播研究”、国家语委科研规划重点项目“构建人类命运共同体视域下国家对外话语能力提升战略研究”等，从主持人学术背景看，都是以外语、翻译方向为依托，从对外话语体系建设的高度开展以翻译为核心的研究；国家语委科研规划重大课题“多语种网络空间语言战略研究”开题时更是开宗明义，“立足打造融通中外的网络空间中国话语体系，进一步增强我国在网络空间的话语权，促进‘中国话语，国际表达’能力的提升”。

又如：至少有10项课题与“一带一路”和“互联网+”等国家大政方针密切相关，体现出本市的语言学研究在回应新时代国家战略需求方面所做的努力与成绩。

再如：“我国国际化城市外国人的语言生活与语言规划研究”“网络语言的

生产传播与青年群体文化研究——以青年亚文化群体为例”等探究全球化与信息化背景下社会语言生活中新现象与新群体的研究，“中国英语能力等级量表事后效度研究”“指向学科核心素养的英语课堂教学任务研究”等广大学生与家长普遍关心的语言教育与语言测试等问题的研究，显示本市语言学者在研究选题上一方面坚持问题导向、对接国家宏观战略需求，另一方面也注重面向社会现实，积极回应公众关切。

### （二）研究视角超越学科藩篱

以国家社科重大项目“精神障碍人群语料库建设及面向脑科学和人工智能的语言研究”为代表的跨学科式研究是近年来本市语言学研究的另一主要特点。一些课题在题目中即已强调了研究的跨学科性质，如“形式语义学及多学科交叉视角下的语境依赖研究”“跨学科视角下西方‘新修辞学’及其创新的三维考察”等。在跨学科研究中，与神经与认知科学结合的课题较多，仅从题目看，与脑科学、神经科学、认知科学等领域交叉的课题就有 11 项，包括“二语阅读‘熔断假说’的语言及神经认知机制研究”“英语反身代词回指的神经加工机制研究”等。

在大数据时代，数据科学在语言学各个研究方向的影响力也愈发凸显。一些研究借助数理与量化研究方法对传统研究中关注的问题进行重新审视，如“基于概率模型的转喻识别英汉对比研究”“语义—句法互动的定量分析研究”等。更多的研究将语料库作为基本研究方法，仅从立项题目看，基于语料库、数据库进行的研究就有 22 项。这些基于语料库方法的研究涵盖了翻译学、话语研究、语音学、语法学、语言障碍、语言政策等多个研究方向，已经成为学者们最常用的研究方法之一。

数理与量化方法的应用一方面为语言学研究提供了新的视角与工具，另一方面通过运用这些方法，语言学者也加强了与认知科学、数据科学的研究者在认识论和方法论层面上共通之处，为跨学科研究的深入开展奠定了基础。

### （三）研究对象彰显人文关怀

过去，语言学研究的对象主要是语言本体，但是近年来语言和语言学的应用正在获得学者们越来越多的重视。这一研究焦点的转向使得语言学的研究对象从抽象的语言成分与语言特征，扩大到了鲜活的语言使用者。2016—2018 年

本市有“儿童语言障碍成因与教育训练策略研究”“自闭症儿童汉语情绪韵律的产出和感知研究”等 7 项课题关注到社会特殊群体，其研究对象涵盖了患有自闭症、语言障碍、精神障碍的病患以及认知退化的老年人、聋人等多个群体面临的语言问题。

这些研究一方面坚持了对语言规律、人类习得语言的机制等语言学核心研究问题的探索，采取跨学科视角，与脑科学、神经科学、认知科学等领域交叉，借助多模态语料库、数据库和其他实验设备进行研究；另一方面，这些研究的出发点又基于对社会上难以发声、易受人忽视的特殊人群、边缘群体的关怀，体现出语言学研究的温度，体现出上海语言学者的人文关怀。

（吴　佳、杜宜阳、张日培、袁　丹、刘思静）

# 高等院校语言学专业人才培养与学科建设*

《国家语委"十三五"科研规划》指出科研工作是保障国家语言文字事业改革和发展的重要基础。加强语言文字科研，离不开语言学专业人才的培养。本文梳理本市高等院校语言学专业人才培养及学科建设情况，包括本科教育阶段语言学相关专业设置情况、研究生教育阶段语言学类学位授权点分布情况，以及入选省部级及以上重点学科建设项目的语言学类学科情况，为本市有关部门、各方力量进一步推动语言学学科发展提供参考。

## 一 本科教育阶段语言学相关专业设置

根据原国家教委《关于普通高等学校修订本科专业教学计划的原则意见》（1998），我国本科教育在"智育"方面的培养目标是：具有一定的人文社会科学和自然科学基本理论知识，掌握本专业的基础知识、基本理论、基本技能，具有独立获取知识、提出问题、分析问题和解决问题的基本能力及开拓创新的精神，具备一定的从事本专业业务工作的基本能力与素质。对学科专业人才，特别是学术型人才的培养而言，主要是打基础、做储备。

我国高校根据教育部制定和发布的《普通高等学校本科专业目录》（2012）（以下简称《专业目录》）设置本科专业。《专业目录》规定专业划分、名称及所属门类，是设置和调整专业、实施人才培养、安排招生、授予学位、指导就业，进行教育统计和人才需求预测等工作的重要依据。根据《普通高等学校本科专业设置管理规定》，高校设置尚未列入《专业目录》的新专业，需报经教育部审批。

* 本文为教育部哲学社会科学研究重大课题攻关项目"世界语言政策综合资源库建设及比较研究"（15JZD047）和上海外国语大学导师引领计划阶段性成果。

《专业目录》分为学科门类、专业类、专业三级。从《专业目录》看，关于语言学专业人才的培养储备，主要通过“05 文学”学科门类下的“0501 中国语言文学类”和“0502 外国语言文学类”两个专业类下的各专业实现，这些专业在本市高等院校中都有设置。此外，本市还有高校在《专业目录》以外专门开设了“语言学”专业。[①]

### （一）“中国语言文学类”下各专业设置情况

“0501 中国语言文学类”中的专业包括：050101 汉语言文学、050102 汉语言、050103 汉语国际教育、050104 少数民族语言文学、050105 古典文献学。这些专业的教育教学都涉及语言学基础知识，其中“050102 汉语言”的语言学专业性更加突出。

本市有 10 所高校开设“汉语言文学”专业，3 所高校开设“汉语言”专业，4 所高校开设“汉语国际教育”专业，1 所高校开设“古典文献学”专业，没有高校开设“少数民族语言文学”专业。具体见表 5-6。

表 5-6 本市高等院校本科教育“中国语言文学类”下各专业设置情况

| 专业 | 开设院校数 / 所 | 具体开设院校 |
| --- | --- | --- |
| 汉语言文学 | 10 | 复旦大学、上海交通大学、同济大学、华东师范大学、上海大学、上海师范大学、华东政法大学、上海政法学院、上海立信会计金融学院、上海师范大学天华学院 |
| 汉语言 | 3 | 复旦大学、上海外国语大学、上海师范大学 |
| 汉语国际教育 | 4 | 华东师范大学、上海外国语大学、上海对外经贸大学、上海师范大学天华学院 |
| 少数民族语言文学 | 0 | — |
| 古典文献学 | 1 | 上海师范大学 |

### （二）“外国语言文学类”下各专业设置情况

“0502 外国语言文学类”中的专业包括：050201—050260 语种专业（含英语、俄语、德语、法语等共 60 个语种）、050261 翻译、050262 商务英语。这些专业的教育教学也都涉及语言学基础知识。

本市开设英语专业的高校最多，达 26 所；其次是日语专业，23 所；再次

① 本部分据各高校 2019 年本科招生简章梳理统计，不排除 2019 年不招生但以往招生、目前有学生在读的情况，受研究条件限制，本文未梳理统计该类情况。

是德语专业，13 所；以下依次是法语、西班牙语、朝 / 韩语、俄语、阿拉伯语专业等，共涵盖了 28 种外国语言。其中，有 20 种非通用语种仅在上海外国语大学开设，包括波斯语、印度尼西亚语、印地语、泰语、希伯来语、越南语、斯瓦希里语、波兰语、捷克语、葡萄牙语、瑞典语、土耳其语、希腊语、匈牙利语、意大利语、荷兰语、乌克兰语、哈萨克语、乌兹别克语、塞尔维亚语。此外，开设翻译和商务英语专业高校各有 7 所。具体见表 5-7。

**表 5-7　本市高等院校本科教育“外国语言文学类”下各专业设置情况**

| 专业 | 开设院校数 / 所 | 开设院校 |
|---|---|---|
| 英语 | 26 | 复旦大学、上海交通大学、同济大学、华东师范大学、华东理工大学、东华大学、上海外国语大学、上海大学、上海理工大学、上海海事大学、上海海洋大学、上海师范大学、华东政法大学、上海对外经贸大学、上海应用技术大学、上海第二工业大学、上海电力大学、上海政法学院、上海立信会计金融学院、上海体育学院、上海海关学院、上海电机学院、上海建桥学院、上海杉达学院、上海外国语大学贤达经济人文学院、上海师范大学天华学院 |
| 日语 | 23 | 复旦大学、上海交通大学、同济大学、华东师范大学、华东理工大学、东华大学、上海外国语大学、上海财经大学、上海大学、上海理工大学、上海海事大学、上海海洋大学、上海师范大学、华东政法大学、上海对外经贸大学、上海第二工业大学、上海电力大学、上海立信会计金融学院、上海商学院、上海建桥学院、上海杉达学院、上海外国语大学贤达经济人文学院、上海师范大学天华学院 |
| 德语 | 13 | 复旦大学、上海交通大学、同济大学、华东师范大学、华东理工大学、上海外国语大学、上海理工大学、华东政法大学、上海应用技术大学、上海电机学院、上海建桥学院、上海外国语大学贤达经济人文学院、上海师范大学天华学院 |
| 法语 | 6 | 复旦大学、华东师范大学、上海外国语大学、上海师范大学、上海对外经贸大学、上海外国语大学贤达经济人文学院 |
| 西班牙语 | 5 | 复旦大学、华东师范大学、上海外国语大学、上海杉达学院、上海外国语大学贤达经济人文学院 |
| 朝 / 韩语 | 5 | 复旦大学、上海外国语大学、上海海洋大学、上海商学院、上海外国语大学贤达经济人文学院 |
| 俄语 | 4 | 复旦大学、华东师范大学、上海外国语大学、上海政法学院 |
| 阿拉伯语 | 2 | 上海外国语大学、上海外国语大学贤达经济人文学院 |
| 其他语种① | 1 | 上海外国语大学 |
| 翻译 | 7 | 复旦大学、华东师范大学、上海外国语大学、上海海事大学、上海工程技术大学、华东政法大学、上海杉达学院 |
| 商务英语 | 7 | 复旦大学、上海外国语大学、上海财经大学、上海海事大学、上海对外经贸大学、上海立信会计金融学院、上海商学院 |

注：① 包括 20 个非通用外语语种。

### （三）“语言学”专业设置情况

“语言学”是《专业目录》以外的新专业，在语言学专业人才培养与储备方面的目的性更强。根据教育部公布的《2018 年度普通高等学校本科专业备案和审批结果》，上海外国语大学获批在“0502 外国语言文学类”下新设“语言学”专业。与上海外国语大学同时获批的另一所高校是北京语言大学。

## 二 研究生教育阶段语言学类学位授权点分布

我国研究生教育阶段的学位设置包括学术型学位和专业学位两大类，[①] 每一类又包括硕士和博士两个层级。通过考察学位授权点分布情况，可以了解本市语言学类学科点布局。[②]

### （一）语言学隶属的一级学科学位授权点分布情况

根据教育部 2018 年 4 月更新的《学位授予和人才培养学科目录》（以下简称《学科目录》），“语言学”不是一级学科，相关二级学科主要归属于“05 文学”门类的“0501 中国语言文学”和“0502 外国语言文学”两个一级学科。

本市高等院校获语言学隶属的两个一级学科的博士学位授权点 9 个，硕士学位授权点 23 个。其中，“中国语言文学”一级学科硕博士学位授权点 13 个，“外国语言文学”一级学科硕博士学位授权点 19 个。具体分布情况见表 5-8。

表 5-8　本市高等院校语言学隶属的两个一级学科研究生学位授权点分布情况

| 院校名称 | 博士学位授权点 | | 硕士学位授权点 | |
|---|---|---|---|---|
| | 中国语言文学 | 外国语言文学 | 中国语言文学 | 外国语言文学 |
| 复旦大学 | √ | √ | √ | √ |
| 同济大学 | — | √ | √ | √ |
| 上海交通大学 | — | √ | √ | √ |
| 华东理工大学 | — | — | — | √ |

① 下文除非明确“专业学位”，其余均指学术型学位。

② 本部分据各高校 2019 年研究生招生简章梳理统计，不排除 2019 年不招生但以往招生、目前有学生在读的情况，受研究条件限制，本文未梳理统计该类情况。

（续表）

| 院校名称 | 博士学位授权点 | | 硕士学位授权点 | |
|---|---|---|---|---|
| | 中国语言文学 | 外国语言文学 | 中国语言文学 | 外国语言文学 |
| 上海理工大学 | — | — | — | √ |
| 上海海事大学 | — | — | — | √ |
| 东华大学 | — | — | — | √ |
| 华东师范大学 | √ | √ | √ | √ |
| 上海师范大学 | √ | — | √ | √ |
| 上海外国语大学 | — | √ | √ | √ |
| 上海财经大学 | — | — | √ | √ |
| 上海对外经贸大学 | — | — | — | √ |
| 华东政法大学 | — | — | — | √ |
| 上海大学 | √ | — | √ | √ |
| 上海社会科学院 | — | — | √ | — |
| 总计 | 4 | 5 | 9 | 14 |

### （二）语言学类二级学科学位授权点分布情况

二级学科情况复杂，尤其是在“0501 中国语言文学”一级学科下“语言”和“文学”明确分野，本文确立的统计原则是看学科名称中是否含有“语言”。据此原则，本文梳理的《学科目录》[①] 内二级学科包括：（1）“0501 中国语言文学”下的“050102 语言学及应用语言学”“050103 汉语言文字学”“050107 中国少数民族语言文学（分语族）”3 个二级学科；[②]（2）“0502 外国语言文学”下的所有二级学科。

根据国务院学位委员会、教育部《学位授予和人才培养学科目录设置与管理办法》，自 2009 年起，学位授予单位可在获得授权的一级学科下自主设置与

① 2018 年 4 月更新的《学科目录》只有一级学科，因此二级学科的目录来源是中国研究生招生信息网中的专业目录检索系统提供的数据。

② 不包括“050101 文艺学”“050104 中国古典文献学”“050105 中国古代文学”“050106 中国现当代文学”“050108 比较文学与世界文学”。

调整二级学科和按二级学科管理的交叉学科，这意味着取得一级学科学位授权点的单位在人才培养和学科建设方面可以获得更大的自主权与灵活性。

**1. 博士学位授权点分布情况**

本市高校获语言学类二级学科博士学位授权点共 33 个。从所隶属的一级学科看，“中国语言文学”下的二级学科点 10 个，“外国语言文学”下的二级学科点 23 个。从《学科目录》是否含列看，目录内二级学科点 30 个，目录外自设二级学科点 3 个。目录外自设二级学科包括“汉语国际教育”学科点 2 个和“语言战略与语言政策学”学科点 1 个。具体见表 5-9。

**表 5-9　本市语言学类二级学科博士学位授权点分布情况**

| 院校名称 | 中国语言文学 | | | | 外国语言文学 | | | | | | | | | | |
|---|---|---|---|---|---|---|---|---|---|---|---|---|---|---|---|
| | 语言学及应用语言学 | 汉语言文字学 | 中国少数民族语言文学 | 汉语国际教育① | 英语语言文学 | 俄语语言文学 | 法语语言文学 | 德语语言文学 | 日语语言文学 | 阿拉伯语语言文学 | 亚非语言文学 | 外国语言学及应用语言学 | 翻译学 | 汉语国际教育② | 语言战略与语言政策学③ |
| 复旦大学 | √ | √ | — | — | √ | — | — | — | — | — | — | √ | — | — | — |
| 同济大学 | — | — | — | — | √ | — | — | √ | √ | — | — | √ | — | — | — |
| 上海交通大学 | — | — | — | — | — | — | — | — | — | — | — | √※④ | — | — | — |
| 华东师范大学 | √ | √ | — | √ | √ | √ | √ | — | √ | — | — | √ | — | — | — |
| 上海师范大学 | √ | √ | √ | — | — | — | — | — | — | — | — | — | — | — | — |
| 上海外国语大学 | — | — | — | — | √ | √ | √ | √ | √ | √ | √ | √ | √ | √ | √ |
| 上海大学 | √※ | √※ | — | — | — | — | — | — | — | — | — | — | — | — | — |
| 总计 | 4 | 4 | 1 | 1 | 4 | 2 | 2 | 2 | 3 | 1 | 1 | 5 | 1 | 1 | 1 |

注：①一般认为，学术型的“汉语国际教育”属于交叉学科领域。根据孔子学院总部 / 国家汉办【2018】334 号文件的部署，自 2019 年起，教育部批准华东师范大学、北京大学、南京师范大学等高校招收“汉语国际教育”方向的教育博士，挂靠在“学校课程与教学”领域进行试点，毕业授予教育专业博士学位。此外，华东师范大学在“中国语言文学”一级学科下自设“国际汉语教育”二级学科的学术学位博士点。

②上海外国语大学在“外国语言文学”一级学科下自设“汉语国际教育”二级学科的学术学位博士点。

③经教育部备案，“语言战略与语言政策学”自 2019 年更名为“语言政策与语言教育”。

④“√”后带 ※ 的专业表示该院校按照一级学科招收研究生。

**2. 硕士学位授权点分布情况**

本市高校获语言学类二级学科硕士学位授权点共 80 个。从所隶属的一级学科看，“中国语言文学”下的二级学科点 16 个，“外国语言文学”下的二级学科点 64 个。从《学科目录》是否含列看，目录内二级学科点 74 个，目录外自设二级学科点 6 个。目录外自设二级学科分别为“现代汉语语言学”“翻译学”和“语言战略与语言政策学”。具体见表 5-10。

表 5-10　本市语言学类二级学科硕士学位授权点分布情况

| 院校名称 | 中国语言文学 | | | | 外国语言文学 | | | | | | | | | | | |
|---|---|---|---|---|---|---|---|---|---|---|---|---|---|---|---|---|
| | 语言学及应用语言学 | 汉语言文字学 | 中国少数民族语言文学 | 现代汉语语言学 | 英语语言文学 | 俄语语言文学 | 法语语言文学 | 德语语言文学 | 日语语言文学 | 西班牙语语言文学 | 阿拉伯语语言文学 | 欧洲语言文学 | 亚非语言文学 | 外国语言学及应用语言学 | 翻译学 | 语言战略与语言政策学 |
| 复旦大学 | √ | √ | — | √ | √ | √ | √ | √ | √ | — | — | — | √ | √ | — | — |
| 同济大学 | √※ | — | — | — | √ | — | — | √ | √ | — | — | — | — | √ | — | — |
| 上海交通大学 | √※ | √※ | — | — | √※ | — | — | √※ | √※ | — | — | — | — | √※ | — | — |
| 华东理工大学 | — | — | — | — | √ | — | — | — | √ | — | — | — | — | √ | — | — |
| 上海理工大学 | — | — | — | — | √※ | — | — | — | — | — | — | — | — | √※ | √※ | — |
| 上海海事大学 | — | — | — | — | √ | — | — | — | √ | — | — | — | — | √ | — | — |
| 东华大学 | — | — | — | — | √※ | — | — | — | √※ | — | — | — | — | √※ | — | — |
| 华东师范大学 | √ | √ | — | — | √ | √ | √ | √ | √ | — | — | — | — | √ | — | — |
| 上海师范大学 | √ | √ | √ | — | √ | — | — | — | √ | — | — | — | — | √ | — | — |
| 上海外国语大学 | √ | √ | — | — | √ | √ | √ | √ | √ | √ | √ | √ | √ | √ | √ | √ |
| 上海财经大学 | √ | — | — | — | √ | — | — | — | √ | — | — | — | — | √ | √ | — |
| 上海对外经贸大学 | — | — | — | — | √ | — | √ | — | √ | — | — | — | — | √ | — | — |
| 华东政法大学 | — | — | — | — | √※ | — | — | √※ | √※ | — | — | — | — | √※ | √※ | — |
| 上海大学 | √※ | √※ | — | — | √ | — | — | — | √ | — | — | — | — | √ | — | — |
| 总计 | 8 | 6 | 1 | 1 | 14 | 3 | 4 | 6 | 13 | 1 | 1 | 1 | 2 | 14 | 4 | 1 |

**3. 数据分析**

总体来看，拥有语言学类硕士点的高校数量明显大于博士点高校，硕士和博士阶段，“外国语言文学”一级学科下的相关学位点均多于“中国语言文学”一级学科下的相关学位点。这主要是由于“外国语言文学”下的语言学研究分散在多个不同语种，其从事的语言学研究往往与某个具体的语种密切相关。如果仅以“语言学及应用语言学”与“外国语言学及应用语言学”两个二级学科做比较，则“中国语言文学”与“外国语言文学”一级学科下在博士阶段学位点设置数量相近，硕士阶段“外国语言文学”下的学位点数量仍明显多于“中国语言文学”下的学位点。拥有语言学类博士学位授权点的高校中，复旦大学和华东师范大学的“中国语言文学”“外国语言文学”两个一级学科的语言学专业较为均衡，其他高校通常只有其一；上海师范大学是全市唯一一所拥有“中国少数民族语言文学”学位授权点的高校，且以语言类型学研究见长；上海外国语大学则在阿拉伯语语言文学、亚非语言文学、语言政策研究和翻译学等学科上独树一帜。

## （三）自设交叉二级学科学位授权点分布

近年来，在“中国语言文学”“外国语言文学”两大传统一级学科之外，跨学科及前沿交叉领域的语言学研究日渐兴起，依托学科十分广泛，从人文社会科学领域的法学、教育学和哲学到自然科学领域的认知神经科学、计算机科学以及人工智能科学等。这些研究领域的不断涌现，极大地推动了语言学从传统的本体和应用研究，进一步朝着综合性、科学性和实用性的方向进步。

本市自设交叉二级学科覆盖硕士与博士两个层次，涉及自然科学、社会科学、人文学科、工程技术类学科、法学、医学等多个学科门类。特别是复旦大学、华东师范大学、上海师范大学等高校已形成多支具有自身领域特色、成果产出稳定的研究团队，部分团队实现了产、学、研的协同并进，同时开展高层次专业人才的培养工作。具体见表 5-11。

**表 5-11　本市高等院校语言学相关跨学科及前沿交叉领域学位授权点举例**

| 院校名称 | 自设交叉二级学科 | 依托一级学科 | 学位授权层次 |
|---|---|---|---|
| 复旦大学 | 语言哲学 | 哲学 | 博士 |
| | 语言人类学 | 生物学、社会学 | 博士、硕士 |
| | 计算语言学 | 计算机科学与技术 | 博士、硕士 |

（续表）

| 院校名称 | 自设交叉二级学科 | 依托一级学科 | 学位授权层次 |
|---|---|---|---|
| 华东师范大学 | 言语听觉康复科学 | 教育学 | 博士、硕士 |
| | 语言认知神经科学 | 心理学 | 博士、硕士 |
| | 自然语言处理 | 计算机科学与技术 | 博士、硕士 |
| 上海师范大学 | 儿童语言发展 | 教育学、心理学 | 博士、硕士 |
| | 计算语言学 | 计算机科学与技术 | 博士、硕士 |
| 华东政法大学 | 法律语言学 | 法学 | 博士、硕士 |
| 上海大学 | 语言文化与世界文明 | 历史学 | 博士 |
| 上海海事大学 | 海事语言及应用 | 交通运输工程 | 博士 |
| 上海中医药大学 | 中医外语 | 中医学 | 硕士 |

### （四）语言类专业硕士学位授权点分布

国家设立专业学位的目的是培养具有扎实理论基础、适应特定行业或职业实际工作需要的应用型高层次专门人才。专业学位与学术型学位处于同一层次，培养规格各有侧重，在培养目标上有明显差异。学术型学位按学科设立，以学术研究为导向，偏重理论和研究，培养大学教师和科研机构的研究人员；而专业学位以专业实践为导向，重视实践和应用，培养在专业和专门技术上受到正规的、高水平训练的高层次人才。《学科目录》所列“专业学位授予和人才培养目录”中，“0451教育”“0453汉语国际教育[①]”和“0551翻译[②]”3个专业与语言类相关，可以授予专业硕士学位。获得语言类专业硕士学位的学生，是语言学研究的储备人才和补充力量。

本市获有“教育/学科教学（语文）”和“教育/学科教学（英语）”专业硕士学位授权点的高校有3所，分别为复旦大学、华东师范大学和上海师范大学。获有“汉语国际教育”专业硕士学位授权点的高校有9所，分别为复旦大学、上海交通大学、同济大学、华东师范大学、上海师范大学、上海海事大学、上海外国语大学、上海财经大学、上海大学。获有“翻译”专业硕士学位授权点的高校有16所，分别为复旦大学、上海交通大学、同济大学、华东师范大学、华东理工大学、上海理工大学、上海海事大学、东华大学、上海海洋大学、上

① 专业硕士学位的“汉语国际教育”不同于有关高校自主设立的学术学位二级学科“汉语国际教育”。

② 专业硕士学位的“翻译”不同于学术学位的“翻译学”。

海中医药大学、上海师范大学、上海外国语大学、上海财经大学、上海对外经贸大学、华东政法大学、上海大学。

## 三 语言学类重点学科和优势学科

本市汇聚了多家国家语委科研基地、教育部人文社会科学重点研究基地和语言文字智库建设单位，多所院校拥有语言类的国家重点学科和上海市重点学科，不仅人才储备多元、学术条件优渥，还积累了丰富的科学研究成果。这些资源都是促进本市语言学学科向着具有国际重大影响学术重镇发展的源动力。

### （一）入选重点学科建设项目的语言学类学科

本市早在2013年初便启动的《上海高等学校学科发展与优化布局规划（2014—2020年）》（也称“高峰高原计划”）中，就将语言类学科纳入规划范畴，其前瞻性的政策布局，已成为沪上语言类学科的强劲推力之一。2017年，“‘双一流’建设高校及建设学科名单”和“全国高校第四轮学科评估结果”正式公布，复旦大学、上海外国语大学等在沪高校语言类学科入选并取得优异成绩。本市高等院校入选重点学科建设项目的语言学类学科具体见表5-12。

表5-12 本市高等院校入选重点学科建设项目的语言学类学科

| 入选项目 | 相关学科 | 院校 |
|---|---|---|
| 语言学类“世界一流学科”建设高校 | 现代语言 | 复旦大学 |
| | 中国语言文学 | 复旦大学 |
| | 外国语言文学 | 上海外国语大学 |
| 教育部第四次学科评估A类学科 | 中国语言文学 | 复旦大学（A） |
| | | 华东师范大学（A） |
| | 外国语言文学 | 上海外国语大学（A+） |
| | | 上海交通大学（A） |
| | | 复旦大学（A-） |
| | | 华东师范大学（A-） |
| 国家一级重点学科 | 中国语言文学 | 复旦大学 |

（续表）

| 入选项目 | 相关学科 | 院校 |
|---|---|---|
| 国家二级重点学科 | 英语语言文学 | 上海外国语大学 |
| | 俄语语言文学 | 上海外国语大学 |
| | 阿拉伯语语言文学 | 上海外国语大学（培育） |
| 国家博士后科研流动站设站学科 | 中国语言文学 | 复旦大学、华东师范大学、上海大学、上海师范大学 |
| | 外国语言文学 | 复旦大学、上海交通大学、华东师范大学、上海外国语大学 |
| 上海市“高峰”“高原”学科 | 中国语言文学 | 复旦大学（I类“高峰”） |
| | | 上海师范大学（III类“高峰”） |
| | | 上海大学（II类“高原”） |
| | 外国语言文学 | 上海外国语大学（I类“高峰”） |
| 上海市重点学科 | 汉语言文字学 | 华东师范大学 |
| | 中国语言文学 | 上海师范大学 |
| | 英语语言文学 | 复旦大学、上海外国语大学 |
| | 日语语言文学 | 上海外国语大学 |
| | 俄语语言文学 | 上海外国语大学 |
| | 阿拉伯语语言文学 | 上海外国语大学 |
| | 外国语言学及应用语言学 | 上海对外经贸大学 |

注：本表仅统计省部级及以上的语言学类学科建设项目，综合教育部、上海市教育委员会、上海市各高校官网等网站的相关数据整理。

由表5-12可知，本市从事语言学研究的高校相对集中，多是在国内人文社科领域积淀已久的优势力量。部属高校中，复旦大学、华东师范大学和上海外国语大学分别是入选各类重点建设项目频次最高的综合类、师范类、语言类高校，复旦大学和华东师范大学以“中国语言文学”研究见长，上海外国语大学是“外国语言文学”的重镇；市属高校的上海大学、上海师范大学的“中国语言文学”是优势学科，上海对外经贸大学的“外国语言学及应用语言学”受到市教委的重点扶持。

### （二）语言学类优势学科

在QS[①]排名中，本市多个高校的“语言学”“英语语言文学”和“现代语言”学科进入世界排名前300。[②]其中，进入QS世界排名“语言学”前300的高校有复旦大学、上海交通大学、上海外国语大学、上海大学；进入“英语语言文学”前300的高校有复旦大学、上海交通大学、华东师范大学、上海外国语大学；进入“现代语言”前300的高校有复旦大学、上海交通大学、华东师范大学、上海外国语大学、上海大学。

（赵 耀、杜宜阳、张日培）

① QS是英国夸夸雷利·西蒙兹公司（Quacquarelli Symonds）的首字母简称，该机构发布的学术榜单是世界范围内影响力最高的权威排名之一。

② 除“语言学”以外，QS排名中的“英语语言文学”和“现代语言”也与语言学相关，后者指除英语以外的语言研究（含汉语），二者的关系类似于我国的“中国语言文学”和“外国语言文学”学科。

# 语言文字学术团体与科研机构*

学术团体与科研机构是学术发展中的重要社会组织形态，是能够汇聚多方资源、开展科学研究活动的基本依托平台。纵观学术发展史可以发现，一个成熟的研究领域往往以若干学术团体、科研机构和刊物作为支撑，以此作为聚拢骨干力量、培养学术梯队、促进学术交流、推出研究成果的核心阵地。因此，从一个研究领域所拥有的学术团体与科研机构情况，可以看出该领域的基本状况乃至发展趋势。为了解上海市的语言文字研究情况，笔者对语言文字学术团体与科研机构做了专项调查，调查的对象为以语言文字及其应用为核心研究对象的团体与机构，不包括文学艺术类研究组织。

## 一 学术团体情况

按照我国现行的社会组织管理规定，学术团体的成立和维护均需要接受国家民政部的管理，履行登记手续，并被收入民政管理系统的信息库。因此，笔者首先在上海市民政局官方网站的"社会组织查询"进行了专项查询，查询的范围稍作扩大，没有局限于"学会""研究会""研究中心""研究院"这类组织，而把冠以"XX 协会"的社会组织也收录进来，因为后者也经常把学术研究作为自己的基本任务之一。

**表 5-13　上海市语言文字学术团体注册登记情况**

| 社会组织名称 | 类别 | 成立日期 | 登记机关 |
|---|---|---|---|
| 上海市外文学会 | 社团 | 1991-07-12 | 上海市民政局 |
| 上海市科技翻译学会 | 社团 | 1991-12-27 | 上海市民政局 |

* 本文为教育部哲学社会科学研究重大课题攻关项目"世界语言政策综合资源库建设及比较研究"（15JZD047）、教育部哲学社会科学研究重大课题攻关项目"新时代国家语言文字事业的新使命与发展方略研究"（18JZD015）之子课题二"面向新时代新需求的语言教育研究"阶段性成果。

（续表）

| 社会组织名称 | 类别 | 成立日期 | 登记机关 |
|---|---|---|---|
| 上海市语言文字工作者协会 | 社团 | 1992-01-24 | 上海市民政局 |
| 上海市语文学会 | 社团 | 1992-02-21 | 上海市民政局 |
| 上海市外事翻译工作者协会 | 社团 | 1992-03-09 | 上海市民政局 |
| 上海市辞书学会 | 社团 | 1992-09-10 | 上海市民政局 |
| 上海市世界语协会 | 社团 | 1999-10-11 | 上海市民政局 |
| 上海翻译家协会 | 社团 | 2001-03-13 | 上海市民政局 |
| 上海市南汇区外语教育学会 | 社团 | 2003-10-21 | 浦东新区民政局 |
| 上海市杨浦区语言文字工作协会 | 社团 | 2009-10-10 | 杨浦区民政局 |
| 上海华侨口译工作者协会 | 社团 | 2012-06-27 | 上海市民政局 |
| 上海练祁古文字研究中心 | 民非 | 2018-09-13 | 嘉定区民政局 |
| 上海浦东东方语言文化发展研究院 | 民非 | 2019-07-12 | 浦东新区民政局 |

注：按成立日期排序，参见 http://shzz.mzj.sh.gov.cn/BanShiZhiNan/Ztlb.aspx?fwzcId。

表 5-13 显示，上海市目前共有 13 家带有研究功能的语言文字类社会组织。按照社会组织的分类看，其中的 11 家属于社会团体[①]，占总数的 85%；有 2 家属于民办非企业单位[②]，占比 15%。从注册时间看，有 7 家注册于 20 世纪 90 年代，约占总数的 54%，注册于 21 世纪的有 6 家，占比约为 46%。笔者发现，个别组织的注册时间和实际成立时间是有出入的，这在成立时间较早的社团中尤为常见。例如：上海市语文学会成立于 1956 年，1992 年注册；上海市外文学会成立于 1957 年，1991 年注册；上海市科技翻译学会成立于 1985 年，1991 年注册；上海市语言文字工作者协会成立于 1986 年，1992 年注册。这与我国的社会组织管理要求变化、不同社会组织自身的管理运作直接相关。

① 按照国务院 1998 年 9 月颁布的《社会团体登记管理条例》，社会团体指中国公民自愿组成，为实现会员共同意愿，按照其章程开展活动的非营利性社会组织。条例还规定，成立社会团体需要具备的条件包括会员规模、规范的名称和组织机构、固定住所、专职工作人员、资产和经费来源、能独立承担民事责任、有法定代表人等。

② 按照国务院 1998 年 10 月颁布的《民办非企业单位登记管理暂行条例》，民办非企业单位指的是企业事业单位、社会团体和其他社会力量以及公民个人利用非国有资产举办的，从事非营利性社会服务活动的社会组织。

表 5-14　上海市语言文字学术团体的基本情况

| 社会组织名称 | 成立年份 | 会员规模 | 宗旨与主要活动内容 | 网站与刊物 |
|---|---|---|---|---|
| 上海市语文学会 | 1956年 | 约500人 | 【宗旨】推动语文规范，提升城市精神。<br>【活动】团结本市的汉语言文字工作者和研究者，在中国语言学领域进行着开拓、创新和务实的学术工作。先后举办数百次大大小小的学术报告会与学术交流会。连续举办学会年会、“上海市语文学会青年语言学论坛”等活动。 | 《语文论丛》《现代语言学》 |
| 上海市外文学会 | 1957年 | 约500人 | 【宗旨】加强本市外语工作者的联系，组织会员开展外国语言文学、外语教学、中外文翻译、国际经济、国际贸易、国际金融等领域的研究和实践，促进本市外语工作者、研究人员和外省市（境）的外语工作者、研究人员之间的学术文化交流，提高本市外语研究和应用的水平，为本市和我国的经济建设服务，为改革开放服务。<br>【活动】组织学术研究活动（有学术年会），举办各类外语培训班，扩展翻译咨询服务，开展与境内外学者的学术交流和合作研究。 | http://www.chinasisa.org |
| 上海市辞书学会 | 1982年 | 人数不详 | 【宗旨】在党的领导下，团结上海市的辞书编纂工作者和辞书研究工作者，以马克思列宁主义、毛泽东思想为指导，积极从事辞书编纂与研究工作，发展和繁荣辞书科学，为社会主义四个现代化服务。<br>【活动】辞书研究、推广活动。 | |
| 上海市科技翻译学会 | 1985年 | 约400人 | 【宗旨】团结和组织本市各行业翻译工作者以及为翻译事业做出贡献的社会各界人士，开展翻译研究和学术交流，探讨翻译理论与技巧，组织翻译教学，促进翻译人才培养和翻译队伍建设，维护翻译工作者合法权益，与海内外有关组织进行交流与合作，促进翻译事业更好地服务于社会和经济发展。<br>【活动】由上海市科学技术协会直接领导。开展翻译研究和学术交流，探讨翻译理论与技巧，组织翻译教学、培训，促进翻译人才培养和翻译队伍建设，维护翻译工作者合法权益，与海内外有关组织进行交流与合作。 | http://www.sstts.org.cn《上海翻译》 |
| 上海市语言文字工作者协会 | 1986年 | 约500人 | 【宗旨】推进本市语言文字规范化、标准化。<br>【活动】接受上海市语言文字工作委员会的业务指导。具有语言教学、语言监测和语言研究资质，主要开展宣传、咨询、培训、竞赛和语言能力测评。 | http://www.shywgx.com |
| 上海市外事翻译工作者协会 | 1987年 | 近千人 | 【宗旨】广泛团结和组织各界翻译工作者开展翻译工作的实践和研究交流，提高翻译工作者的专业水平。为上海的改革开放和外事工作服务，力求在国际交往和上海的两个文明建设中发挥更大的作用。<br>【活动】接受上海市人民政府外事办公室的领导，是上海市外经贸委、上海市中高级人民法院和公安局出入境管理处等单位指定的涉外文本翻译机构之一。从事中外企业的各种合同、业务单证、产品介绍、技术资料、各类法律文本以及各种出入境文件的翻译，并为社会各界提供国际会议、商务洽谈、访问考察及参观游览等方面的同声传译和交替传译。下设英语、日语和俄语等语种的学术小组，适时举行各种形式的专题报告会和研讨会。协会还积极参加全国性和地区性的学术活动，研究探讨翻译理论、技巧与实践。 | http://www.shwsfy.com《译友》《译讯》 |

（续表）

| 社会组织名称 | 成立年份 | 会员规模 | 宗旨与主要活动内容 | 网站与刊物 |
|---|---|---|---|---|
| 上海市世界语协会 | 1982年 | 人数不详 | 【宗旨】以马列主义、毛泽东思想、邓小平理论和“三个代表”思想为指导，坚持党的基本路线，团结和组织本会会员开展对世界语学习、研究、宣传、推广工作。提高世界语者的语言水平，培养和壮大世界语者队伍，应用世界语进行学术交流。促进学科发展，为经济建设服务，为增进各国人民之间的友谊，为世界和平服务。<br>【活动】举办有关世界语的学术研讨会、报告会和其他学术交流活动，组织会员参加国内外世界语会议，开展为社会服务的世界语培训工作，邀请、接待各国世界语者来沪进行学术交流活动。 | |
| 上海翻译家协会 | 1986年 | 约680人 | 【宗旨】团结全市翻译家和翻译工作者，致力于繁荣和发展上海的翻译事业，积极推进社会主义文化大发展大繁荣，建设上海国际文化大都市。<br>【活动】翻译创作、研讨评论、咨询服务、业务培训和对外交流。开展了形式多样的座谈、研讨、论坛及咨询、服务、培训等活动。创办上海世博翻译进修学院。 | http://www.sta.org.cn<br>《东方翻译》 |
| 上海华侨口译工作者协会 | 2012年 | 人数不详 | 【宗旨】致力于团结凝聚侨界口译人才，充分发挥其在社会主义事业中的积极作用，为我国华侨事业发展和和谐社会建设做出贡献。<br>【活动】接受上海市侨联领导。举办学术研讨与交流活动，开展口译业务相关的服务、咨询、培训、表彰奖励等活动，出版会刊及相关资料和书籍，等等。 | |
| 上海练祁古文字研究中心 | 2018年 | 人数不详 | 【宗旨】研究和传播甲骨文。<br>【活动】主要从事甲骨文的研究、交流、普及、出版和展览工作。 | 《练祁研古》 |

注：本表资料来源于百度百科、学会官网、学会工作年报或纪要、天眼查（http://www.tianyancha.com）等。查询不到具体信息的团体已被略去。

从10家社会组织的信息可以看出，上述组织都有学术研究的功能，上海市语文学会、上海市外文学会是两家成立最早、学术性最强、覆盖面最广的语言文字学术团体。从研究对象看，中外语言和文字都有所涉及，涉及外国语言的更多（占60%），只针对中国语言文字的较少（占40%），翻译类的学术社团最多（共有4家，占40%），辞书、世界语、甲骨文也拥有自己专属的研究和传播组织。仅有50%的学术团体有专属的网站，50%有自己的刊物。这些社会组织的活动方式有很多共性，举办学术研讨会、报告会、学术沙龙、研修班、实践竞赛、会员联谊活动几乎是所有团体都有的活动。

与全国的同类型社会组织相比，上海的语言文字学术团体在成立时间或者唯一性方面有自己的特点。例如：上海市语文学会（1956）比中国语言学会（1980）早成立24年，上海市辞书学会（1982）比中国辞书学会（1992）早成立10年，上海华侨口译工作者协会是迄今为止全国唯一的口译协会。

上海市语文学会等对应有全国性学术团体（如中国语言学会、中国翻译协会、中国辞书学会、中国古文字研究会、中华全国世界语协会)，但上海市外文学会并没有可以直接对应的全国性社会组织，与此类似，天津、重庆、浙江、安徽、福建等地也有自己的省 / 市外文学会。

## 二 科研机构情况

由于科研机构的主体和形态多元，缺少像社会团体管理那样的统一标准和申报、管理程序，再加上当今学科交叉蔚然成风，因此在调查语言文字科研机构时首先要解决的问题就是如何界定这类机构的边界。笔者在判断语言文字科研机构时采用的两条标准是:(1) 从机构名称和内容介绍判断研究对象是否属于语言文字及其应用领域(包括语言、文字、翻译、语言教育 / 教学、词典等，不包括文学);(2) 依托单位和学科是否属于语言文字类——依托单位应为中文系 / 文学院、外国语学院 / 外语系、国际交流学院 / 对外汉语系这 3 种类型中的一种，依托的一级学科应为中国语言文学类或外国语言文学类。假如某个机构同时满足以上两个条件，就将其判断为语言文字科研机构；如果仅符合两个条件中的一个，就将其判断为跨学科研究机构，作为补充、参照信息保留。

本次调查的范围是(总部)位于上海市的高等院校和专职科研机构，调查信息的主要来源是高等学校、研究院所的网站，笔者也会通过访问等途径补充信息。信息来源的有效时间段为 2019 年 8 月 10—16 日。

### (一)相关科研机构总体情况

目前，上海市拥有普通高等学校 64 所，[①] 其中办学层次为本科及以上的高校 34 所。调查显示，30 所专科高校或独立高校中均没有语言文字科研机构，因此调查就针对第一类的 34 所高校开展。此外，上海市教育委员会系统中还设有上海市教育科学研究院、上海市免疫学研究所等 7 个专业研究院所，另外拥有专业的社会科学院——上海社会科学院，它们也一起成为本调查关注的对象。[②] 本次调查共涉及 42 个单位(34 所高校、8 家科研院所)，其中有 13 家单位设置

① 参见 http://www.moe.gov.cn/jyb_xxgk/s5743/s5744/201906/t20190617_386200.html。

② 参见 http://www.shanghai.gov.cn/nw2/nw2314/nw2319/nw32905/nw32914/nw32994/nw32999/index.html。由于语言文字研究习惯上被划入人文社会科学领域，且与教育关系密切，本调查因此在确定专业研究院所的调查范围时，限定在上海市教委所属机构。上海市社会科学院因其属于人文社会科学领域，也进入我们关注的视野。

有语言文字科研机构，占被调查单位总数的31%。

**表5-15　语言文字科研机构的设置情况**

<table>
<tr><th>所在单位拥有的语言文字科研机构/跨学科机构数量①</th><th>单位官网主页显示的机构</th><th>院系/分部网页上显示的机构②</th><th>机构所属网页/网站③</th><th>机构主编的持续性出版物④</th></tr>
<tr><td rowspan="3">复旦大学**<br>语言文字类：3</td><td rowspan="3"></td><td>中国语言文学研究所</td><td>√</td><td>《当代修辞学》</td></tr>
<tr><td>语言学研究所·</td><td>—</td><td></td></tr>
<tr><td>双语词典编纂研究室·</td><td>—</td><td></td></tr>
<tr><td rowspan="8">上海交通大学**<br>语言文字类：7<br>跨学科类：1</td><td rowspan="8"></td><td>马丁适用语言学研究中心·</td><td>√</td><td></td></tr>
<tr><td>语料库与跨文化研究中心·</td><td>√</td><td></td></tr>
<tr><td>语言、智能与神经科学研究基地·</td><td>√</td><td></td></tr>
<tr><td>言语—语言—听力研究中心·</td><td>√</td><td></td></tr>
<tr><td>上海交通大学中国形象研究中心·</td><td>√</td><td></td></tr>
<tr><td>王克非工作室·</td><td>√</td><td></td></tr>
<tr><td>贝克翻译与文化研究中心·</td><td>√</td><td></td></tr>
<tr><td>澳大利亚研究中心·</td><td>√</td><td></td></tr>
<tr><td rowspan="7">华东师范大学**<br>语言文字类：10<br>省部级以上：2<br><br>跨学科类：4<br>省部级以上：1</td><td colspan="2">中国文字与应用研究中心</td><td>√√</td><td>Journal of Chinese Writing Systems<br>《中国文字研究》</td></tr>
<tr><td colspan="2">言语听觉科学教育部重点实验室（非语言类学科交叉）</td><td>√√</td><td></td></tr>
<tr><td colspan="2">上海市语文教育教学研究基地</td><td>—</td><td>《中文自修》</td></tr>
<tr><td rowspan="4"></td><td>国家话语生态研究中心</td><td>—</td><td>“国家话语生态研究丛书”</td></tr>
<tr><td>应用语言学研究所</td><td>—</td><td></td></tr>
<tr><td>民族地区双语教育研究中心</td><td>—</td><td></td></tr>
<tr><td>中国非物质文化遗产研究保护中心</td><td>—</td><td></td></tr>
<tr><td rowspan="7">华东师范大学**<br>语言文字类：10<br>省部级以上：2<br><br>跨学科类：4<br>省部级以上：1</td><td rowspan="7"></td><td>澳大利亚研究中心和新西兰研究中心·</td><td>√</td><td></td></tr>
<tr><td>外国语言学应用语言学研究中心·</td><td>√</td><td>《外语教学理论与实践》</td></tr>
<tr><td>翻译研究中心·</td><td>√</td><td></td></tr>
<tr><td>大学英语研究中心·</td><td>√</td><td></td></tr>
<tr><td>日语教学研究中心·</td><td>√</td><td></td></tr>
<tr><td>外语教学研究中心·</td><td>√</td><td>《上海学生英文报》</td></tr>
<tr><td>美国研究中心·</td><td>√</td><td></td></tr>
</table>

（续表）

| 所在单位拥有的语言文字科研机构/跨学科机构数量 | 单位官网主页显示的机构 | 院系/分部网页上显示的机构 | 机构所属网页/网站 | 机构主编的持续性出版物 |
|---|---|---|---|---|
| 同济大学 **<br>语言文字类：5<br>跨学科类：3 | | 法语区域研究中心· | √ | |
| | | 科技德语中心· | √ | |
| | | 国家对外话语体系研究中心· | √ | |
| | | 老龄语言与看护中心· | √ | |
| | | 日本学研究所· | √ | |
| | | 中德国际日耳曼学研究中心· | √ | |
| | | 语言学与多模态符号学研究所· | √ | |
| | | 中华思想文化翻译与传播研究中心· | √ | |
| 上海大学 *<br>语言文字类：5<br>跨学科类：5 | | 上海方言与文化研究中心 | — | |
| | | 中国手语及聋人研究中心 | — | |
| | | 土耳其研究中心（史学为主） | √√ | 《土耳其发展报告》 |
| 上海大学 *<br>语言文字类：5<br>跨学科类：5 | | 拉美研究中心（史学、社会学为主） | √ | |
| | | 美国研究中心（史学、社会学为主） | — | |
| | | 外语教育研究中心· | — | |
| | | 应用翻译研究中心· | — | |
| | | 修辞批评研究中心· | — | |
| | | 日本研究交流中心· | — | |
| | | 东亚研究中心· | — | |
| 上海外国语大学 *<br>语言文字类：6<br>省部级以上：3<br>跨学科类：24<br>省部级：10 | 中国外语战略研究中心· | | √√ | 《语言政策与语言教育》<br>《世界语言生活状况报告》<br>“外语战略研究丛书”<br>“语言教育战略研究丛书” |
| | 上海市英语教育教学研究基地· | | — | 《英语教育与教学研究》 |
| | 语言研究院· | | √√ | |
| | 中国外语教材与教法研究中心 | | — | |
| | 上海市全球治理与区域国别研究院（跨学科） | | — | |
| | 中外文化软实力比较研究基地· | | — | |
| | 语言文化圈视角下的区域国别研究基地· | | — | |
| | 外国文化政策研究基地· | | — | |
| | 上海市社会调查研究中心上外分中心（综合） | | — | |
| | 中日韩合作研究中心· | | — | |

（续表）

<table>
<tr><th>所在单位拥有的语言文字科研机构 / 跨学科机构数量</th><th>单位官网主页显示的机构</th><th>院系 / 分部网页上显示的机构</th><th>机构所属网页 / 网站</th><th>机构主编的持续性出版物</th></tr>
<tr><td rowspan="21">上海外国语大学 *<br>语言文字类：6<br>省部级以上：3<br>跨学科类：24<br>省部级：10</td><td colspan="2">欧盟研究中心 ·</td><td>√√</td><td></td></tr>
<tr><td colspan="2">俄罗斯研究中心 ·</td><td>√√</td><td></td></tr>
<tr><td colspan="2">英国研究中心 ·</td><td>√√</td><td></td></tr>
<tr><td colspan="2">跨文化研究中心 ·</td><td>√√</td><td>“跨文化研究丛书”</td></tr>
<tr><td colspan="2">中国国际舆情研究中心</td><td>√√</td><td></td></tr>
<tr><td rowspan="16"></td><td>美国研究中心 ·</td><td>—</td><td></td></tr>
<tr><td>中国文化国际传播研究中心 ·</td><td>—</td><td></td></tr>
<tr><td>中西比较文化研究中心 ·</td><td>—</td><td></td></tr>
<tr><td>英语高端人才培养与教学改革研究中心 ·</td><td>—</td><td></td></tr>
<tr><td>翻译批评研究中心 ·</td><td>—</td><td></td></tr>
<tr><td>墨西哥研究中心 ·</td><td>√</td><td></td></tr>
<tr><td>日本研究中心 ·</td><td>√</td><td></td></tr>
<tr><td>中亚研究中心 ·</td><td>—</td><td></td></tr>
<tr><td>哈萨克斯坦研究中心 ·</td><td>—</td><td></td></tr>
<tr><td>阿拉伯学研究中心 ·</td><td>—</td><td></td></tr>
<tr><td>朝鲜—韩国问题研究所 ·</td><td>—</td><td></td></tr>
<tr><td>伊朗历史与文化研究中心 ·</td><td>—</td><td></td></tr>
<tr><td>以色列研究中心 ·</td><td>—</td><td></td></tr>
<tr><td>南亚东南亚研究所 ·</td><td>—</td><td></td></tr>
<tr><td>东非研究中心 ·</td><td>—</td><td></td></tr>
<tr><td rowspan="7">上海财经大学 *<br>语言文字类：4<br>省部级以上：1<br><br>跨学科类：3</td><td colspan="2">国际商务汉语教学与资源开发基地</td><td>√√</td><td></td></tr>
<tr><td rowspan="6"></td><td>现代语言研究中心 ·</td><td>√</td><td></td></tr>
<tr><td>英语测试研究中心 ·</td><td>√</td><td></td></tr>
<tr><td>翻译研究中心 ·</td><td>√</td><td></td></tr>
<tr><td>加拿大研究中心 ·</td><td>√</td><td></td></tr>
<tr><td>日本文化研究所 ·</td><td>√</td><td></td></tr>
<tr><td>上海财经大学—赫尔辛基大学联合跨文化研究中心 ·</td><td>√</td><td></td></tr>
</table>

（续表）

| 所在单位拥有的语言文字科研机构/跨学科机构数量 | 单位官网主页显示的机构 | 院系/分部网页上显示的机构 | 机构所属网页/网站 | 机构主编的持续性出版物 |
|---|---|---|---|---|
| 东华大学＊<br>语言文字类：3<br>跨学科类：1 | | 语料库语言学研究中心· | √ | |
| | | 学术语篇研究中心· | √ | |
| | | 计算机辅助语言学习研究中心· | √ | |
| | | 日本近现代研究中心· | √ | |
| 上海师范大学<br>语言文字类：7<br>跨学科类：2<br>省部级以上：1 | | 语言研究所 | — | 《东方语言学》 |
| | | 应用语言学研究所 | — | |
| | | 都市文化研究中心 | √√ | “上海城市社会生活史丛书”<br>“都市空间与知识群体研究书系”<br>“现代城市社会研究丛书”<br>“都市文化译丛”<br>“国际都市文化比较丛书” |
| | | 比较语言学研究中心· | — | |
| | | 中小学英语教师教育研究中心· | — | |
| | | 中医翻译国际研究中心· | — | |
| 上海师范大学<br>语言文字类：7<br>跨学科类：2<br>省部级以上：1 | | 专门用途英语与标准化翻译研究中心· | — | |
| | | 日本语言文化教育研究中心· | — | |
| | | 跨文化交际研究中心· | — | |
| 上海海事大学<br>语言文字类：6 | | 语言与文化研究所· | — | |
| | | 英汉对比与应用研究所· | — | |
| | | 翻译学研究所· | — | |
| | | 语言与认知研究所· | — | |
| | | 语言政策和语言规划研究所· | — | |
| | | 国际航运（商务）英语研究所· | — | |
| 上海海洋大学<br>语言文字类：2<br>跨学科类：1 | | 语料库应用研究中心· | — | |
| | | 外国语言研究所· | — | |
| | | 域外中国文化形象研究中心· | — | 《域外中国文化形象研究》 |
| 华东政法大学<br>语言文字类：1 | | 翻译研究中心· | — | |

（续表）

| 所在单位拥有的语言文字科研机构 / 跨学科机构数量 | 单位官网主页显示的机构 | 院系 / 分部网页上显示的机构 | 机构所属网页 / 网站 | 机构主编的持续性出版物 |
|---|---|---|---|---|
| 上海市教育科学研究院<br>语言文字类：1<br>省部级以上：1 | 国家语言文字政策研究中心 | | √√ | 《中国语言政策研究报告》<br>《中国语言文字事业发展报告》 |

注：①本列中，带 ** 的为同时入选 985、211 工程的高校，带 * 的为入选 211 工程的高校。这些机构中如果有省部级及以上的机构，会特别说明。

②本列中，带 · 的为外语类院系设置的研究机构，不带标注的为中文类院系（含文学院、中文系、对外汉语系、国际交流学院）所设置的研究机构，不属于这两个学科或者跨学科性质较强的另做标注。

③本列中，√√表示有专属的网站，√表示仅有一个简单的介绍页面。

④本列只收录正式出版发行的期刊（含辑刊）、报纸、丛书、年度报告。

表 5-15 显示，上海市现有的办学层次为本科及以上的 34 所高校中，拥有语言文字科研机构的共有 12 所，占比 35%。其中，211 高校总数为 10，拥有语言文字科研机构的有 8 家，占这类高校总数的 80%；985 高校总数为 4，100% 拥有语言文字科研机构。数据说明：学校的层次越高、综合性越强，有语言文字科研机构的比例越高。在 8 家专业研究院所中，只有上海市教育科学研究院 1 家有这类研究机构。

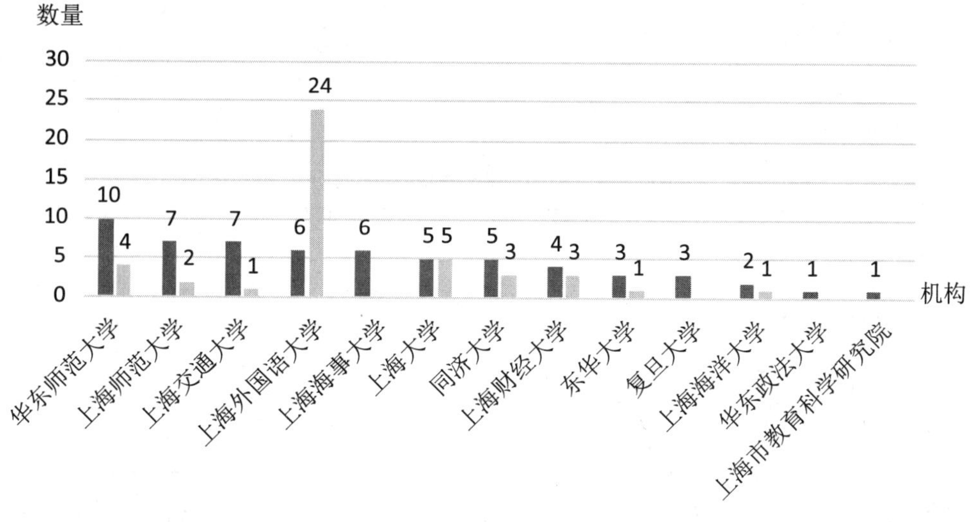


图 5-1　不同单位拥有的相关科研机构数量

目前，上海市共有语言文字类科研机构 60 家、相关的跨学科研究机构 44

家。从单位分布来看（见图 5-1），华东师范大学是拥有语言文字类科研机构最多的单位，上海外国语大学是拥有相关跨学科机构最多的单位，上海外国语大学还是拥有机构总数最多的单位。

拥有研究机构的数量可能说明的是研究的活跃程度和学术研究的多样化程度，但也有可能说明研究不够聚焦、研究积累不足等问题。相反，有些没有研究机构的领域却可能占有重要的学术地位。例如：华东师范大学中文系多年来编辑词汇和词典学研究的重要刊物《词学》和《辞书研究》，但并没有建立专门的研究机构。

### （二）相关科研机构的建设层级

科研机构的建设层级能够在相当程度上反映机构建设的水平和权威程度。根据统计发现（见表 5-16），语言文字类机构中的省部级及以上机构占比仅为 10%，跨学科类机构占比则为 25%。这似乎说明，跨学科类机构更有可能成为高层次的科研机构。

省部级及以上机构中，有 2 家属于教育部人文社科重点研究基地（华东师范大学中国文字与应用研究中心、上海师范大学都市文化研究中心）、2 家属于国家语委科研机构（上海外国语大学中国外语战略研究中心、上海市教育科学研究院国家语言文字政策研究中心）、1 家教育部重点实验室（华东师范大学言语听觉科学实验室），另外还有孔子学院总部 / 国家汉办、上海市教委设置的研究机构各 2 家。

表 5-16　相关科研机构的建设层级

| 机构层级 | 语言文字类机构 | | 跨学科类机构 | |
|---|---|---|---|---|
| | 数量 / 家 | 占比 / % | 数量 / 家 | 占比 / % |
| 省部级及以上机构 | 6 | 10 | 11 | 25 |
| 学校或院系自设机构 | 54 | 90 | 33 | 75 |
| 总计 | 60 | 100 | 44 | 100 |

大部分科研机构都由学校自设。按照机构建设的规则与惯例，省部级及以上的基地在管理上更规范，要求更高，而其他层次的机构在设置、维护、考评上要自由得多，甚至没有考评要求，不同学校和机构之间的差别也很大。但需要注意的是，个别非省部级机构在研究方面毫不逊色。例如：复旦大学的中国

语言文学研究所在汉语方言研究（特别是上海方言研究）方面有很高的成就，《汉语方言大词典》《上海方言志》都是非常重要的研究成果。

### （三）相关科研机构依托的学科分布

从图 5-2 可见，相关科研机构所依托的学科中，外国语言文学类拥有的机构最多，占机构总数的 80%，中国语言文学类所属机构仅占总数的 12%，属于其他学科及交叉学科的机构占 8%。从这组数据看，外国语言文学类的研究人员更积极于设立研究机构，中国语言文学类的学者则显得“保守”很多。

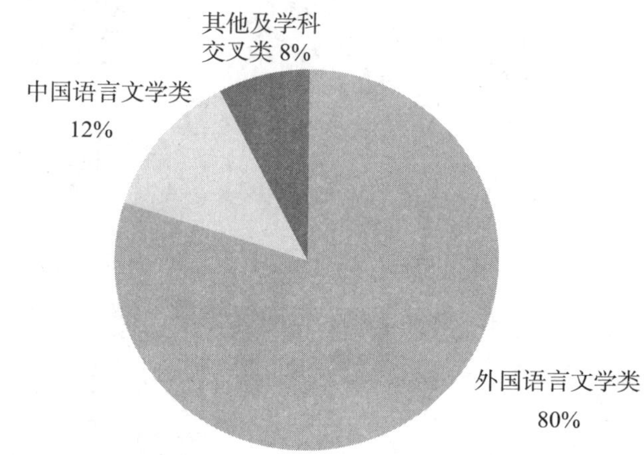


图 5-2　不同学科拥有的科研机构数量占比

表 5-17 则显示，在语言文字类机构、跨学科类机构内部，外国语言文学类也是贡献机构最多的一级学科；在跨学科类机构方面，非语言文学类学科的占比是语言文字类机构的 7 倍，说明学科交叉更多出现在跨学科类机构中。

**表 5-17　相关科研机构依托的学科分布**

| 学科 | 语言文字类机构 | | 跨学科类机构 | |
|---|---|---|---|---|
| | 数量 / 家 | 占比 / % | 数量 / 家 | 占比 / % |
| 中国语言文学类 | 11 | 18 | 2 | 4 |
| 外国语言文学类 | 48 | 80 | 35 | 80 |
| 其他及学科交叉类 | 1 | 2 | 7 | 16 |

### （四）相关机构的研究内容分布

从研究涉及的内容看，主要从事基础理论研究（含语言本体研究）的机构占 17%，从事语言教育 / 教学（含语言测试）研究的机构占 15%，从事翻译研究的占 12%，从事其他应用问题（含语言政策与语言规划）研究的占 14%，从事区域国别与文化研究（含跨文化交际、都市文化等研究）的占 42%。前 4 类研究学科边界相对比较清晰，均以语言本体和应用研究为核心，占总数的 58%；最后 1 类主要是近年来发展迅速的新兴领域，已经有 42% 的占比，关注的内容已不局限于语言学领域，而是涉及对象国的社会、政治、文化等多方面问题，跨学科研究的特点更为显著。

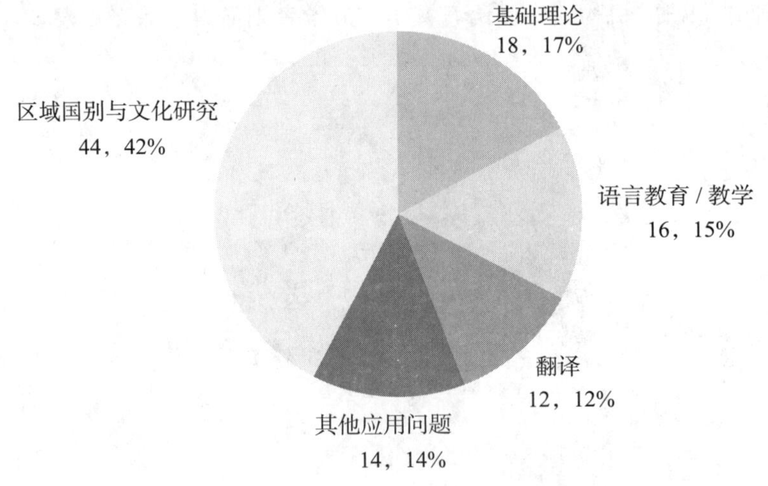


图 5-3　相关机构的研究内容分布

### （五）相关机构的社会显现度和研究的稳定性

现有科研机构中，不同机构的发展表现不尽相同。除了前文提到过的机构建设层次之外，笔者还给机构的几个基本构成要素加权赋值，来比较这些机构的社会显现度和研究领域的稳定性。[①] 笔者将“拥有机构介绍网页”赋值为 1，将“拥有专属机构网站”赋值为 2，为“拥有其主编的刊物 / 报纸 / 丛书”的每一项赋值为 2。经过数值计算和比较可以看到（表 5-18），共有 21 家机构的最终得分超过 2 分，排名前三的机构是（上师大）都市文化研究中心、（上外）中国外语战略研究中心、（华师大）中国文字与应用研究中心。

① 由于不同机构的网页 / 网站建设程度、信息完备程度差别很大，无法考虑建设时间长短、科研项目、人员梯队、其他成果发表。此处仅根据一个稳定的科研机构可供观察的几个指标来判断。

**表 5-18　显现度与稳定性表现较好的机构**　　　　单位：分

| 所在单位 | 机构名称 | 网页 / 网站得分 | 持续性出版物得分 | 总得分 |
|---|---|---|---|---|
| 复旦大学 | 中国语言文学研究中心 | 1 | 2 | 3 |
| 华东师范大学 | 中国文字与应用研究中心 | 2 | 4 | 6 |
| | 上海市语文教育教学研究基地 | — | 2 | 2 |
| | 言语听觉科学教育部重点实验室 | 2 | — | 2 |
| | 国家话语生态研究中心 | — | 2 | 2 |
| 华东师范大学 | 外国语言学应用语言学研究中心 | 1 | 2 | 3 |
| | 外语教学研究中心 | 1 | 2 | 3 |
| 上海大学 | 土耳其研究中心 | 2 | 2 | 4 |
| 上海外国语大学 | 中国外语战略研究中心 | 2 | 8 | 10 |
| | 上海市英语教育教学研究基地 | — | 2 | 2 |
| | 语言研究院 | 2 | — | 2 |
| | 欧盟研究中心 | 2 | — | 2 |
| | 俄罗斯研究中心 | 2 | — | 2 |
| | 英国研究中心 | 2 | — | 2 |
| | 跨文化研究中心 | 2 | 2 | 4 |
| | 中国国际舆情研究中心 | 2 | — | 2 |
| 上海财经大学 | 国际商务汉语教学与资源开发基地 | 2 | — | 2 |
| 上海师范大学 | 语言研究所 | — | 2 | 2 |
| | 都市文化研究中心 | 2 | 10 | 12 |
| 上海海洋大学 | 域外中国文化形象研究中心 | — | 2 | 2 |
| 上海市教育科学研究院 | 国家语言文字政策研究中心 | 2 | 2 | 4 |

在表 5-18 所展示的 21 家机构中，有 12 家是省部级及以上层次的机构，占比 57%，再次说明机构层次与其管理和运作的完善度有正相关关系。

给机构的表现区分出几个档次（10 分及以上，2—9 分，1 分，0 分），就可以看出机构类型与其综合表现的情况（见表 5-19）。

表 5-19 显现度与稳定性表现的不同档次

| 分数段 / 分 | 语言文字类机构 / 家 | 跨学科类机构 / 家 | 合计 / 家 |
|---|---|---|---|
| 10 及以上 | 1 | 1 | 2 |
| 2—9 | 11 | 8 | 19 |
| 1 | 20 | 12 | 32 |
| 0 | 28 | 23 | 51 |

将几类情况汇总后可以发现（见图 5-4）：所有研究机构中得分为 0 的占比最高（综合占比 49%，语言文字类占同类型机构的 47%，跨学科类机构占同类型机构的 52%），这些机构在所在高校的网站上连一个介绍页面都没有，只有一个孤零零的名称存在，其机构活力几乎无法观察到，百度搜索结果中仅有个别机构成立时的报道，大部分连报道都没有；得分为 1 的机构占比第二（综合占比 31%，语言文字类占同类型机构的 33%，跨学科类机构占同类的 27%），这些机构在所在高校的网站上都只有一个介绍的页面，介绍的程度详略有差异。在所有机构中，表现良好及优秀的机构只占了 21 家。

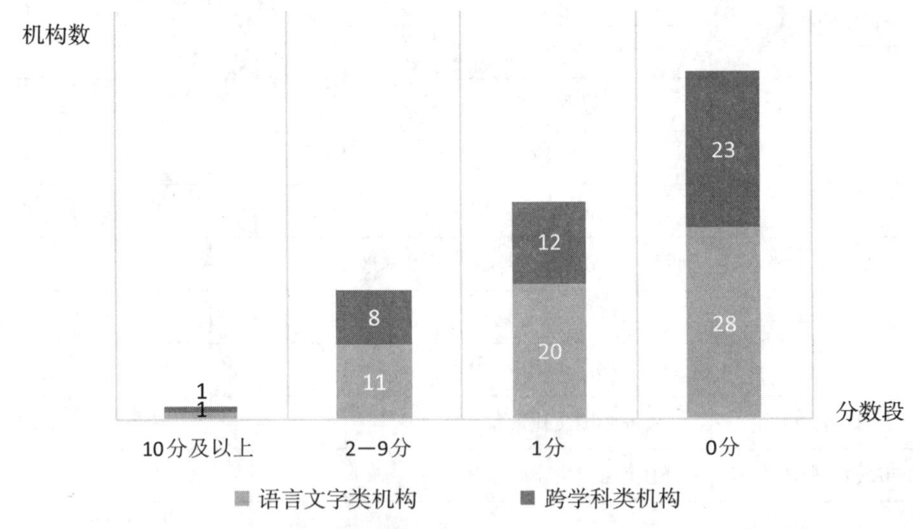


图 5-4 不同机构显现度与稳定性表现的分类占比

虽然由于调查方法和资料来源的限制，这个调查结果并不能完全反映机构的活跃和稳定程度，但它还是可能说明 80% 的研究机构（得分为 0—1 分）在网络空间的显现度上表现不佳。这可能因为机构不重视网络宣传，也可能是因为机构管理、维护上的不足，但还是能够说明机构在发展表现上的问题。笔者对得分为 0 的机构做了随机的抽样调查，被抽中的 20 个机构在百度新闻频道上没有任何活动类新闻报道。换句话说，现有的科研机构中，有 80% 属于缺乏系统管理和维护的“空壳机构”，20% 保持了一个学术机构平台应有的活跃度和显现度，不到 2% 的机构活跃度和显现度高。

## 三 小结

从以上调查可以看出，上海市在语言文字科研工作方面有相当的积累，与全国的语言文字类社会组织相比，上海的语言文字学术团体在成立时间或者唯一性方面有自己的优势和特点。但由于缺乏全国和其他省市可用于对比的数据，笔者无法做更多维度的对比。由于调查采集的数据限于 2019 年 8 月，对历史上发生的情况无法顾及，对一些不具备社会组织形态的活动也没有涉及。例如：20 世纪 80 年代开始的上海现代语言学沙龙活动延续了近 30 年，对国内语言学界产生了深远影响，但由于它缺少明确的社会组织形态，没有被纳入调查范围。

在语言文字科研机构方面，关注国际问题与注重学科交叉是上海语言文字科研机构的两大特点。调查显示，外国语言文学类学科下设置的机构占比高达 80%，中国语言文学类学科下设的机构仅占 12%。从研究内容看，跨学科机构占比达 42%，且主要从事区域国别相关研究。这些机构绝大多数分布在高等院校，以高水平的综合类高校为主，华东师范大学是拥有语言文字类科研机构最多的单位，上海外国语大学作为语言类特色大学，是拥有相关跨学科机构最多的单位。总体来看，机构显现度和表现的稳定性是这些机构面临的突出问题。笔者调查的 104 家机构中，只有 21 家（占比 20%）机构表现良好和优秀，其余的 80% 处于“休眠状态”。

不论是学术团体还是科研机构，稳定的组织和人员队伍、持续的活跃度和显现度、特色的研究内容和标志性成果（包括品牌性活动、出版物等），都是其存在和被认可应具备的基本特征。从这一要求看，学术团体的总体情况比较好，科研机构建设中的“泡沫”太多。

（赵蓉晖）

第六部分

# 资　料　篇

# 上海市实施《中华人民共和国国家通用语言文字法》办法

（2005年12月29日上海市第十二届人民代表大会常务委员会第二十五次会议通过）

第一条　为了推广普通话和推行规范汉字，加强国家通用语言文字使用管理，发挥国家通用语言文字在社会生活中的作用，根据《中华人民共和国国家通用语言文字法》和其他有关法律、行政法规，结合本市实际，制定本办法。

第二条　本市行政区域内国家通用语言文字的使用及其管理和监督，适用本办法。

第三条　本市促进国家通用语言文字的规范、丰富和发展，建设与经济、社会、文化发展相适应的语言文字应用环境。

本市鼓励国家机关、企业、事业单位、社会团体、其他社会组织和公民参与国家通用语言文字的规范化、标准化建设。

第四条　市和区、县人民政府应当加强对国家通用语言文字工作的领导，将推广普通话、推行规范汉字纳入城市管理和精神文明建设的内容。

市和区、县人民政府应当对国家通用语言文字工作所需人员和经费予以保证。

第五条　市和区、县人民政府的语言文字工作委员会负责本行政区域内国家通用语言文字使用的管理和监督，其办事机构设在同级教育行政管理部门。

市和区、县语言文字工作委员会的主要职责是：

（一）编制、组织实施本行政区域内国家通用语言文字工作规划；

（二）协调、指导、监督各部门、各行业的语言文字工作；

（三）组织语言文字规范化宣传教育活动；

（四）指导普通话和规范汉字应用的培训和水平测试；

（五）推进国家通用语言文字应用研究；

（六）法律、法规规定的其他职责。

乡、镇人民政府和街道办事处应当根据区、县人民政府的要求和部署，负责做好本区域内国家通用语言文字的相关工作。

第六条　本市对在国家通用语言文字推广、研究、管理工作中做出突出成绩的组织和个人予以表彰。

第七条　本市依法保障公民学习和使用国家通用语言文字的权利，任何组织和个人不得限制。

第八条　下列情形，应当以普通话为基本用语：

（一）国家机关的公务活动用语；

（二）学校及其他教育机构的教育教学和集体活动用语；

（三）广播电台、电视台的播音、主持和采访用语，电影、电视剧用语，汉语文音像制品、有声电子出版物用语；

（四）本市召开或者举办的各类会议、展览、大型活动的工作用语。

本市应当采取措施，推动公共服务行业以普通话为服务用语。

第九条　依照本办法第八条规定以普通话为基本用语的，遇有下列情形，可以使用方言：

（一）国家机关工作人员执行公务和出版、教学、研究中确需使用方言的，以及戏曲、影视等艺术形式需要使用方言的；

（二）广播电台、电视台的播音、主持，经市广播电视行政管理部门批准使用方言的。

第十条　下列人员的普通话水平应当分别达到以下等级标准：

（一）国家机关工作人员为三级甲等以上；

（二）教师为二级乙等以上，学校及其他教育机构中除教师以外的其他管理人员为三级甲等以上；

（三）普通高等学校、中等职业学校的学生为二级乙等以上；

（四）广播电台、电视台的播音员、节目主持人以及影视话剧演员为一级乙等以上；

对尚未达到前款规定的普通话等级标准的人员，应当分别情况进行培训。

本市应当采取措施，提高公共服务行业工作人员的普通话水平，直接面向公众服务的工作人员的普通话水平达到三级甲等以上，其中广播员、解说员、话务员等特殊岗位人员的普通话水平达到二级乙等以上。

第十一条　下列情形，应当以规范汉字为基本用字：

（一）国家机关的公务用字；

（二）学校及其他教育机构的教育教学用字；

（三）本市出版的汉语文出版物用字；

（四）影视屏幕用字；

（五）法人和其他组织的名称、招牌用字；

（六）广告、公共场所的设施用字；

（七）公共服务行业的服务用字；

（八）本市设计、制作，在境内使用的中文信息技术产品的用字和在本市注册的网站的网页用字；

（九）在本市销售的商品的包装、说明用字；

（十）本市召开或者举办的各类会议、展览、大型活动的用字。

第十二条　繁体字、异体字的保留或者使用，应当符合《中华人民共和国国家通用语言文字法》的有关规定。

题词和招牌中的手书字，提倡使用规范汉字。

法人和其他组织的名称牌中含有手书繁体字、异体字的，应当在适当的位置配放规范汉字书写的名称牌。

第十三条　国家机关工作人员、教师、普通高等学校学生、编辑记者、中文字幕制作人员、校对人员以及誊印、牌匾、广告制作业文案工作人员等的汉字应用水平，应当分别达到国家规定的要求。

第十四条　汉语文出版物、国家机关公文应当符合国家关于普通话、规范汉字、汉语拼音、标点符号、数字用法等的规范和标准。

国家机关公文、教科书不得使用不符合现代汉语词汇和语法规范的网络语汇。

新闻报道除需要外，不得使用不符合现代汉语词汇和语法规范的网络语汇。

第十五条　汉语文出版物、国家机关公文中需要使用外国语言文字的，应当用国家通用语言文字做必要的注释。

公共服务行业以规范汉字为基本的服务用字。招牌、告示、标志牌等需要使用外国文字的，应当用规范汉字标注。

第十六条　市和区、县人民政府的有关部门在同级语言文字工作委员会的协调和指导下，按照各自职责，管理和监督国家通用语言文字的使用：

（一）人事行政管理部门负责组织开展对国家机关工作人员普通话和汉字应用水平的教育与培训；

（二）教育行政管理部门负责对学校及其他教育机构的语言文字使用进行管理和监督，将语言文字规范化纳入教育督导、检查、评估的内容；

（三）文广影视、新闻出版、信息产业等行政管理部门负责对广播、电视、报刊、网络等媒体，以及中文信息技术产品中的语言文字使用进行管理和监督；

（四）工商行政管理部门负责对企业名称、商品名称以及广告中的语言文字使用进行管理和监督；

（五）民政行政管理部门负责对社会团体、民办非企业单位名称中的语言文字使用进行管理和监督；

（六）市政、市容环卫、绿化、地名、公安等行政管理部门负责对本市公共场所的设施等的语言文字使用进行管理和监督；

（七）劳动和社会保障行政管理部门负责将普通话和汉字应用水平纳入有关职业技能训练与鉴定的基本内容；

（八）质量技术监督行政管理部门负责对产品标志、说明等的语言文字使用进行管理和监督，制定有关技术标准应当体现语言文字规范化的要求；

（九）商业、金融、旅游、体育、卫生、铁路、民航、城市交通、邮政、电信等行政管理部门或者行业主管部门负责对公共服务行业的语言文字使用进行管理和监督。

第十七条　市和区、县语言文字工作委员会应当对本行政区域内有关单位的语言文字工作进行评估，评估结果可以向社会公示。

各级语言文字工作委员会应当建立监测工作网络，对各类媒体、公共场所用语用字进行监测，监测结果应当向社会公示。

第十八条　本市设立的普通话和汉字应用水平测试专门机构，具体负责实施全市普通话和汉字应用水平测试工作。

第十九条　本市有关单位和人员，未按照本办法规定使用国家通用语言文字的，由其所在单位或者上级主管部门予以批评教育，责令改正；拒不改正的，由其所在单位或者上级主管部门做出处理。

公共场所的招牌、设施等的用字违反本办法关于国家通用语言文字使用的规定的，由城市管理行政执法部门责令改正；拒不改正的，予以警告，并督促其限期改正。

企业名称、商品名称以及广告用字违反本办法关于国家通用语言文字使用的规定的，由工商行政管理部门依法处理。

违反其他法律、法规有关使用国家通用语言文字规定的，依照其规定予以处理。

第二十条　本市有关部门的工作人员滥用职权或者不履行法定职责的，由其所在单位或者上级主管部门依法给予行政处分。

第二十一条　违反本办法有关规定，不按照国家有关规范和标准使用国家通用语言文字的，公民可以提出批评和建议。

违反本办法有关规定，语言文字使用不规范且拒不改正的单位，语言文字工作委员会可以在媒体上予以公示。

第二十二条　本办法自 2006 年 3 月 1 日起施行。

# 上海市公共场所外国文字使用规定

（2014年9月17日上海市人民政府令第22号公布）

第一条（目的和依据） 为了规范公共场所外国文字的使用，促进对外交流，制定本规定。

第二条（适用范围） 本市行政区域内公共场所的标牌、设施上使用外国文字标示名称、提供信息的活动及其相关服务、管理，适用本规定。

前款所称的标牌包括名称牌、招牌、告示牌、标志牌等。

第三条（基本原则） 公共场所使用外国文字应当与规范汉字同时使用、意思一致，符合译写规范，尊重公序良俗。

第四条（政府职责） 各级人民政府应当将公共场所外国文字使用管理工作纳入城市管理和精神文明建设的内容。

市和区、县人民政府应当对公共场所外国文字使用管理工作所需人员和经费予以保证。

第五条（工作职责） 市和区、县语言文字工作委员会负责公共场所外国文字使用工作的协调、指导和监督，为公共场所使用外国文字提供服务。语言文字工作委员会的办事机构设在同级教育行政部门。

工商行政管理、民政、交通、绿化市容、旅游、卫生计生、商业、金融等部门在同级语言文字工作委员会的协调、指导下，按照各自职责对本行业公共场所外国文字使用进行管理和监督。

第六条（使用场所） 下列公共场所的标牌上使用规范汉字标示名称或者提供警示警告、提示说明等信息的，应当同时使用外国文字标注：

（一）机场、火车站、客运码头、长途汽车站、轨道交通站点；

（二）民防工程、应急避难场所；

（三）公共环卫设施、公共停车场（库）。

旅游景点、公共文化体育场所、商业服务场所、医疗卫生机构的服务场所以及金融、邮政、电信机构的营业场所和其他提供公共服务的办事场所等公共场所，可以根据服务需要在标牌上同时使用规范汉字和外国文字。

第七条（禁止性要求） 国家机关的名称牌禁止使用外国文字，国家另有规定的除外。

公共场所的招牌、告示牌、标志牌等禁止单独使用外国文字，根据国家和本市相关标准使用公共信息图形标志的除外。

第八条（使用要求） 企业事业单位和其他组织的名称牌中同时使用规范汉字和外国文字的，规范汉字应当显示清晰、位置适当。

公共场所的标牌、设施上有广告内容且同时使用规范汉字和外国文字的，应当以规范汉字为主、外国文字为辅，不得在同一广告语句中夹杂使用外国文字，国家另有规定的除外。

第九条（译写要求） 公共场所的标牌、设施上使用外国文字的，应当与同时使用的规范汉字表达相同含义和内容。

公共场所的标牌、设施上使用外国文字的，应当符合国家和本市颁布的外国文字译写规范；没有相关译写规范的，应当符合外国文字的使用习惯和国际惯例。

第十条（制定译写规范） 市语言文字工作委员会（以下简称市语委）应当组织拟订本市公共场所外国文字译写规范，由市标准化行政管理部门依法立项、审定和发布。

第十一条（告知服务） 市语委应当组织市工商局、市民政局等部门编制企业、社会组织等单位名称的外国文字使用指南。

工商行政管理、民政等部门在办理企业和社会组织注册登记时，应当主动告知外国文字使用的规范要求。

第十二条（专家咨询服务） 市语委设立的外国文字译写专家委员会应当为交通、旅游、医疗卫生、文化、体育等行业的相关单位，提供外国文字译写方面的专家意见。

第十三条（网络信息服务平台） 市语委应当设立网络信息服务平台，公布外国文字译写规范，提供相关咨询服务，接受公众的投诉、举报。

第十四条（社会监督） 鼓励公众对公共场所外国文字使用情况进行监督。对违反本规定的情况，公众可以通过 12345 市民服务热线、网络信息服务平台进行投诉、举报或者提出意见、建议。

鼓励和支持志愿者组织对公共场所外国文字使用情况进行监督。

第十五条（通报） 对公众和志愿者反映的违反本规定的情况，市语委应当进行核查，并根据需要听取专家意见。经查证属实的，可以通过新闻媒体、网络信息服务平台予以通报。

第十六条（日常监测） 区、县语言文字工作委员会（以下简称区、县语委）应当组织对本行政区域内的公共场所外国文字使用情况进行日常监测，监测意见通报相关执法部门，由相关部门依法处理。

第十七条（法律责任） 公共场所的标牌、设施上使用外国文字违反本规定第六条第一款、第七条、第八条第一款、第九条的，由城市管理行政执法部门根据区、县语委的监测意见责令改正；拒不改正的，予以警告，并督促其限期改正。

公共场所的标牌、设施上使用外国文字违反本规定第八条第二款规定的，由工商行政管理部门依据广告管理的相关规定处理。

第十八条（名词解释） 本规定所称的规范汉字，是指国务院颁布的《通用规范汉字表》中收录的汉字。

第十九条（实施日期） 本规定自 2015 年 1 月 1 日起施行。

# 上海市语言文字事业改革和发展“十三五”规划

（沪语委〔2016〕3号文件）

为推动上海语言文字事业全面、协调、可持续发展，更好满足上海打造“四个中心”和具有全球影响力的科技创新中心、建设社会主义现代化国际大都市和世界城市的需要，更好服务于上海率先全面实现教育现代化和提升文化软实力，依据《国家中长期语言文字事业改革和发展规划纲要（2012—2020年）》及上海实施意见、《国家语言文字事业“十三五”发展规划》《上海市教育改革和发展“十三五”规划》，制定本规划。

## 一 “十二五”发展回顾

“十二五”期间，上海语言文字事业全面贯彻国家和上海中长期语言文字事业战略部署，主动服务上海教育现代化发展，以构建规范文明、多样和谐的城市语言环境为目标，积极落实语言文字依法管理，深入开展语言文化建设，科学保护地方语言资源，努力提升市民语言能力，扎实推进语言文字科学研究，不断探索语言文字治理体系，为率先实现中长期语言文字工作目标奠定了坚实基础。

### （一）语言文字规范水平持续提高

普通话高位普及，社会交际中的方言隔阂基本消除。机关、学校和新闻媒体中的国家通用语言文字使用保持较高规范水平，公共服务行业语言文字使用的监管力度不断加大。率先完成区县达标评估，并开展了语言文字规范化示范区（县）创建试点。全面启动街镇语言文字工作评估，推动公共场所语言文字环境进一步优化。组织完成31所高校的语言文字工作评估，在全面创建的基础上，评定214所上海市语言文字规范化示范校，积极推进中小学语言文字工作标准化试点。编印发行“规范汉语大学堂”系列丛书，依托有关机构连续发布年度“十大流行语”和“十大语文差错”，组织中英文专家为社会语言文字使用提供咨询服务，有效普及了语言文字规范知识，提高了市民的规范意识和规范能力。

### （二）语言文字文化功能有效发挥

扎实推进“中华经典”诵写讲行动，建设“中华经典资源库（上海库）”，实施“书法家进校园”工程。深入开展“汉字听写大会”上海地区选拔赛，配合中央电视台举办第一季“中国诗词大会”。结合上海校园文化传承创新项目，深度挖掘语言文字的文化内涵，依托有关各方先后组织开展汉字创意、楹联书写、汉字节等语言文化活动，举办“我爱汉字美”“我爱诗词美”等电视比赛，连续组织“魅力汉语，亲情中华——上海、台北、香港、澳门青少年朗诵比赛”，进一步激发了广大青少年热爱祖国语言文字的情感，促进了对中华优秀传统文化的认同。

### （三）市民语言应用能力显著提升

通过课题“提高国民语言应用能力研究”研究，探讨构建市民语言能力终身教育体系，启动研制上海市民语言能力指导标准。大力推进语言文字水平测试，普通话水平参测人次累计达到162万，汉字应用水平参测人次累计达到6.8万。同时，结合上海实际，研究推出了实用汉语能力测试和朗诵水平等级考试。指导、督促各级各类学校加强对学生语言文字应用能力及语言文化素养的教学与培训，推动中小学开展口语交际、汉字书写等拓展型课程教学，将语言类课程开设情况纳入高校语言文字工作评估的内容。对各级各类学校多语种外语教学进行调查研究，在国家通用语言文字高位普及的基础上，积极探讨培育城市多语能力、服务于国际化需求的语言教育政策。指导社区学院、老年大学等开展面向市民的汉语拼音教学和书法、朗诵等语言艺术活动，推动语言文字教育向社区延展。

### （四）语言文字依法管理不断深化

制定颁布与国家通用语言文字法律法规配套的国内第一部外文管理地方规章《上海市公共场所外国文字使用规定》，推动语言文字地方立法取得了新的重要成果。强化城市管理、市场管理等部门的执法责任，规范监测流程和执法程序，进一步加大了语言文字执法力度。组建覆盖全市的监测志愿者队伍，建设开通网络监测平台，对公共场所语言文字实施常态化依法管理。市语委会同法律监督部门开展对有关行业和区县贯彻落实语言文字法律法规情况的执法调研，努力建设并不断完善语委统筹、各职能部门主动履行语言文字法定职责的依法管理体制。

### （五）语言文字科学研究成果丰硕

颁布《上海市语委“十二五”科研课题指南》和《上海市语言文字水平测试中心“十二五”科研课题指南》，针对上海语言生活实际和决策需求，设立并实施了104项科研课题。成功举办“国家语言战略论坛”“语言与国家安全论坛”等20多个全国性乃至国际性学术会议。支持上海市教科院和上海外国语大学与教育部语言文字信息管理司共建国家语委科研机构，加强语言政策和语言战略研究，努力打造国家级语言文字智库。依托相关科研机构和高校，建设语言文字政策法规数据库、语言政策与规划研究文献数据库、语言文字专家库等基础资源，加强相关学科建设和人才培养，承担实施了10多项国家语委“十二五”科研项目。

### （六）语言资源科学保护成效明显

记录、保存上海地方特色语言文化，组织专家调查采录了12个调查点的上海方言数据，全面完成了中国语言资源有声数据库上海建库工作，建设开通了展示地方语言资源有声数据、语言地理信息、口头文化和民俗文化的网络平台。积极探讨科学保护上海语言资源的有效途径，联合非物质文化遗产保护部门，依托社区教育资源为市民提供学习使用上海方言的交流平台，结合乡土文化教育在幼儿园创设和谐自然的语言环境，鼓励、支持相关社会机构开展传承上海方言及地方戏曲、曲艺文化的群众性活动。

## 二 “十三五”形势需求

“十三五”时期，是上海实现创新驱动发展、经济转型升级，推进“四个率先”、打造具有全球影响力的科技创新中心，基本建成“四个中心”和社会主义现代化国际大都市的冲刺阶段，也是上海语言文字事业深化改革、创新发展，为城市建设和能级提升提供语言支持与服务的同时促进自身发展的重要战略机遇期。

### （一）城市化迫切要求提高语言文字普及水平

语言文字是人类最重要的交际工具，推广普及全国通用的普通话和规范汉字是社会主义现代化建设的基础保障，是我国长期坚持的基本国策。上海是全国改革开放的先行者和排头兵，市场经济的不断完善、新型城镇化建设的深入推进、人员流动的进一步加剧，迫切要求在高位普及的基础上向“提高”转型，全面提升国家通用语言文字的规范化、标准化水平，继续在全国语言文字普及推广中发挥示范与榜样作用。

### （二）国际化迫切要求拓宽语言文字工作视野

上海正在按照中央要求加快建设社会主义现代化国际大都市，在“一带一路”、长江经济带、自贸试验区等重大国家战略实施过程中，上海的门户地位、枢纽功能进一步凸显，资本、人才等资源跨国流动、跨界积聚。上海的语言文字事业要在消除国内方言障碍的基础上，向解决国际交流中的语言问题拓展，大面积提升市民通用外语能力，尽可能为来自全球各地的在沪外籍人士提供多模态、多语言、多文种的公共服务，构建适应国际化需求的城市语言环境。

### （三）信息化迫切要求语言文字更好发挥作用

信息化是对人类生产生活方式影响最为深刻、对世界文明影响最为深远的大趋势之一。上海正在建设以贴近群众需求和服务改革发展为导向、以深化智慧应用为主线的智慧城市，推动信息化与城市发展全面深入融合，营造智慧生活，发展智慧经济，深化智慧城管，建设智慧政务。上海语言文字事业要主动融入智慧城市建设，运用现代信息技术完善语言文字公共服务，推动服务于云计算、大数据和物联网研发应用的语言文字基础研究与建设，并切实加强对新

媒体语言文字应用的依法管理。

### （四）多元化迫切要求提升语言文字治理能力

“多言多语、开放包容”构成了上海语言生活的鲜明特点。伴随着多元文化的交流与碰撞，以及改革进入深水区，上海的语言观念日趋多元、语言应用日趋复杂、热点难点问题相互叠加，迫切要求语言文字事业科学把握国家语言政策，妥善处理不同语言关系，有效避免语言冲突，正确应对社会重大关切，全面提升语言治理能力，构建和谐语言生活。

### （五）教育现代化迫切要求语言文字事业提供基础支撑

教育领域是语言文字事业的重中之重。上海正在努力率先实现教育现代化，在以“坚持以人为本”“扩大教育公平”“提高教育质量”“提升服务能力”“探索创新发展”为指导思想的教育改革与发展中，上海的语言文字事业要主动对接构建大中小学一体化德育体系、提升学生艺术和科学素养、推进文化传承创新和文化育人、建立终身教育体系、发展特殊教育、扩大教育对外开放、实施“一带一路”教育合作计划等的语言需求，进一步发挥语言文字在传承中华优秀传统文化、培育社会主义核心价值观中的独特作用，进一步推动盲文手语的规范使用以及语言康复等前沿学科的建设发展，进一步完善汉语国际教育的基础建设，在融入教育现代化中，更好地发挥教育对语言文字普及推广的基础作用。语言文字能力是人的核心素养，上海要深化语言文字教育，努力发展每一个学生的核心素养，为培养科创中心所需的创新人才奠定基础。

当前，上海语言文字工作还面临诸多困难，存在一些问题和不足。如：公共场所的中文和外文使用不规范现象还时有发生；市民的现代语言意识，特别是语言使用中的规范意识、国家意识、资源意识、文化自觉亟须增强；市民的语言素质，特别是口语表达能力、汉字书写能力、语言文化素养和外语能力亟须提高；各类语言人才，包括外语人才、语言学科人才、语言管理人才培养不够、储备不足；对社会语言生活的监测、监控与引导亟待加强；对地方语言资源的科学保护、有效传承和开发利用有待落实；语言文字应用研究和政策研究的水平亟须提高；各部门、各地区结合各自实际履行职责、主动作为、全面推进工作的自觉性还需增强；相关的组织保障，特别是专业化的基地和机构建设，以及区县一级工作机构的人员配置和基础条件保障，与形势对语言文字事业的要求还不相适应。上海语言文字事业必须抓住机遇，迎接挑战，开拓创新，加快发展。

## 三 指导思想与发展目标

### （一）指导思想

以马克思列宁主义、毛泽东思想、邓小平理论、“三个代表”重要思想、科学发展观为指导，深入贯彻习近平总书记系列重要讲话精神，按照“五位一体”总体布局和“四个全面”战略布局，牢固树立创新、协调、绿色、开放、共享的发展理念，全面实施国家、上海中长期教育和语言文字事业改革和发展规划纲要，主动对接“为了每个孩子的终身发展”的上海中长期教育理念，聚焦中华优秀文化传承和社会主义核心价值观培育，努力提高广大市民的语言应用能力和语言文化意识，努力提升城市的语言服务和语言治理能力，努力建设规范文明、和谐多样的现代化国际大都市语言环境，努力发挥服务国家语言战略的区位优势，为上海推进落实各项国家战略、提升文化软实力、率先实现教育现代化提供更有力的语言支持与服务，为国家语言文字事业发展提供更有力的智力支持。

### （二）发展目标

到“十三五”期末，率先全面普及国家通用语言文字，社会语言生活治理体系不断完善、治理能力显著提升，基本建成与社会主义现代化国际大都市、文化大都市相匹配的城市语言文字环境，进一步成为国家语言文字事业发展的思想库、先行者和排头兵。

——城市语言文字环境规范文明、多样和谐。国家通用语言文字的主体地位进一步巩固，达到更高的普及率和规范化、标准化水平，公共场所外文使用基本规范。在全市建设50个包括旅游景区、交通枢纽、文体场馆、医疗机构、餐饮住宿、商业购物等业态的中英文使用规范示范单位。在各级各类学校和教育机构全面开展创建工作的基础上，评定200所上海市语言文字规范化示范校。上海地方语言资源的保护、开发和利用更加有效，建成上海语言文化展示平台。

——市民语言能力及语言文化素质进一步提高。语言文字在传承弘扬中华优秀传统文化和培育社会主义核心价值观中的独特作用进一步有效发挥，推进“书香校园”建设，建成100所市级“书香校园”示范校；大中小学有效衔接的语文教育体系初步形成；市民的现代语言意识基本确立，适应现代城市生活特点的多言多语能力有效发展。完成对75万人次的普通话水平测试，5万人次的汉字应用水平测试。

——语言治理和服务能力显著提升。语言文字应用依法管理制度体系更加完善，语言文字热点难点问题的应对处理及舆论引导更加有效，社会语言生活总体稳定和谐。面向不断增长和日益多元的语言需求的语言文字公共服务能力不断提升，信息化语言服务设施日趋完善，建设公共信息多语言服务平台，有效推进多语种外语服务。服务、支撑国家语言文字事业发展的意识和能力进一步增强，国家级语言文字智库建设初见成效，形成一批语言政策、外语战略、语言文字智库建设与管理等领域的基础理论研究和决策咨询研究的标志性成果。

### （三）工作思路

准确定位，融入发展。立意于“战略需求”来认识语言文字事业，将提升城市语言能力纳入上海城市发展战略，列入城市综合竞争力的重要指标，加大投入，加强建设，完善机制，落实保障。定位于“提供服务”来推进语言文字事业，主动服务于科创中心建设、自贸试验区建设以及“一带一路”和长江经济带国家战略，自觉融入教育现代化发展和城市文化软实力提升，在借势借力推进工作的过程中，不断拓展工作内涵，提升工作品质。

统筹协调，多语推进。全面关注上海城市生活中使用的各种语言文字，进一步推动国家通用语言文字从“普及”向“提高”转型，继续促进外文使用规范，继续推动方言文化传承与保护，坚持主体性和多样性的辩证统一、独特性和包容性的辩证统一、语言规范和语言发展的辩证统一，以科学的、发展的语言观，规划好不同语言文字的地位、功能和使用范围，使各语言文字各安其位、各尽其责，进一步发挥好各自的社会功能。

建管并重，强化服务。坚持管理、服务与建设并重。坚持一手抓管理、一手抓服务，通过加强依法管理不断提高社会语言文字应用规范化水平，通过主动提供服务扩大认同、协调冲突、化解矛盾，在满足社会多样化需求的过程中增强规范化管理工作的有效性。全面加强语言文字事业各类基本建设，完善基础保障。开展语言文字基础工程建设、专业化基地建设，扶持语言学科建设，全面加强语言文字科学研究，为提高语言文字事业科学化水平夯实基础；切实加强工作机构建设、体制机制建设、人才队伍建设，继续以机关、学校、新闻媒体和公共服务行业为重点，进一步巩固、完善“语委统筹组织，部门各司其职、齐抓共管”的管理体制，为实现语言文字事业持续发展夯实基础。

丰富载体，创新手段。继续坚持以语言文字工作评估、语言文字规范化示范校创建、全国推广普通话宣传周、语言文字水平测试等为基本措施。同时，进一步解放思想、更新观念，以“中华经典诵写讲行动”“书法家进校园工程”等为核心，不断创新工作方式、丰富工作载体，努力搭建更多、更新的工作平台。

## 四 重点任务

### （一）提升语言文字规范水平

全面开展区域语言文字规范化工作，根据上海实际，制定区域语言文字规范化工作实施方案。进一步提升普通话、规范汉字和汉语拼音普及水平，瞄准重点区域和重点人群实施“精准提升”。全面贯彻落实《国家通用语言文字法》及上海实施办法、《上海市公共场所外国文字使用规定》，全面实施国家和上海市公共服务领域英文译写规范。强化重点领域语言文字使用依法管理，促进机关、学校和新闻媒体用语用字继续保持较高的规范水平，进一步发挥基础辐射和示范榜样作用。推动公共服务行业大力推广和规范使用国家通用语言文字，从“普及”向“提高”转型。推动语言文字信息化技术创新发展，支持推动有关高校开展自然语言处理、语音识别与合成、文字识别等智能化理论研究和技术研发，支持不同语种间的机器翻译研究以及国家通用语言文字智能辅助学习和评测的技术产品研发，推进互联网环境下的语言计算技术创新。

### （二）保护传承地方语言文化

加强上海地方语言资源的保护、开发与利用。继续开展上海方言保护性调查研究。根据教育部、国家语委的要求，全面实施“中国语言资源保护工程”，调查、记录上海口传文化。努力打造区域语言文化中心，多方式、多平台、多模态展示上海语言文化。实施地方语言文化进校园行动。加强相关政策研究，妥善应对“保护上海话”相关社会舆情，妥善处理推广普通话和保护上海话的关系。

### （三）引导服务社会语言生活

加强语言文字宣传教育，实施“中华诵”经典诵写讲行动，开展传统节日经典诵读活动，推进全民阅读行动“书香校园”活动，促进语言认同，提升文化自信。组织有关科研机构、学术团体等加强对繁体字使用、地名译写、网络语言、流行语、字母词等语言文字社会热点难点问题的理论和政策研究，并通过各类媒体，及时转化、推广相关科研成果，有效引导舆论走向。通过发布地方语言文字皮书等措施，记录上海语言文字使用状况、社会语言生活发展变化态势，引导社会各界关注语言问题，树立语言意识。建设语言文字网络服务平台，为社会语言文字应用提供咨询服务。

### （四）提升市民语言应用能力

坚持“以人为本”“面向人人”的原则，扎实推进普通话、规范汉字、汉语拼音等语言文字应用能力教育与培训。以公务员、编辑记者、播音员主持人、教师、医生护士、导游解说等行业人员为重点，全面提高市民以国家通用语言文字能力为核心的多言多语能力。推动各级各类学校加强教学与训练，全面提高学生普通话口语交际能力、汉字书写及规范应用能力、口头和书面表达能力、中华经典储备和文化素养；通过幼儿园乡土文化教学，加深儿童对上海乡土文化及上海方言的感知和了解；加强语言文字社会教育，完善语言文字水平测评体系，结合学习型社会建设，将语言文字能力教学纳入市民终身教育体系。同时，主动服务并融入上海教育事业改革发展，对接大中小学一体化德育体系建设，以“中华经典”诵写讲行动等为抓手，进一步发挥语言文字在传承中华优秀传统文化、培育社会主义核心价值观中的独特作用；服务特殊教育体系建设，推广使用国家通用手语、盲文，支持有关高校加强语言康复等的科学研究；主动服务教育对外开放、“一带一路”教育合作计划、汉语国际教育，加强留学生语言教育等相关政策研究。

### （五）服务国家语言战略

立足上海，服务全国。为国家语言文字事业向现代治理转型先行先试，前瞻性探讨多语社会的语言问题及其治理方式。为提升国家语言能力积极贡献力量，聚焦“一带一路”、自贸试验区等重大国家战略，推进相关语言文字研究和工程建设。支持在沪的国家语委科研机构加强决策咨询研究，试点建设国家语言文字智库，进一步发挥咨政、启民、育人功能。鼓励支持各高校、科研机构、学术团体等承担国家语委科研项目和重大工程建设，为国家语言文字事业发展提供智力支持。继续对口支援西藏、新疆等的语言文字工作。

## 五 工作措施

### （一）开展督导评估，加强语言文字依法管理

贯彻落实国务院教育督导委员会办公室印发的《语言文字工作督导评估暂行办法》（国教督办〔2015〕5号），协同市教育督导部门对全市各区语言文字工作进行督导评估，在此基础上，接受国家语委对上海的督导评估。扩大语言文字规范化示范区创建试点范围。逐步开展对交通、旅游、绿化市容、卫生、邮政等窗口服务行业，以及高等学校的语言文字工作评估。指导区语委全面开展对所辖乡镇、街道和区属职能部门的语言文字工作评估。继续推进语言文字规范化示范校创建工作。进一步完善公共场所语言文字监督监测和执法监督机制，加强监测员队伍和网络监测平台建设，结合高中学生社会实践开展“啄木鸟”活动，推动城市管理和市场管理等部门进一步将语言文字执法纳入行政职责，持续加大语言文字依法管理力度。

### （二）强化水平测试，促进从普及向提高转型

继续实施大学生、中职生、民族班学生普通话免费测试，进一步拓展普通话水平测试的范围和对象，探讨完善新形势下相关行业人员持普通话等级证书上岗的政策制度。深入推进汉字应用水平测试，继续做好汉语应用能力测试试点工作。大力推广面向母语非汉语人士的实用汉语水平测试。支持有关机构开展关于上海语言文化、职业汉语、朗诵、书法等语言文字应用能力的培训。加强对语言文字水平测试工作的科学管理，不断丰富语言文字水平测试工作的内容和标准，进一步提升测试质量和效率。

### （三）夯实教育基础，深化学校语言文字教育

坚持把学校作为国家通用语言文字推广普及的主阵地和主渠道，将语言文

字要求纳入学校、教师、学生管理和教育教学的各个环节，构建适合大中小学生身心发展和道德养成、符合社会主义核心价值观的语言文字教育课程和活动体系。加强语言文字示范校和书写特色校建设。注重幼儿园教育中阅读兴趣的培养，使孩子学会倾听并能用普通话进行基本交流。加强中小学普通话口语、规范汉字书写、阅读写作及语言文字规范标准等方面的教育教学，提高中小学生国家通用语言文字听说读写能力。推动中等职业学校和高等学校科学设置语言文字相关课程，以提高语文鉴赏能力、口语和书面表达能力为重点，全面提高学生语文素养和语言文字应用能力。发挥教师表率作用，在教育教学过程中坚持使用普通话，正确使用规范汉字，努力提高传统文化素养和语言文字应用综合能力。创新大学语文教育，发挥“上海高校语文教育联盟”的作用，探讨研究基于大中衔接的大学语文课程体系，全面提升大学生汉语语言文字方面的阅读、理解、表达、鉴赏、分析和评价能力。

### （四）加强宣传教育，传承中华优秀传统文化

扎实推进中华经典诵写讲行动、书法家进校园行动，建设“中华诵”上海资源库。深入开展以“读懂中国、传承经典”为主题的“中小学生墨香书法展示”“高校师生楹联创作书写展示”等校园文化传承系列活动。继续办好“我爱汉字美”“汉字听写”“我爱诗词美”“长三角地区大学生经典诵读大赛”等语言文字类广电节目。结合“全民阅读”行动，开展中小学生阅读推广活动。支持有关社会机构举办“魅力汉语”等活动。精心组织全国推广普通话宣传周活动，创新宣传手段、拓展宣传载体，进一步提升宣传的针对性和有效性。依托有关机构开展面向公务员、教师、编辑记者、播音员主持人、广告从业人员等不同对象和不同需求的语言文字培训。指导、督促社区学校开设包括普通话、汉语拼音、书法、朗诵、外语、计算机等在内的语言文字类课程，鼓励、引导有关社会机构开展语言文字社会化培训。加强“上海语言文字网”、《语言文字周报》《咬文嚼字》《魅力汉语》等语文类媒体建设。

### （五）实施语保工程，科学保护上海方言资源

实施中国语言资源保护工程，完成上海项目任务。建设运维展示上海方言特点、口传文化、人文风俗的上海语言文化资源网络展示平台。鼓励、支持有关高校建设实体性的上海语言文化博物馆，努力为市民提供上海语言文化知识

方面的语言服务。扩大试点范围，继续在幼儿园开展上海话教育体验活动。指导督促街镇、社区在传承上海方言中发挥应有作用。编发宣传展示上海语言文化的出版物。

**（六）建设数字平台，完善公共信息多语服务**

建设面向来沪观光旅游、文化交流、商务贸易或在沪工作、学习、居留的外籍人士，介绍上海旅游、交通等公共服务信息的多语言服务平台，提供普通话、上海话、英文、日文、韩文、法文和西班牙文等多语言（方言）服务。

**（七）加强科学研究，支撑语言事业科学发展**

制定《上海市语委“十三五”科研规划》，颁布课题指南，建立健全相关工作制度，进一步加强对各科研课题的日常管理。完成“国家安全中的语言战略研究”“基于大中衔接的大学语文课程体系研究”等国家语委科研规划、上海教育科研重大课题的研究工作。依托针对上海的领域和区域语言文字使用实证调研类课题，按年度发布《上海语言文字事业发展报告》，引导社会关注语言问题、树立语言意识、支持语言事业。加强语言舆情监测，探讨建立应对语言问题突发事件、社会群体性事件的预警和应急机制，制定针对语言文字热点难点问题的预案。

## 六 保障体系

**（一）法制保障**

进一步健全与《上海市实施〈中华人民共和国国家通用语言文字法〉办法》配套的语言文字管理规章和制度体系，协调、推动各行业主管部门制定施行针对本行业实际的语言文字管理规范性文件，不断完善具有上海特色的法规体系，为语言文字的规范使用提供法律依据。将语言文字法律法规纳入“七五”普法的重要内容，进一步加大媒体宣传力度，营造良好的语言文字法律环境。深入探讨在城市管理中加强语言文字应用管理的方法和途径，切实将语言文字规范化纳入文明单位、文明城区、文明行业和精神文明示范标志区域等各级各类精神文明创建先进单位的必备条件，并加强检查落实。

### （二）组织保障

进一步形成和巩固“政府主导、语委统筹、部门支持、社会参与”的管理体制。充分发挥市、区两级语委的统筹协调职能，巩固、完善与相关行业系统的工作联系制度和协作机制，依法督促有关行业系统将语言文字事业纳入日常管理。继续实行语委全体委员会议、语委委员单位年终述职、语言文字工作专项表彰等制度。进一步加强对各级语委工作制度落实情况的检查，努力推进各级语委自主、高效运转，提高各级语委统筹推进本区域语言文字工作的能力。继续推动语言文字工作“重心下移”，进一步强化街道（乡镇）语言文字工作的职能。依法督促市、区两级政府加大对语言文字事业的经费投入力度，完善投入机制，在保证专项经费的基础上，多渠道筹措资金，增加投入。

### （三）科研保障

加强科研机构建设，指导督促上海市教育科学研究院、上海外国语大学增加投入、加强管理，为国家语言文字政策研究中心、中国外语战略研究中心落实基础保障，打造国家级语言文字智库。加强学科建设和人才培养，支持、推动有关高校结合各自实际在语言学和应用语言学下设立语言政策与规划、语言战略类二级学科或硕博士培养方向，加强本市应用语言学人才培养。加强语言文字专家队伍建设，建立本市语言文字专家库，发挥专家学者在政策研究、标准制定和咨询服务中的作用。建立培训制度，通过多种途径，定期对区县、系统和高校语言文字干部开展语言文字法律法规、规范标准和语言文字应用能力等内容的专题培训，不断提升本市语言文字工作队伍的业务能力。

### （四）实施保障

各区政府和有关单位要结合《国家中长期语言文字事业改革和发展规划纲要（2012—2020年）》及上海实施意见和本规划，制定本地区、本单位的语言文字工作“十三五”规划。结合年度计划的制定，将本规划确定的各项目标、任务落到实处。

# 上海市语言类非物质文化遗产名录

表 6-1　上海市语言类非物质文化遗产名录

| 类别 | 项目名称 | 级别 | |
| --- | --- | --- | --- |
| | | 国家级 | 市级 |
| 民间文学 | 吴歌 | √ | — |
| | 谚语（沪谚） | √ | — |
| | 杨瑟严故事 | — | √ |
| | 新浜山歌 | — | √ |
| | 小刀会传说 | — | √ |
| | 萧泾寺传说 | — | √ |
| | 上海绕口令 | — | √ |
| | 上海花样经 | — | √ |
| | 浦东地区哭嫁哭丧歌 | — | √ |
| | 沪上闻人名宅掌故与口碑 | — | √ |
| | 淀山湖传说 | — | √ |
| | 川沙民间故事 | — | √ |
| | 崇明俗语 | — | √ |
| | 崇明山歌 | — | √ |
| | 陈行谣谚 | — | √ |
| | 白杨村山歌 | — | √ |
| 传统音乐 | 码头号子（上海港码头号子） | √ | √ |
| | 锣鼓艺术（泗泾十锦细锣鼓） | √ | √ |
| | 道教音乐（上海道教音乐） | √ | √ |
| | 上海玉佛禅寺传统梵呗艺术 | — | √ |
| | 上海田山歌 | — | √ |
| | 上海工人大锣鼓 | — | √ |
| | 浦东山歌 | — | √ |

（续表）

| 类别 | 项目名称 | 级别 | |
|---|---|---|---|
| | | 国家级 | 市级 |
| 传统戏剧 | 昆曲 | √ | √ |
| | 京剧 | √ | √ |
| | 越剧 | √ | √ |
| | 沪剧 | √ | √ |
| | 木偶戏（海派木偶戏） | √ | √ |
| | 淮剧 | √ | √ |
| | 滑稽戏 | √ | √ |
| | 皮影戏 | — | √ |
| | 奉贤山歌剧 | — | √ |
| | 扁担戏 | — | √ |
| 曲艺 | 苏州评弹（苏州评话、苏州弹词） | √ | √ |
| | 锣鼓书 | √ | √ |
| | 浦东说书 | √ | √ |
| | 独脚戏 | √ | √ |
| | 浦东宣卷 | √ | √ |
| | 上海说唱 | — | √ |
| 传统美术 | 海上书法 | — | √ |
| 传统技艺 | 汉字印刷字体书写技艺 | — | √ |
| 民俗 | 崇明天气谚语及其应用 | — | √ |
| | 匾额习俗 | — | √ |

# 上海市语言文字工作大事记（2017—2018）

## 2017 年

3 月 20 日，市语委印发《2017 年上海市语言文字工作要点》。

4 月 7—9 日，由市教卫工作党委、市教委指导，上海教育报刊总社主办的第十四届上海教育博览会“优质·均衡”教育展暨上海学生阅读指导推广展示活动举行。

4 月 11 日，市语委、市教委转发《教育部 国家语委关于进一步加强学校语言文字工作的意见》。

4 月 23 日，是第 22 个“世界读书日”，市语委、市教委启动 2017 年上海市“书香校园”学生阅读推广行动。

6 月 3 日，“青衿书苑”读书会首场活动“爱的教育”在长宁区少年宫举行，市语委副主任、市教委秘书长王从春出席。

7 月 11 日，市语委、市教委印发《关于开展第 20 届推广普通话宣传周活动的通知》。

7 月 13 日，“青衿书苑”读书会第二期“汉字书法之美”活动在奉贤区思言小学举行，市教委副主任倪闽景出席。

8 月 14 日，由市语委、市教委主办，崇明区语委、市语测中心、崇明区教育局承办的上海市第 20 届全国推广普通话宣传周暨崇明区中华优秀传统文化主题宣传教育活动举行，市语委副主任、市教委秘书长王从春等出席。

11 月 12 日，由市语言文字工作委员会、市教委主办，上海教育电视台、上海教育报刊总社承办的“我和我的祖国”——2017 上海市诗歌创作优秀作品主题展示活动在卢湾高级中学举办。

11月19日，“隽永诗文，友谊之歌”——上海市2017年留学生中国诗文诵读大会决赛暨展演活动在杨浦区少年宫举行，市教卫工作党委副书记、市教委副主任高德毅出席。

11月25—26日，由市语言文字工作委员会指导、上海大学主办、中国传媒大学和新疆师范大学协办、上海大学文学院和上海大学语委会共同承办的“首届‘一带一路’视野下的中国与中亚国家跨境语言国际研讨会”举办。

## 2018年

4月3日，上海方言文化体验馆陈展方案汇报会在市政大厦召开。

4月21日，上海市语言文字“啄木鸟”志愿者服务队成立暨监测培训活动在上海开放大学举行，上海市语委副主任、市教委秘书长王从春出席成立活动并讲话。

4月22日，“青衿书苑”读书会第五期活动“追溯汉字源流 体悟汉字魅力”在上海古籍书店举行，来自全市各区100余名中小学生、家长和教师参加。

4月26日，语言文字工作督导评估培训暨区语委干部工作研讨会在上海开放大学举行。

5月15日，由上海市语言文字工作委员会办公室和中国文字博物馆主办的“汉字”巡展在上海儿童博物馆举行。

5月30日，以“墨宝飘香 和而有长”为主题的2018年上海市“书法名家进校园”活动在上海市鞍山初级中学举行。

6月5日，上海市书香校园建设工作总结推进会暨上海学生阅读联盟“青衿书苑”读书会第六期主题读书活动在上海市西南位育中学举行，市语委副主任、市教委秘书长王从春出席并讲话。

6月15日，“新时代·中国梦·我的故事”上海市大中学生主题演讲展示活动优秀节目展演在上海教育电视台举行，市教委副主任倪闽景出席并为获奖人员颁奖。

8月15日，依托文教结合机制，系列国学讲座“七天七堂课”在上海书展期间举办。

8月18日，由上海市语言文字工作委员会办公室、陈伯吹国际儿童文学奖理事会办公室联合举办的“诵读经典·点亮童心”2018陈伯吹国际儿童文学经典作品诵读展演活动，在上海书展中央大厅精彩上演。

8月29—30日，为办好首届中国国际进口博览会，营造规范的城市语言文字环境，市语委办、市旅游局组织市区两级约120名专家、监测人员分别前往浦东机场、虹桥交通枢纽、黄浦江沿江45公里滨江地带等地，对公共场所中英文用字开展专项检查。

9月13日，由上海市语委、市教委、市文明办主办的第21届全国推广普通话宣传周上海主题宣传活动暨金山区2018年暑期工作总结表彰大会举行。

10月27日，受教育部、国家语委委托，由上海市语委、上海市教委主办，华东师范大学、上海市语言文字水平测试中心承办的“中国诗词大会”（第四季）上海地区参会选手选拔活动在华东师范大学举行。

11月，上海学生阅读联盟“青衿书苑”读书会第十四期在上海久隆模范中学举行，读书会围绕“上海六千年”这一主题展开。

图书在版编目(CIP)数据

上海语言生活状况报告. 2020 / 张日培，赵蓉晖主编. — 北京 : 商务印书馆，2020
ISBN 978 - 7 - 100 - 18141 - 9

Ⅰ. ①上… Ⅱ. ①张… ②赵… Ⅲ. ①汉语规范化—研究报告—上海—2020 Ⅳ. ①H102

中国版本图书馆CIP数据核字（2020）第033277号



上海语言生活状况报告（2020）
张日培 赵蓉晖 主编

商 务 印 书 馆 出 版
（北京王府井大街36号 邮政编码 100710）
商 务 印 书 馆 发 行
北京新华印刷有限公司印刷
ISBN 978-7-100-18141-9

2020 年 4 月第 1 版 开本 787×1092 1/16
2020 年 4 月北京第 1 次印刷 印张 15½

定价：59.00元